esotera

Taschenbücherei
im Verlag Hermann Bauer

Mit dieser Reihe, in der jährlich etwa acht Titel erscheinen, macht der Verlag Hermann Bauer dem interessierten Leser bedeutende Werke aus Bereichen der Esoterik und Grenzwissenschaften zu ungewöhnlich günstigen Preisen zugänglich. Der Schwerpunkt bei der Auswahl für die *esotera-Taschenbücherei* liegt auf Titeln, die dem Leser auf leicht faßliche und umfassende Weise esoterisches Wissen vermitteln, das er auch in seinem Leben anwenden kann. Die Auswahl der Werke erfolgt auf Vorschlag und in enger Zusammenarbeit mit der Redaktion der in Europa führenden grenzwissenschaftlichen Fachzeitschrift *esotera;* ein Teil der Neuveröffentlichungen geht direkt aus der redaktionellen Arbeit von *esotera* hervor.

Bisher sind erschienen:
Arabi: Die Reise zum Herrn der Macht
Archarion: Von wahrer Alchemie
Brahmachari: Yoga hilft heilen
Brunton: Entdecke dich selbst
Edwards: Geistheilung
Findley: Beweise für ein Leben nach dem Tod
Gauquelin: Kosmische Einflüsse auf menschliches Verhalten
Geisler (Hrsg.): New Age – Zeugnisse der Zeitenwende
Geisler (Hrsg.): Paramedizin – Andere Wege des Heilens
Halpern: Klang als heilende Kraft
Johnson: Zuerst heile den Geist
Leuenberger: Das ist Esoterik
Lu K'uan Yü: Geheimnisse der chinesischen Meditation
Lütge: Carlos Castaneda und die Lehren des Don Juan
Mori: Die Buddha-Natur im Roboter
Prantl: Licht aus der Herzmitte
Ramm-Bonwitt: Yoga Nidra – Der Schlaf der Yogis
Reifler: Das I-Ging-Orakel
Schäfer: Stimmen aus einer anderen Welt
Sterneder: Tierkreisgeheimnis und Menschenleben
Sterneder: Der Wunderapostel
Sulami: Der Sufi-Weg zur Vollkommenheit
Wirth: Lexikon der Lebensweisheit
Zeisel: Entschleierte Mystik

Tom Johanson

Zuerst heile den Geist

Verlag Hermann Bauer
Freiburg im Breisgau

CIP-Kurztitelaufnahme der Deutschen Bibliothek

Johanson, Tom:
Zuerst heile den Geist / Tom Johanson. [Aus e. engl. Ms. ins Dt. übertr. von Luise Kösling]. – 1. Aufl. – Freiburg im Breisgau : Bauer, 1985.
(esotera-Taschenbücherei)
ISBN 3-7626-0620-X

Aus einem englischen Manuskript ins Deutsche übertragen von Luise Kösling.

Mit 5 Zeichnungen.

Die *esotera-Taschenbücherei* erscheint im Verlag Hermann Bauer, Freiburg im Breisgau.

1. Auflage 1985

Satz: studiosatz, Nürtingen.
Druck und Bindung: May & Co, Darmstadt.
Printed in Germany.

ISBN 3-7626-0620-X

Geschrieben auf Veranlassung jener unsichtbaren Freunde, die zugelassen haben, daß ich vorwärtsstürmte, stolperte und fiel, die aber immer zur Stelle waren, um mich wieder aufzurichten.

Tom Johanson

Inhalt

5. Kapitel

Einführung

Geistheilung ist keineswegs ein neues Phänomen, kein Privileg unserer Zeit. Geistheilung kennt man schon aus dem gesamten Verlauf der Menschheitsgeschichte. Die zunehmende Anerkennung in den Kreisen von Medizin und Wissenschaft hat sie jetzt aus der Verborgenheit herausgeholt, wo sie in den letzten zwei bis drei Jahrhunderten ein unbeachtetes Dasein führte. Heute steht sie in der vordersten Reihe des menschlichen Fortschritts.

Man betrachtet Geistheilung nicht mehr als etwas ganz und gar Unglaubliches. Es beweist die Realität geistiger Gesetze, die die gesamte Natur beherrschen, wenn Geistheilung heute als unbestrittene Tatsache von allen anerkannt wird. Jeder, der von Mitgefühl und Erbarmen erfüllt ist, kann diese Gesetze anwenden, um seinen Mitmenschen zu helfen.

Geistheilung sollte man nicht als ein unerklärliches Wunder ansehen, das voraussetzt, daß die Naturgesetze gebrochen oder außer Kraft gesetzt werden. Heilung dieser Art geschieht in Übereinstimmung mit Gesetzen, die ebenso Bestandteil der natürlichen Ordnung der Dinge sind wie die Gesetze, die etwa den physikalischen Phänomenen zugrundeliegen. Geistige, moralische und seelische Faktoren vereinigen sich, um diese bemerkenswerten Heilungen zu ermöglichen.

Ein Gesichtspunkt muß an dieser Stelle ganz deutlich gemacht werden. Es ist von entscheidender Bedeutung, zu erkennen, daß Geistheiler nicht im Gegensatz zu den Medizinern arbeiten. Jede echte Therapie hat ihren angemessenen Platz innerhalb der Heilkunst. Alle Heiler und auch viele Ärzte, die bewußt oder unbewußt zusätzlich zu den eher konventionellen Heilmethoden auch Geistheilung bei ihren Patienten anwenden, sind vom gleichen Geist erfüllt.

Die fast unglaublichen Fortschritte der Medizin in den letzten Jahren könnten vielleicht zu einem Punkt führen, an dem der Arzt herkömmlicher Art in die Lage versetzt wird, die gleichen Ergebnisse wie ein Geistheiler zu erzielen. Aber selbst mit den feinsten Diagnose- und Behandlungsmethoden der Schulmedizin kann man niemals bis zu den geistig-seelischen Wurzeln einer Krankheit vordringen.

Manche Erkrankungen von Geist und Körper werden durch Angst, Sorge und Ärger verursacht. Die konventionelle Medizin ist nicht imstande, mit diesen destruktiven Emotionen der Patienten fertigzuwerden, die ihren Ursprung auf einer Daseinsebene haben, mit der die meisten Ärzte wahrscheinlich nicht vertraut sind. Wenn dem Arzt die nötige Einsicht in das Problem fehlt, wird er es vielleicht vorziehen, solche Fälle an einen Geistheiler zu verweisen.

Der Bericht über Tom Johansons Heilertätigkeit ist ein Zeugnis für die Existenz ungewöhnlicher Mittel zur Heilung von Krankheiten und erbringt den Beweis für das Vorhandensein der geistigen Gesetze des Universums. Johanson spricht oft davon, daß er von einer *silent voice,* einer lautlosen Stimme, geführt wird, wenn er eine stark verkrümmte Wirbelsäule geradericht oder ein blockiertes Gelenk wieder beweglich macht. Es kommt manchmal vor, daß er während der Behandlung eines Patienten spontan und genau die Art der Erkrankung diagnostiziert. Zu einer solchen Diagnose kommt es häufig auch in Fällen, bei denen eine vorangegangene medizinische Untersuchung entweder nichts ergeben oder zu einem falschen Schluß geführt hatte.

Der echte Heiler, der intuitiv das spirituelle Universum wahrnimmt, das alles durchdringt und mitträgt, was sich unseren physischen Sinnen darbietet, kennt keine Grenze zwischen der inneren Welt des Geistes und der äußeren Welt der Tat und Funktion. In dieser Beziehung befindet sich der Geistheiler in einem auffallenden Gegensatz zu jenen ärztlichen Praktikern, die sich so vollkommen an einer materialistischen Lebensauffassung orientieren, daß sie völlig blind für die Existenz der geistigen Sphäre werden und deshalb nicht mehr empfänglich für ihren Einfluß sind.

Obwohl die spirituelle Intelligenz weit über den menschlichen Geist hinausgeht, sind beide niemals wirklich voneinander zu trennen. Auch wenn die erstere die Verstandeskräfte des Menschen übersteigt, kommt sie nur durch diese zur Wirkung. Dadurch wird es möglich, daß eine Kombination aus natürlichen und geistigen Gesetzen, die auf unterschiedlichen Ebenen wirksam sind, in Fällen mit Erfolg angewandt werden, bei denen anders keine Ergebnisse zu erzielen wären. Solche Ergebnisse erhält man nicht durch Zufall. Sie entstehen auch nicht durch Anwendung ausschließlich menschlicher Fähigkeiten.

Das Übermaß an Leiden in der Welt erfordert es, daß wir uns jede Art der Heilungsmöglichkeit zunutze machen. Die zu bewältigende Aufgabe ist so ungeheuer, daß es keinen Platz mehr gibt für eine Spaltung zwischen all denen, die einen Versuch unternehmen, den erbärmlichen Zustand der Menschheit zu bessern. Geistheiler müssen lernen, mit Ärzten, Chirurgen, Biologen, Psychologen und Pathologen zusammenzuarbeiten, und diese wiederum müssen sich an eine Zusammenarbeit mit den Geistheilern gewöhnen.

Ein solches Zusammenwirken kann nur erreicht werden, indem die Brauchbarkeit der Geistheilung durch glaubwürdige Beweise demonstriert wird und indem man mit Nachdruck darauf hinweist, daß Heilerfolge durch diese Methode keineswegs einer Wunderwirkung zuzuschreiben sind, sondern daß es sich dabei um die natürliche Folge der harmonischen Verbindung von geistigen und Naturgesetzen, um ihre Verschmelzung zu einer einzigen heilenden Kraft, handelt. Es ist wichtig, daß die Kluft, die zwischen Heilern und Ärzten besteht, nicht noch erweitert wird, indem man übertriebene Ansprüche oder extravagante Behauptungen in bezug auf die Geistheilung geltend macht. Deren Erfolge und auch Mißerfolge sollten ehrlich und exakt bewertet werden.

W. H. Mackintosh

Was verleiht mir die Autorität?

Wenn ein Heiler oder auch ein anderer Autor damit beginnt, ein Handbuch mit genauen Anweisungen zu verfassen, setzt man voraus, daß er nicht nur über ein beträchtliches Wissen in seinem Fachgebiet verfügt, sondern daß er sich auch der großen Verantwortung bewußt ist, die er übernimmt, indem er seine Ratschläge und Informationen der breiten Masse zugänglich macht. Die Leser muß man sich in ihrer Mehrheit als höchst formbare und leicht zu beeindruckende Schüler vorstellen. Leider erkennt der Autor das in vielen Fällen nicht.

Erfahrung ist ein kostbares Gut, für das ich teuer bezahlt habe. Bei der Vorbereitung zu diesem Buch kam ich zu der Überzeugung, daß gerade die Erfahrung zum innersten Wesen der Weisheit gehört, daß sie der Lohn des Leidens ist und daß sie sich schließlich als die wirksamste spirituelle Heilkraft erweist.

Bei der angewandten Wissenschaft stehen uns als Ergebnis einer kumulativen Erfahrung zahllose feste Anhaltspunkte zur Verfügung. Das trifft nicht mehr zu, wenn wir beginnen, uns mit den immateriellen Naturgesetzen der geistigen Welt zu beschäftigen. Der in unserem Wesen liegende Egoismus und die Begeisterung, die häufig das Motiv für das Bedürfnis sind, aufgrund eigener Erfahrung ein Buch zu schreiben, machen uns aber ganz unabsichtlich blind für die Schwächen und Gefahren rein theoretischer Meinungen. Der Prüfstein für die Auswirkungen unseres menschlichen Handelns kann nicht immer der unbedingte Glaube an das Eingreifen einer spirituellen Intelligenz sein.

Auf welche Autorität kann ich mich also berufen, wenn ich mir vornehme, einen Leitfaden über das Thema Geistheilung zu schreiben? Der Hinweis, den Hunter Mackintosh in seiner Einführung auf meine »lautlose Stimme« gibt, bedarf für den Eingeweihten, der sich etwa der Meditation widmet, oder für den Esoteriker, der in seinem Innern empfänglich ist für den grenzenlosen spirituellen Bereich, keiner weiteren Erklärung. Zweifellos übt dieses Buch seine besondere Anziehungskraft auf den Heiler aus, der sich eines Bereichs bewußt ist, der wesentlich tiefer, größer und realer ist, als es der menschliche Intellekt vermuten läßt: der inneren oder spirituellen Natur.

Die spirituelle Wahrnehmung oder *Guiding Intelligence* (Lenkende Intelligenz), wie ich sie ab und zu nenne, wird nicht ohne Mühe entwickelt. Sie ist der entscheidende Faktor, der die reine Kommunikation zwischen dem spirituellen Bereich und dem menschlichen Verstand oder eben die »Lenkung« ermöglicht. Obgleich dieser Bereich über den Geist oder Verstand des Menschen hinausgeht, kann er nie davon getrennt werden. Es ist möglich, daß wir uns durch Hingabe, Beharrlichkeit und ein diszipliniertes Leben dazu erziehen, nicht nur eine augenblickliche Einstimmung auf die Lenkende Intelligenz herbeizuführen, sondern auch positiv zwischen dieser und dem theoretischen Verstand zu unterscheiden.

Bedingungsloses Vertrauen in das, was manchmal irreführend als Inspiration bezeichnet wird, oder die sogenannte Intuition, verhindert, daß der transzendentale Geist Zugang zu den normalen Bewußtseinsebenen erhält. So ist es dem Lehrer und Heiler nicht möglich, zwischen den Eingebungen des menschlichen Unterbewußtseins und der wahren Stimme des inneren Geistes zu unterscheiden.

Jahrelange kritische Analyse und die kontinuierliche Beschäftigung mit dem Wesen des unterbewußten Denkens, das viel vom Egoismus unserer Natur erkennen läßt, führt schließlich zur Entwicklung der Lenkenden Intelligenz. Es erweist sich letztlich durch die Auswirkungen und Folgen ihrer Anwendung, daß sie in der spirituellen Realität des Göttlichen ihre Wurzeln hat. Mehr noch: Das Vertrauen in die Lenkende Intelligenz wächst durch die Erfahrung und je mehr sie durch das Leben auf die Probe gestellt wird.

Mit anderen Worten heißt das: Der Beweis für die Realität dieser »inneren Intelligenz« besteht in den Auswirkungen, die wir wahrnehmen, während sie zum Nutzen anderer angewandt wird. Wir lernen durch den Gebrauch zu unterscheiden, und allmählich, während die spirituelle Wahrnehmung stärker wird, entsteht ein immer deutlicheres Bild von der Lenkenden Intelligenz.

Allein kraft dieser Autorität und durch die kumulative Erfahrung meiner praktischen Arbeit beginne ich das Handbuch eines Geistheilers zu schreiben, das, wie ich hoffe, denen Hinweise geben kann, die sich der Heilung widmen. Es soll ihnen helfen, ein feineres Instrument der spirituellen Wahrnehmung zu werden. Die Berichte über ihre Bemühungen werden in künftigen Jahren den Beweis für die Realität geistigen Zusammenwirkens und für die trotz all unserer Verblendung unaufhörlich auf uns gerichteten dynamischen Liebe bringen.

Tom Johanson

1. Kapitel

Depression: Ursachen – Auswirkungen – Hilfe

Während der ersten Jahre meiner Heilertätigkeit wurde ich oft von Menschen aufgesucht, die mir sofort mitteilten, sie litten unter Depression. Anfangs und auch noch viele Jahre lang war ich sehr unsicher, wie ich dieses emotionale Problem behandeln sollte. Meine übliche Methode für Patienten mit geistigen Störungen bestand einfach darin, die eine und einzige Technik anzuwenden, die ich je gelernt hatte: das Handauflegen. Dennoch wußte ich intuitiv, daß dieser traditionelle und allgemein übliche Weg in diesem Fall unangemessen war und nur wenig Erleichterung erwarten ließ.

Als immer mehr Patienten mit dieser Störung zu mir kamen und in den meisten Fällen davon berichteten, daß sie bereits psychotherapeutisch, medikamentös und mit Elektroschock behandelt worden waren, ohne daß eine nennenswerte Veränderung eingetreten sei, wuchs meine Unzufriedenheit mit den eigenen – und, wie ich ja wußte, vergeblichen – Versuchen, das Problem zu lösen. Mein unerschütterliches Vertrauen und ein fast fanatischer Glaube an die Kraft der Geistheilung erzeugten in mir paradoxerweise ein so starkes Gefühl der Frustration und eine Störung meiner geistigen Verfassung, daß ich schließlich ebenfalls die Neigung zu ausgedehnten depressiven Perioden entwickelte. Ich wurde mein eigener Patient!

Ich glaube, daß es ohne Mühe und Anstrengung und ohne Schmerz keinen Fortschritt gibt und daß mein eigenes zunehmendes Verständnis und schließlich die Hilfe für das Problem der Depression durch meine eigene leidvolle Erfahrung bewirkt worden ist. Auch ich war durch die private Hölle der Depression gegangen, so wie viele andere heute noch immer, und ich wußte ganz tief im Innern, daß überhaupt keine Hoffnung bestand, die Lösung des Problems in den Berichten und Theorien der medizinischen Forschung zu finden. Tatsächlich weist die medizinische Fachliteratur darauf hin, daß sich die Experten über die Definition der Depression nicht einigen können und daß auch für sie die Ursachen im Dunkeln bleiben. Sie stimmen jedoch überein, und das ist sehr wichtig, daß es einen Unterschied gibt zwischen dem alltäglichen Zustand der Verstimmung oder Niedergeschlagenheit, bei dem es sich lediglich um eine zeitweilige Erschöpfung handeln kann, und der ernsteren Form, die sie als klinische Depression bezeichnen. Leider versäumen es viele führende Psychiater, diesen Unterschied deutlich genug hervorzuheben, und aufgrund ihrer rein akademischen oder intellektuellen Betrachtungsweise eines in Wahrheit psychischen oder seelischen Problems ist auch keine Änderung ihrer Einstellung zu erwarten. Die Seele oder »Psyche« wird von den meisten Psychiatern und Ärzten kaum jemals als Ursache eines Konflikts angesehen – selbst wenn sie deren Existenz einräumen. Der tragische Zweifel der Praktiker an der Existenz der Psyche und die Tatsache, daß sie diese nicht als einen Bereich ansehen, der verwundbar und verletzlich ist, spiegelt sich in den Zehntausenden von Patienten mit geistigen Störungen, die ein sinnloses Leben innerhalb und außerhalb der Nevenkliniken fristen. Dieses entscheidende »Innere Selbst«, dieser »Computer des Bewußtseins«, ist die Quelle all unserer Hoffnungen und Ängste. Es kann, ebenso wie der physische Leib, einmal nicht richtig funktionieren. Das kommt immer wieder vor. Hierin liegt die Ursache, daß die Wissenschaftler zwar den Unterschied zwischen den beiden Formen der Depression wahrnehmen, aber dennoch nicht verstehen können, wie es dazu kommt.

An diesem Punkt muß darauf hingewiesen werden, daß bestimmte Arten der Depression auch durch einen schlechten physischen Zustand des Körpers verursacht und sehr wirkam durch die herkömmliche ärztliche Therapie behoben werden können. Aber ich möchte betonen – und dies ist das Leitmotiv des Buches – daß eine spirituelle oder seelische Depression nicht durch die orthodoxen medizinischen Techniken korrigiert werden kann, während in den Händen eines kenntnisreichen Heilers, der über genügend Erfahrung verfügt, kein Patient weiterhin von dieser schrecklichen und schwächenden Krankheit gequält werden sollte.

Bei der klinischen Depression oder der seelischen Depression, wie ich sie lieber nenne, wird die Verzweiflung immer stärker und intensiver, bis selbst ein einigermaßen normaler Tagesablauf ganz unmöglich wird. Das Opfer entwickelt zuerst die Neigung, sich von der Außenwelt zurückzuziehen und verliert allmählich das Interesse am Essen, an den Menschen und an so selbstverständlichen Aktivitäten wie Lesen, Schreiben, Sprechen, Konversation. Keine Altersgruppe ist immun gegen dieses Problem. In seinem weiteren Verlauf können sich ernsthafte Konsequenzen ergeben. So taucht etwa immer wieder der Gedanke an Selbstmord auf, der sich bis zur Ausführung des Suizides steigern kann.

Die Tatsache, daß sich die Wissenschaftler offensichtlich darüber im klaren sind, daß die seelische Depression zwar eine der häufigsten psychischen Erkrankungen ist, daß es ihnen aber trotz feinster Analysegeräte und -techniken nicht gelingt, klinische Gründe für den Ausbruch zu finden, weist stark darauf hin, daß der Ursprung des Problems in einem Bereich liegt, der über die Körperlichkeit des Menschen hinausgeht. Es ist eine Tatsache, die allen für übersinnliche Einflüsse empfänglichen

Menschen, Medien und Mystikern, bekannt ist. Sie haben auf einer bestimmten Stufe ihrer Entwicklung ähnliche lähmende Störungen erlebt, die ihren Ursprung im Seelisch-Geistigen haben – in einem Bereich, der von Psychiatern nicht ganz ernst genommen wird.

Der Keim des spirituellen Wesens, das in jeder Seele steckt, wird unaufhörlich nach Reife streben, bis schließlich ein Übergang vom einfachen Bewußtsein zu einer höheren Form spiritueller Wahrnehmung erfolgt. Paradoxerweise entsteht das Problem der seelischen Depression nur deswegen, weil der Mensch unfähig ist, für sich selbst zu entscheiden, *wann* er bereit ist, die uralte Weisheit der spirituellen Gesetze zu empfangen, in sich aufzunehmen und zur Grundlage seines Lebens zu machen. Es gibt viele unveränderliche Evolutionsgesetze, die außerhalb des menschlichen Bewußtseins wirksam sind oder es weit übersteigen. Wenn sie aber über lange Zeit hinweg allmählich seine Seele erleuchten und erheben, werden sie eine tiefere Erkenntnis oder *Wissen* in sein irdisches Leben bringen. Dieses Wissen hat nichts mit Intelligenz, Bildung oder Erziehung zu tun, sondern ist der direkte Einfluß des transzendentalen Geistes und auch verantwortlich für unsere intuitiven Einsichten. Nur in dem Stadium, bei dem der Mensch von seinem bisher irdisch-weltlichen Geisteszustand nach und nach in einen immer höheren Bewußtseinszustand übergeht, kommt es zur seelischen Depression. Der Prozeß verläuft extrem langsam. Nach dem Anfangsstadium werden die Anfälle von Melancholie zunehmend heftiger und anhaltender. Im Laufe dieses Kapitels wird deutlich werden, welche Erleichterung es bei diesen Anfällen gibt und daß diese widersprüchlichen Erfahrungen nur die Vorbereitung auf einen dauerhaften inneren Frieden sind und schließlich zur Bildung einer neuen Qualität des Bewußtseins führen, die alles bisher Bekannte übersteigt.

Wir sind daran gewöhnt, die Funktionen des menschlichen Geistes als Ausdruck von Gefühl, Phantasie, Überzeugung und kodifizierten Wissens zu betrachten, dabei haben aber diese Funktionen auch einen starken Einfluß auf den Körper. Die lange Geschichte psychosomatischer Störungen ist ein überzeugender Beweis für diese Verbindung.

Viele Psychiater halten im Bereich des menschlichen Geistes die Funktion des Verstandes als die höchste seiner Kräfte. Verstand ist jedoch lediglich das Endprodukt von Beobachtungen und Wahrnehmungen, die im Geist auf die gleiche Weise entstehen, wie etwa ein Computer Antworten und Ergebnisse aufgrund eingegebener Daten liefert. Der Verstand kann keine andersartigen oder neuen Informationen hervorbringen, die über die zuvor aufgenommenen Daten hinausgehen.

Der Verstand arbeitet deshalb nur auf *einer Bewußtseinsebene.* Es ist eine Ebene, die ausschließlich auf die *physischen Wahrnehmungen* begrenzt ist – eine Tatsache, die durch den erstaunlichen Erfolg der modernen Wissenschaftstechnologie bestätigt wird. Während der Aspekt »Verstand« des menschlichen Geistes bemerkenswert geschickt ist, durch Beobachtungen Daten zu speichern und logische Schlüsse zu ziehen, ist es ihm unmöglich, Bewertungen vorzunehmen, die höhere Ebenen des Geistes (des Spirituellen) betreffen, also beispielsweise eine hilfreiche Beurteilung über die Bedeutung philosophischer Inhalte vorzunehmen. Der Verstand kann nicht zu irgendwelchen Schlüssen über den Ursprung der Inspiration, der Wahrheit oder Schönheit, über den Sitz des intuitiven Wissens oder zu einer Begründung dafür kommen, warum der Mensch nach Wahrheit verlangt. Der Verstand hilft allerdings bei der Suche nach Antworten auf diese Fragen.

Wir müssen also die Existenz eines (niedrigeren) Verstand-Geistes und eines (höheren) intuitiven Geistes anerkennen. Die höhere Ordnung kann die untergeordneten Ebenen erkennen und sogar erklären, sie selbst bleibt aber ein für die niederen Schichten völlig unzugänglicher Bereich. In Wirklichkeit besteht deshalb jeder Mensch im Grunde aus *zwei Menschen,* oder, in den Worten der Bibel, er ist ein »zwiefältig Teil«, eine *Dualität.* Da gibt es einmal den Menschen, den wir kennen. Er setzt sich zusammen aus Vorstellungen, Neigungen, Abneigungen, Wünschen und einem kodifiziertem Wissen. Das andere ist der Mensch, den wir durch viele Leben hindurch suchen: das *Innere Selbst.*

Inwieweit ist der Mensch überhaupt »frei«, sein Leben zu gestalten? Je mehr wir unsere Erfahrung und Umwelt betrachten, um so kontrollierter oder begrenzter scheint der Spielraum unserer »Freiheit« zu sein. Man denke nur an die Ungleichheit der Voraussetzungen der persönlichen Existenz! Da gibt es Menschen, die alle Vorteile besitzen, die das Leben nur bieten kann: Gesundheit, Geist und Wohlstand, der ein komfortables, sorgenfreies Leben ermöglicht. Für andere ist das Leben grausam und bedeutet einen endlosen Kampf um die bloße Existenz. Der Durchschnittsmensch hält das nicht nur für vollkommen ungerecht, es geht auch weit über sein Verständnis hinaus.

Jeder stellt sich die bohrende Frage: Gibt es eine ausgleichende göttliche Ordnung? Welches Ziel und welchen wahren Zweck können wir erkennen? Man wird sich auch fragen, ob es kein Entrinnen aus dieser demoralisierenden Lage gibt, die man sich ganz gewiß nicht selbst ausgesucht hat. Die Probleme und die Antworten sind in den verschiedenen oder nach oben strebenden Bewußtseinsebenen zu suchen. Obgleich, wie bereits erklärt, der intuitive oder höhere Geist sein niedrigeres Gegenstück zu beeinflussen und erleuchten vermag und das auch tut, ist es für die Vernunft oder die Verstandeskräfte (sie gehören zur unteren Ebene) unmöglich, die höhere Ordnung zu verstehen oder auch nur zu erkennen. Dadurch entsteht der

Konflikt, das Gefühl des Unbefriedigt- und Unglücklichseins. Es wird also durch den von der Umwelt konditionierten Verstand erzeugt.

Wie wir im weiteren Verlauf dieses Kapitels sehen werden, verfolgt der höhere Geist ausdauernd, beharrlich und unerschütterlich das Ziel, den niederen Geist durch Reinigung zur Höherentwicklung zu bringen. Das geschieht, indem er dafür sorgt, daß alles, was wir denken und tun, dem Absoluten Gesetz entspricht. Es ergibt sich daher eine deutliche Absicht. Sie besteht darin, daß der intuitive oder spirituelle Geist unaufhörlich nach Weiterentwicklung strebt, und das bedeutet eine ständig zunehmende Wahrnehmung der höheren Bewußtseinsebene.

Wenn der niedere Geist, der ganz auf die Ebene unserer endlichen Welt beschränkt ist – physisch, emotional und intellektuell – durch einen höheren Geist bedroht wird (und das geschieht unvermeidlich), der sich unablässig darum bemüht, sich auf einer immer höheren Wahrnehmungsebene zu realisieren, entwickelt er instinktiv eine fanatische Entschlossenheit, den *Status quo* aufrechtzuerhalten. Das heißt, es entsteht im niederen Geist ein starkes Verlangen, jeder Aufforderung zur Veränderung Widerstand entgegenzusetzen und sich weiterhin in dem Zustand zu behaupten, wie er schon durch zahllose Leben hindurch bestanden hat. Unglücklicherweise ist der niedere Geist in seiner Abhängigkeit häufig genauso stark, ja er scheint zeitweise sogar stärker zu sein als die höhere Ordnung. Auf diese Weise entstehen Konflikt und Konfrontation, die unvermeidlich eine Reihe von furchtbaren, schwächenden Störungen zur Folge haben. Dazu gehört auch als häufigste von allen – die *Depression!*

Die heimliche Krankheit

Probleme, Schmerzen und Enttäuschungen sind die unvermeidlichen Hindernisse und zugleich der Preis für den spirituellen Fortschritt des Menschen. Wir tauschen im Verlauf dieses Fortschritts – durch den das göttliche Gesetz wirksam wird – Unwissenheit allmählich gegen innere Wahrnehmung und uralte Weisheit. Es scheint zwar übertrieben, die schmerzlichen Lebenserfahrungen unserer Weiterentwicklung zuzuschreiben, aber woher sonst kommen die großen und kleinen Ängste des täglichen Lebens, wenn nicht vom Zustand der Unwissenheit, in dem unser Geist sich befindet? Angstfreiheit ist nur in dem Maße zu erreichen, in dem die Erleuchtung von Innen fortschreitet. Die schwächenden Auswirkungen der seelischen Depression werden deshalb sogar noch schrecklicher durch Elemente der Unwissenheit und Angst, weil die Patienten keinerlei beruhigende oder nachvollziehbare Begründung erkennen können, warum sie unter diesen starken niederdrückenden und belastenden Stimmungen von Verzweiflung und äußerster Hoffnungslosigkeit leiden müssen. Zeitweise hegen sie den leisen Verdacht, daß sie unausweichlich auf einen Nervenzusammenbruch oder den Wahnsinn zusteuern. Dazu trägt noch wesentlich bei, daß der Arzt Schwierigkeiten hat, irgendeine Prognose über die Erkrankung des Patienten zu machen, denn der wahre Zustand ist oft verborgen oder verschleiert durch eine Reihe körperlicher Symptome wie Kopfweh, Magenschmerzen und Krämpfe, schwere Erschöpfungs- und Spannungszustände usw. So bleibt das Problem zwar unterschwellig stets aktiv, es wird aber weder vom Arzt noch vom Patienten erkannt – in der Tat also eine heimliche Krankheit. Sobald einmal die wahre Natur oder, noch wichtiger, der Ursprung der Erkrankung erkannt wird, ist den Forschern klar, daß zwar durch die Anwendung von Drogen, durch Schockbehandlung oder Psychoanalyse vorübergehende Erleichterung erreicht werden kann, daß eine dauerhafte Heilung aber niemals in einem Labor oder im Krankenhaus zu finden ist. Hilfe kann nur auf dem Gebiet erwartet werden, das von den Psychiatern so lange ignoriert wurde – im Bereich der Psyche!

Ein weltberühmter Psychiater sagte einmal, daß ein Kranker ein Mensch ist, der Fehler gemacht und die Krankheit allein durch seine Unkenntnis der vorbeugenden Maßnahmen herbeigeführt hat. Während dies offensichtlich für die körperlichen Erkrankungen zutrifft, liegt der unterscheidende Faktor im Hinblick auf die seelische Depression darin, daß das Problem zuerst damit beginnt, daß der Patient unter unerklärlichen Stimmungen von Traurigkeit und Hoffnungslosigkeit leidet, die charakteristisch sind für die periodisch auftretenden Depressionsanfälle. Da die Häufigkeit dieser Anfälle zunimmt und der Patient bemerkt, wie hilflos er ihnen gegenübersteht und sie nicht unter Kontrolle bekommt, ist er sehr verwirrt und voller Angst. In diesem Fall hat der Zustand der Unwissenheit nicht die Störung verursacht, sondern diente nur dazu, sie noch zu verstärken und den Weg für andere Krankheiten zu bereiten. Der erste wichtige Schritt besteht deshalb darin, den Leidenden mit dem unentbehrlichen Wissen über die Gründe zu versorgen, weshalb er ein Opfer dieser speziellen Form der Depression geworden ist. Das wird schließlich zu einem langsamen Abbau der demoralisierenden Affekte führen, die durch den Zustand der Unwissenheit entstanden sind, und es folgt eine Steigerung der geistigen Stabilität. Sobald ein gewisser Grad an Stabilität erreicht ist, wird es dem Heiler möglich, mit genügend Geduld allmählich die Stabilität weiter zu festigen. Das ist dann erst der Beginn eines langwierigen, anstrengenden Kampfes. Zuerst wird es nötig sein, den Prozeß der Diagnostizierung der seelischen Depression in groben Zügen darzustel len und zu beschreiben, wie der Geist auf die Wiederherstellung der mentalen Stabilität vorzubereiten ist.

Fortschritt – die Gangart Gottes

Das Reifwerden der Seele in Richtung eines grenzenlosen Zustandes der Realität ist ein Gesetz des Lebens, dem niemand entrinnen kann, ganz gleich, wie sehr er sich auch dagegen sträubt. »Was«, so könnte man fragen, »ist Ziel und Zweck der menschlichen Entwicklung mit ihren zahlreichen Begleiterscheinungen wie Schmerz, Beschränkung, Behinderung und Frustration?« Der Mensch ist in geistig-seelischer Hinsicht ein embryonales Wesen und besitzt eine geringe Vorstellung von seinen unendlichen Möglichkeiten. Der Grund für diese schwach entwickelte Wahrnehmung seines Potentials ist die tiefe Verwurzelung in der materiellen Bewußtseinsebene. Die Widrigkeiten wecken den »göttlichen Keim« in ihm, aktivieren ihn, bis die in seinem Innern verborgene wahre Identität sich allmählich entwickelt und ausdehnt, obgleich sie immer noch einen beträchtlichen Widerstand der materialistischen Bewußtseinsebene zu überwinden hat. Es drängt sich eine vielleicht unzureichende Analogie zwischen dem spirituellen Entwicklungsprozeß und dem Wachstum eines Baumes auf: Der winzige Samen enthält bereits alle charakteristischen Merkmale des Baumes. Sie zeigen sich erst, wenn das Samenkorn dem Widerstand der Erdenkräfte ausgesetzt wird – Dunkelheit, Isolation, Kälte und Feuchtigkeit. Dann arbeiten sie sich ans Licht empor. Das Erreichen einer neuen Bewußtseinsqualität setzt also voraus, daß die Seele im Verlauf ihrer Entwicklung auf starke Gegenkräfte trifft. Am häufigsten geschieht das in Form einer Depression.

Es ist eine Tatsache, daß jeder Fortschritt, den die Natur dem Menschen ermöglicht, stets mit Widerständen verbunden ist. Man kann immer wieder beobachten, daß man Fortschritt niemals bei Menschen findet, die ein bequemes Leben führen. Es mag schwer sein, den Leser davon zu überzeugen, daß die Leiden der Depression tatsächlich einen seelisch-geistigen Zweck erfüllen und sich dabei das Gesetz der spirituellen Weiterentwicklung auswirkt. Dennoch entspricht das der Wahrheit.

Wer oft und gründlich über die Regeln des genannten Grundsatzes nachgedacht hat, wird zu verstehen beginnen, daß wir uns hier prinzipiell auf die Behandlung einer speziellen und am weitesten verbreiteten Form der Depression beschränken. Die Frage, woran man sie erkennt, ist am besten zu beantworten, wenn wir uns zunächst eingehend mit dem *dualen Aspekt* des Menschen beschäftigen.

Wir wissen natürlich, daß das Ego oder das empirische Selbst zeitlich und endlich ist. Da es die dichteste von vielen Bewußtseinsebenen darstellt, wird es von bestimmten Schulen als die primäre Ignoranz bezeichnet, weil es das Verlangen und die Begierde nach Ausdruck und Erfahrung auf den sinnlichen Ebenen absorbiert. Dadurch entsteht nicht nur eine starke Zurückgezogenheit in die Individualität, es veranlaßt auch den Normalmenschen zu der Überzeugung, daß seine Erfahrungen Realität sind. Auf diese Weise wird eine starke körperliche Trennung vom wahren inneren Selbst geschaffen, und es erweist sich wieder einmal, daß der Mensch allein verantwortlich ist für die Entstehung eines irregeleiteten, störenden und hartnäckigen Doppelgängers. Dennoch führt das Streben nach Glück und Sicherheit den Menschen immer weiter und immer tiefer in eine Welt von »Gegensätzen«.

Mystiker haben uns im Laufe der Jahrhunderte erklärt, daß unsere normale alltägliche Bewußtseinsebene lediglich der

Kampfplatz für das Wirken des Gesetzes der Gegensätze ist. Die Unruhe und die ständigen Schwankungen der Gegensätzlichkeit verleihen den vielfältigen Lebenserfahrungen eine tiefe Bedeutung: Freude und Trauer, Frieden und Schmerz, Gut und Böse, Positiv und Negativ. Obgleich diese Erfahrungen zeitlich-irdisch sind, das heißt: unreal, existieren sie und zwingen uns, aus unserem Zustand der Unwissenheit oder der Bindung an die Körperlichkeit aufzuwachen und wahrzunehmen, daß wir unzerstörbare spirituelle Wesen sind und nichts weiter bedürfen, weil wir in allem bereits *vollkommen* sind. Die Wahrheit lautet, daß der Antrieb für alles Tun und alle Erfahrungen des Menschen der lautlose Schrei des Herzens nach spiritueller Erleuchtung, das Verlangen der Seele nach der Gemeinschaft mit dem unveränderlichen Selbst ist. Der Normalmensch nimmt aber deren Existenz und erst recht ihre wahre Natur nicht zur Kenntnis. Daher setzt er seine fieberhafte Suche weiter fort und taumelt von einer sinnlichen Erfahrung zur nächsten. So gewinnt er ein wenig irdisches Glück aus Situationen, durch die eine dauernde Befriedigung nicht zu finden ist.

Der Leser beginnt zu begreifen, daß Sehnsucht und Verlangen Ausdruck des Ego sind, das verzweifelt auf der Suche nach dauerhaftem Glück ist, das sich ihm aber weiterhin entzieht. Dadurch entwickelt der Mensch Angst, Furcht, und das Gefühl der Unsicherheit. Die Tatsache, daß die physische Welt dem Menschen trotz all seiner Bemühungen keinen anhaltenden Frieden und kein dauerndes Glück zu schenken vermag, wird dem persönlichen Pech, dem Zufall oder dem Einfluß anderer Menschen zugeschrieben.

Der spirituelle Aspekt des Menschen, sein wahres Selbst, übersteigt das individualisierte Selbst und bleibt dem niederen Selbst oder Ego verborgen. Es ist das höhere Selbst, das unsterblich und unendlich ist und das den einzigen Aspekt darstellt, der sich mit der Realität auseinandersetzen kann.

Realität ist ein weithin unbekannter, unendlicher, grenzenloser Bereich des Bewußtseins, der beim Durchschnittsmenschen durch viele Unter-Ebenen des Bewußtseins »gedämpft« oder getrübt wird. Das Höhere Selbst ist eins mit Gott, dem Höchsten Wesen. In flüchtigen Augenblicken vollkommener Erleuchtung, die manchen Mystikern (und auch Jesus) zuteil geworden sind, gibt es eine enge allumfassende Vereinigung mit dem Absoluten Bewußtsein. Dieser Zustand wird durch inhaltsreiche Affirmationen wie »Ich und der Vater sind eins« oder »Ich bin im Vater und er in mir« ausgedrückt.

Die Tatsache, daß es der Mensch mit zwei unterschiedlichen menschlichen Aspekten zu tun hat, von dem der eine ein irdisch-zeitliches Wesen ist, und dazu noch ein recht lästiges, und das andere von Dauer und die Quelle aller Freude und aller Weisheit, führt uns zum Nachdenken über den Sinn, der unserer Existenz zugrundeliegt und zu der Frage, warum wir vorübergehend diese schwere Zeit auf Erden durchmachen. Im weiteren Verlauf werden wir sehen, wie wichtig jeder Aspekt ist und wie sehr beide gegenseitig voneinander abhängen. Das gilt nicht nur in bezug auf ihre Existenz, sondern, das ist noch wichtiger, für die Entstehung des wichtigen Sinnes der Wahrnehmung oder des Seelenbewußtseins. Mehr noch: Da der Mensch notwendigerweise in eine Welt der Gegensätze einbezogen ist, hängt es von der unaufhörlichen Aktion und Reaktion zwischen höherem Selbst und niederem Selbst ab, ob er schließlich aus allen leidvollen und bösen Erfahrungen, die ihre Wurzeln in den emotionalen Bindungen an die Dinge und in seinem vergeblichen ehrgeizigen Streben haben, zu einem inneren Frieden und zu einer Weisheit findet, die sich niemals verändern, sondern immer weiter wachsen.

Bisher haben wir versucht, die Doppelnatur des Menschen zu beschreiben, das Ziel, das er erreichen muß und wird, sowie die vielen Probleme, die sich ihm auf seinem Weg dahin entgegenstellen. Wir haben bereits festgestellt, daß der Mensch in gewisser Hinsicht von einer materiellen Welt ausgeht und gezwungen ist, sich seinen Weg über viele Stadien durchzukämpfen, bis er sich selbst von dem stets fordernden Wesen in seiner Absonderung und Beschränkung, von seinen schädlichen selbstsüchtigen Neigungen, Begierden und Ängsten befreit. An deren Stelle tritt das Wissen vom unendlichen, allumfassenden spirituellen Selbst, das nichts mehr zu gewinnen braucht. Aus der Dualität wird endlich die vollkommene Einheit.

An dieser Stelle könnte es dem Leser im Hinblick auf die vielen Worte, die der mit sich selbst im Widerstreit liegenden Dualität des Menschen in seiner Welt der Gegensätze gewidmet sind, so scheinen, als ob wir uns vom eigentlichen Problem der Depression abgewandt haben. Das ist keineswegs der Fall. Seien Sie versichert, daß die ungeheuer differierenden Qualitäten und Ebenen des Geistes auf gar keinen Fall außer acht gelassen werden dürfen, wenn eine Basis zum Verständnis der Natur der Depression in allen Einzelheiten formuliert werden soll, von der aus es möglich wird, Linderung und Hilfe zu bringen.

Die spirituelle Bedeutung der Depression

Da wir zu dem Schluß gekommen sind, daß der Geist ein Instrument des Bewußtseins ist, das auf verschiedenen Bedeutungsebenen wirkt, und da der Mensch dazu bestimmt ist, sich mit dem Absoluten zu vereinigen, bedeutet das, daß er einem lebenslangen Prozeß des Zusammenfindens und der Höherentwicklung auf vielen Bewußtseinsebenen auf eine Vereinigung hin unterworfen ist, bis er seine Göttlichkeit erkennt.

Viele Lehrer haben über diese verschiedenen Bewußtseins

ebenen nachgedacht und die Frage nach dem Warum gestellt. Die Antwort liegt in der fieberhaften und mannigfaltigen Suche des Menschen nach Freiheit. Er hat gekämpft und Qualen erlitten in seinem Bemühen, »wichtige« Bestrebungen zu verwirklichen, die seine Freiheit sichern sollten. Aber sobald er sie erreicht hat, entzieht sie sich ihm sofort wieder. Der Grund besteht darin, daß der Mensch zwar den niederen Bewußtseinsebenen verhaftet ist, die die Freiheit leugnen, daß er aber nichts von den höheren oder spirituellen Ebenen weiß, die ihm allein Freiheit bieten. Der Mensch genießt die Illusion des freien Willens und wäre empört und würde es nicht glauben, wenn man ihm sagte, daß er vollkommen der gehorsame Sklave der Gedanken, Ängste, Wünsche und Begierden seines niederen Selbst, des Ego, ist.

Der Leser hat nun das Stadium erreicht, von dem wir annehmen, daß er sich seines unentrinnbaren spirituellen Strebens bewußt geworden ist. Er dürfte deshalb auch einigermaßen vertraut sein mit der Natur seines Geistes – oder der Welt des Bewußtseins mit ihren verschiedenen Ebenen. Wir nehmen ebenfalls an, daß er, da er weiß, daß er dazu bestimmt ist, sich bewußt mit seiner höchsten Ebene (dem Absoluten) zu vereinigen, auch vorbereitet ist auf die vielfältigen und heftigen Reaktionen der untergeordneten Ebenen oder des Ego, das ja nicht das wahre Selbst ist, sondern das materiell orientierte Selbst. Dieses niedere Selbst ist einem Gefangenen vergleichbar, denn der Ort für sein mögliches Leben (oder auch für zwei oder mehr Leben) ist die grobstoffliche Welt, bei der es sich nur um eine Welt der Form und des Mangels handelt.

Die großen Mystiker haben stets gewußt und gelehrt, daß der Mensch seinem Wesen nach immer ein unendliches spirituelles Wesen ist, und das Ego, bei dem es sich um etwas zeitlich Begrenztes handelt, das nie das Höchste wahrnehmen kann, wird sich ihm schließlich ganz überlassen und vollkommen in ihm aufgehen. Bevor das aber geschieht, wird der Mensch hart und schonunglos von dem unendlichen Selbst bedrängt, sich von den weniger edlen Qualitäten seines Bewußtseins zu trennen und so eine Loslösung von jenen sensualistischen Elementen zu erreichen, die er bisher als Quelle des höchsten ihm erreichbaren Glücksgefühls angesehen hat.

Zu dieser erzwungenen spirituellen Disziplin gehört ein langer Prozeß des Verzichts auf das von Begierden nach den Früchten der Erde bestimmte Verlangen. Anfälle von Gier, Zorn oder Angst, die durch Gedanken an Bequemlichkeit, Macht, Ruhm oder Sicherheit entstehen, werden rechtzeitig durch Akte der Liebe, Sympathie und des Verstehens ersetzt, die keine Verbindung zum egoistischen Selbst haben. Eine solche Disziplin stößt beim niederen Selbst auf großes Mißfallen, und so beginnt es einen heimlichen Kampf um seine Selbsterhaltung. Das höhere Selbst weiß, daß es sich als Reaktion darauf heftig anstrengen muß, um diesen Widerstand zu überwinden und die niedrigeren Elemente des Lebens auszuschalten. Die Szene ist also bereitet für das Aufeinandertreffen der Gegensätze. Es ist ein Konflikt, der zwar außerordentlich quälend und bedrückend ist, letzten Endes jedoch unfehlbar zur Erleuchtung und zu uneingeschränktem Glück führt.

Bevor wir jedoch damit beginnen, uns eingehender mit Ursachen, Wirkungen und Heilungsmöglichkeiten der Depression zu beschäftigen, wäre es meiner Meinung nach hilfreich für den Leser, wenn ich kurz einen anderen Aspekt der Unwissenheit streife und auch bestimmte Anzeichen erwähne, die einen wesentlichen Einfluß auf den Konflikt zwischen den unterschiedlichen Geistesebenen haben.

Der Mensch wird in die physische Welt hineingeboren und ist sich weitgehend überhaupt nicht bewußt, daß diesem Ereignis ein realer Zweck zugrunde liegt. Stattdessen gerät er in völlige Abhängigkeit zu dieser Welt, und zwar auf allen Ebe nen: physisch, emotional und intellektuell. Wenn er nicht nur glaubte, sondern *wüßte,* daß sich seine Füße vom Moment seiner Geburt an auf eine genau vorherbestimmte, sinnvolle heilige Pilgerreise begeben, dann wäre viel von seiner Angst und Furcht, vielleicht sogar die Anstrengung des Kampfes um bessere Bedingungen, von ihm genommen. Aber wäre der Mensch dadurch besser und weiser? Das ist sehr zu bezweifeln.

Wir haben deshalb keine Wahl und müssen akzeptieren, daß wir nicht nur Spielball des Zufalls sind, sondern unter dem Schutz fundamentaler Gesetze stehen. Dadurch werden die Freuden und Leiden des Lebens zu positiven Wegmarken, die den Menschen über den Glauben an eine begrenzte Welt hinaus zur Wahrnehmung eines grenzenlosen Daseins führen. Die älteste Überlieferung der Welt berichtet uns wiederholt, daß wir uns nur durch Widerstand und Unglück weiterentwickeln und daß der gesegnet sei, der um des Gesetzes der fortschreitenden Entwicklung willen leidet und durch sein eigenes Bemühen Erfüllung findet.

Die Depression

Die ausführlichen Erklärungen auf den vorangegangenen Seiten über die Natur des Geistes und über die ruhelose Geschäftigkeit auf den Unterebenen des Bewußtseins sollten es dem Leser hinreichend deutlich gemacht haben, wie und warum quälende mentale Konflikte entstehen. Wir wollen uns deshalb jetzt mit dem richtigen Weg beschäftigen, wie Linderung für diese Probleme zu finden ist.

Lassen Sie uns zunächst bestimmte gesicherte Tatsachen über den Zustand des Glücks und der Zufriedenheit untersuchen und dabei nicht vergessen, daß wir zu dem Schluß gekom men sind, daß der Mensch grundsätzlich eine Dualität ist, nämlich ein egoistisches Selbst und ein spirituelles Wesen, und daß jeder der Aspekte durch seine eigene geistige Kraft aktiviert wird, wobei beide fähig sind, einen Glückszustand zu empfinden, der der jeweiligen Natur angemessen ist.

Der Unterschied zwischen den beiden Aspekten des Geistes besteht darin, daß der erste eine endlose Folge von Handlungen zur Erreichung materieller Ziele ist, während der andere das unaufhörliche Bemühen um eine höhere spirituelle Lebensweise darstellt. Jemand sagte einmal: »Das erfüllte Verlangen ist von allen Stimmungen die am wenigsten zufriedene . . .«

Wenn wir aber diese Wahrheit bis ins Extrem fortsetzen, ergibt sich daraus, daß alle Formen des Begehrens niemals den Zustand vollkommener Befriedigung erreichen. Unvergängliche Befriedigung kann man nur in der tiefergehenden spirituellen Ordnung suchen, der gegenüber das Nicht-Spirituelle oder der Materialismus nur das Mittel zu einem bestimmten Zweck ist. Wenn materielle Wünsche, auch wenn es sich dabei um lebensnotwendige Bedürfnisse wie Nahrung, Kleidung, Obdach und alle Arten von Bequemlichkeit handelt, angemessen erfüllt werden, haben wir damit nur das materielle Wohlbefinden des Menschen gesteigert. Wir haben für günstige Voraussetzungen gesorgt, unter denen sich ein gewisses Maß an Glück einstellen kann. Beschwerden können entstehen, weil die verbesserten materiellen Voraussetzungen aufgrund ihrer eigenen Natur allmählich an Glanz verlieren, wenn man sich nicht ununterbrochen darum bemüht, sie aufrechtzuerhalten.

Alle, die sich mit einer Utopie beschäftigen, machen immer wieder den Fehler, daß sie versuchen, ihr höchstes Ziel ausschließlich in ihrer eigenen oder der anderer Menschen unmittelbaren Umgebung zu finden. Sie erkennen nicht, daß die Umweltbedingungen nur für eine Folge von Erfahrungen oder spirituelle Möglichkeiten sorgen, die der Vorbereitung auf ein realeres Leben ununterbrochenen Glücks auf höheren Bewußtseinsebenen dienen. Wenn man das als eine logische Schlußfolgerung berücksichtigt, muß man akzeptieren, daß der Mensch aufgrund seiner dualen Existenz fähig ist, zwei Formen des Glücks zu empfinden. Eine ist die sinnliche, jedoch begrenzte Freude, die durch die Dinge der materiellen Welt ausgelöst wird, die zweite ist die tiefere spirituelle Erfahrung des unendlichen, grenzenlosen Selbst.

Aus diesem Grund gibt es prinzipiell zwei Arten von glücklichen Menschen in unserer materiellen Welt. Da ist einmal der Mensch, der ein Leben liebt, in dem weitgehend das niedere Selbst oder Ego dominiert. Er findet seine Lust und Befriedigung in der gegenständlichen Sinneswelt.

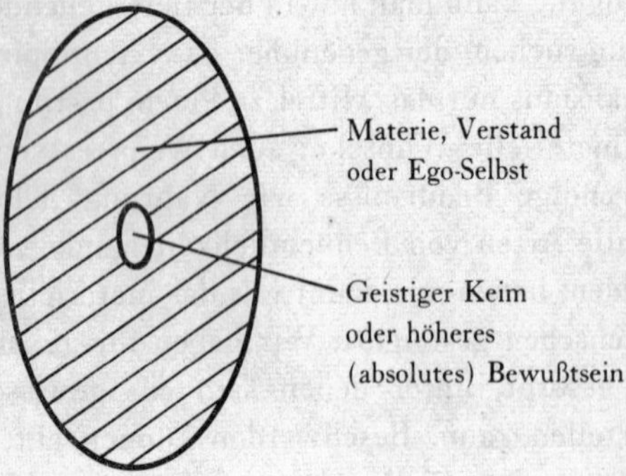

Von der Materie beherrschter Mensch

Der andere ist der, der schließlich eine höhere Stufe der Bewußtheit erreicht und in der Lage ist, zwischen Illusion und Realität zu unterscheiden. Von dieser Ebene aus ist der spirituell bewußte Mensch in der Lage, seine Sinne weitgehend unter Kontrolle zu halten und nicht nur deren Wünsche oder Begier den zu beherrschen, sondern auch zu erkennen, daß das Ziel dieser Begierden nur begrenzte Erfahrungen (oder ein eingeschränktes Glückserlebnis) bringen würde, die unaufhörlich wiederholt werden müssen.

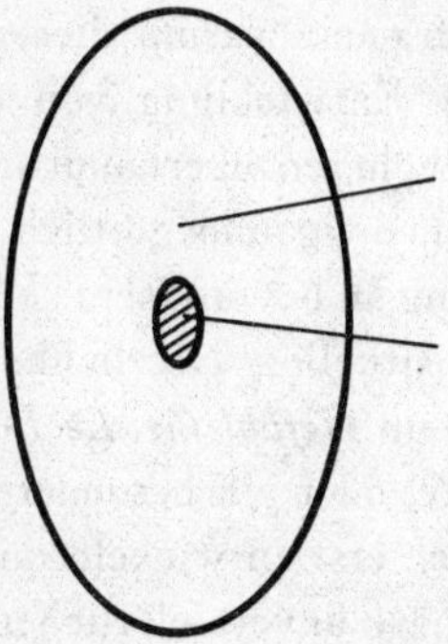

Vom Geist beherrschter Mensch

Dieses gleichzeitige Abklingen der Begierden während ihrer Erfüllung, das sich in regelmäßigen Abständen immer aufs neue wiederholt, war der Grund, daß man im Altertum das Ego als das Reich der Illusion bezeichnete. Es ist ein Irrtum, zu glauben, daß wir ein wichtiges Bedürfnis befriedigen. Tatsächlich handelt es sich dabei um eine Selbsttäuschung, wenn wir versuchen, damit unserem irregeführten Gefühl zu entkommen, das uns dazu treibt, uns unaufhörlich um ein Ziel zu bemühen, das nicht mehr als einen kurzen Augenblick der Befriedigung verschafft. Ganz gleich, von welchem Aspekt wir geistig beherrscht werden, vom niederen Selbst oder vom höheren Selbst, wir werden immer eine Art von Glück erfahren.

Der Hauptunterschied zwischen den beiden Zuständen besteht darin, daß es sich bei dem einen um einen vorübergehenden Glückszustand handelt, während der andere der befriedigende Ausdruck des allmählichen Freiwerdens vom unersättlichen Ego und die Entdeckung des eigenen unendlichen göttlichen Selbst ist.

Viele Leser mögen sich fragen, warum dieser langwierige und schwierige Prozeß der Entwicklung von den niederen Bewußtseinsebenen zu den höheren überhaupt notwendig ist. Wenn wir bereits unendlich, ewig und göttlich sind, warum kann uns das nicht von Anfang an bewußt sein? Warum können wir uns nicht stets der spirituellen Herrlichkeit im Innern sicher sein? Der Grund ist ein *Gefühl für die Bedeutung,* wie ich es einmal nennen möchte, oder ein besonderes Wissen um das Wesen der Dinge, das sich erst entwickeln muß. Wenn wir ununterbrochen in einer Sphäre unveränderlichen Lichtes leben und nur diesen Zustand kennen würden, könnten wir dann die Bedeutung des Lichtes verstehen? Wie könnte das Licht das Gefühl von Schönheit, Freude und Behagen hervorrufen, wenn wir nicht zuerst die Dunkelheit erlebt hätten? Wie erkennen wir unsere eigene Unendlichkeit, wenn wir nicht den endlichen Zustand erfahren? Welche Bedeutung hätten Friede und Freude ohne Schmerz und Trauer?

Zur Befreiung der Seele gehört auch das Kennenlernen der Natur aller materiellen und spirituellen Dinge. Das ist aber ohne die Erfahrung der Doppelnatur aller Dinge nicht möglich. Das erwähnte Gefühl für die Bedeutung oder das spezielle Wissen kann nur gewonnen werden, wenn wir in einen nur scheinbar endlosen Prozeß des Hinabsteigens in den grobstofflichen Bereich innerhalb der Grenzen von Raum und Zeit einbezogen werden.

Dieser Vorgang wird zu einem allmählichen Abstieg, zu einer Rückkehr der Seele, wobei das beschränkte Wissen des

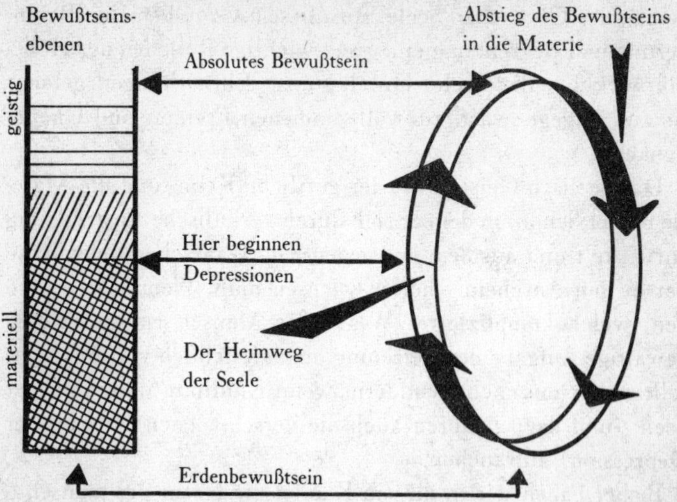

Wichtiger Hinweis: Um Depressionen zu überwinden, ist es entscheidend, daß das geistige Ich zur Entwicklung angeregt wird. Deshalb sollten das Tonband und dieses Diagramm täglich und so oft wie möglich abgehört beziehungsweise studiert werden.

Ego oder des Selbstbewußtseins verwandelt und zum absoluten Wissen wird.

Dieser »Heimweg der Seele«, der große Schwierigkeiten mit sich bringt, nimmt eine Erfahrung nach der anderen in sich auf. Die Seele macht sich dabei nicht nur unsere eigene Erfahrung zunutze, sondern sie gewinnt auch an Erfahrung, indem sie einen großen Teil von den Erfahrungen anderer absorbiert. Jede Seele, die einen Ego-Aspekt entwickelt, während sie auf ihrem Weg nach unten ist (dieser ist notwendig, um ein Gefühl der Identität oder für die Bedeutung ihrer Existenz zu schaffen), erfährt eine allmähliche Befreiung (von ihrem Ego-Aspekt) und ist unterwegs zur Entdeckung des Höchsten

Selbst, der Göttlichen Seele. Aus diesem Grund spielen Behinderung und Begrenzung eine ganz wichtige Rolle bei der Höherentwicklung der Seele. Durch solche Einwirkungen gelangt sie zur Allgegenwart, zur vollkommenen Freiheit und Unendlichkeit.

Das Seelisch-Geistige ist der göttliche Keim, und die Materie ist der Schoß, in dem er sich durch herkulische Anstrengung entwickelt und aus dem er - gegen jede Wahrscheinlichkeit, so hat es den Anschein - herauswachsen muß. Wenn wir bedenken, welch kompliziertes Wesen der Mensch ist und welch gewaltige Aufgabe der Befreiung unausweichlich vor ihm liegt, sollten wir uns nicht wundern, wenn Konflikte innerhalb der Seele (und dazu gehören auch die verschiedenen Formen der Depression) auftauchen.

Bisher haben wir in diesem Kapitel die Natur des menschlichen Geistes besprochen und, bis zu einem gewissen Grad, die Aktionen und Reaktionen auf den unterschiedlichen Bewußtseinsebenen erklärt. Wir können daraus drei grundlegende Schlüsse ziehen:

1. Jeder Mensch ist eine duale Persönlichkeit.

2. Je nach dem Grad seiner fortschreitenden Entwicklung erfährt er nur eine kurze, begrenzte Zeit ein irdisches Glück, oder aber ein immer wachsendes Glück auf höheren Ebenen spirituellen Bewußtseins.

3. Der Mensch durchläuft einen kontinuierlichen Prozeß der Verwandlung oder Befreiung, in dessen Verlauf er sich aus einem begrenzten ego-zentrischen Wesen zu einem unendlichen spirituellen Wesen entwickelt.

Jedes menschliche Wesen ist von dem Augenblick an, in dem es in die stoffliche Welt der Materie eintritt, zu einer Art Hindernisrennen gezwungen. Es kann kein Zweifel darüber bestehen, daß dabei auf manche Menschen ein höherer Lohn oder Preis wartet, während andere große Schwierigkeiten zu überwinden haben und sich heftiger anstrengen müssen. Der Ablauf wird uns durch ein unerbittliches Gesetz zugemessen, das ganz genau Art und Umfang der erforderlichen Erfahrungen betimmt. Das alles geschieht so, daß es genau der erreichten Position der Seele im unendlichen Spektrum des Bewußtseins entspricht.

Müssen wir deshalb annehmen, daß Depressionen eine Fügung des Kosmischen Gesetzes sind, oder entstehen sie als zufällige Erkrankung des Geistes? Seelische Depressionen sind tatsächlich eine Fügung des Gesetzes, während Depressionen, die das Ego-Selbst betreffen, entweder durch tiefgehende Erschöpfung von Körper und Geist oder durch enttäuschtes ehrgeiziges Streben des Ego-Selbst auftreten. In diesem Kapitel wollen wir uns nicht zu sehr mit diesem letzten Problem beschäftigen, sondern uns vielmehr auf das spezielle Geschehen konzentrieren, das zwischen den endlichen (begrenzten) und den unendlichen Aspekten des Geistes stattfindet. Dieser Prozeß ist der Ursprung der seelischen Depression.

Eine der bemerkenswertesten Schlußfolgerungen, die wir aus den drei Tatsachen über die Natur des menschlichen Geistes glaubten ziehen zu müssen, war die, daß der Mensch einen kontinuierlichen Prozeß der Befreiung seines begrenzten Ego-Selbst durchmacht und über verschiedene Bewußtseinsstufen zu einer Vereinigung mit seinem höheren Selbst geführt wird. Dieses Hingezogenwerden zu einer höheren Bewußtseinsebene beraubt das dem Irdischen verhaftete Ego eines Teils seiner Macht, und wenn es diesen Entzug zum erstenmal spürt, entsteht ein Gefühl tiefer Angst.

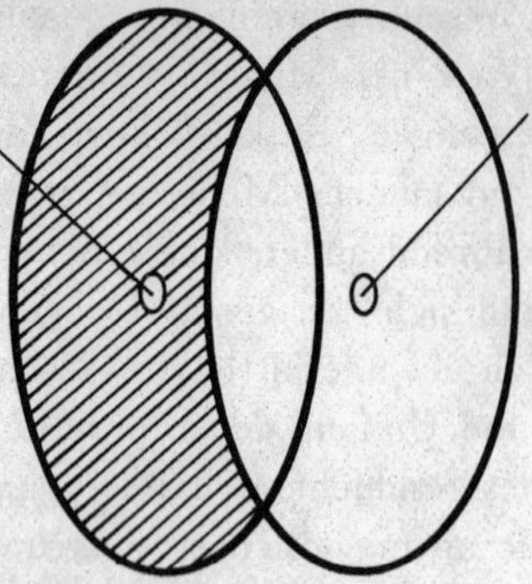

Zustand, in dem beide Ichs sich die Waage halten. Jedes Ich versucht das andere zu kontrollieren oder zu beherrschen. In diesem Zustand beginnen die Depressionen.

Der Patient hat für diese unterschwellige Angst keine Erklärung, denn er ist sich überhaupt keiner greifbaren Ursache bewußt, wie sie etwa bei finanziellen oder beruflichen Problemen, Eheschwierigkeiten, Fragen der körperlichen Gesundheit oder der Umwelt eine Rolle spielen. Zusätzlich spürt er noch ein inneres Gefühl der Bedrohung des Selbst, und gleichzeitig damit entsteht ein überwältigendes Gefühl der Hoffnungslosigkeit, Hilflosigkeit und Unsicherheit. In diesem Stadium ist es üblich, daß der Gedanke an Selbstmord immer stärker wird oder sogar Versuche zur Selbsttötung unternommen werden.

Warum entstehen diese Gedanken an Selbstmord? Der Grund ist, daß das Ego-Selbst die Menschen zu Gefangenen ihrer Gewohnheiten, Ängste, Hoffnungen und Ambitionen gemacht hat. Sie sind Gefangene ihrer Vorurteile, Meinungen, Begierden und Neigungen. Der Mensch strebt, arbeitet und plant innerhalb dieser engen Grenzen, um Freiheit, Glück und

Sicherheit zu erlangen. Aber alles das entzieht sich ihm, weil die Gitter seines Gefängnisses die Anordnungen des Ego-Selbst sind, mit dem er sich fälschlicherweise identifiziert. Das Höhere oder Geistige Ich allein bietet aber vollkommene Freiheit und Sicherheit, doch dessen Impulse und also auch seine Aktionen werden häufig durch das beherrschende Ego blockiert, das weiterhin ganz stark alle Gedanken, Wünsche und Handlungen diktiert.

Der ständige Prozeß der Befreiung vom Ego, den wir bereits beschrieben haben, ist merkwürdigerweise der Grund, warum der Patient manchmal an Selbsttötung denkt. Es ist die natürliche Folge davon, daß das Gesetz der Befreiung daran arbeitet, die Kraft des Ego-Selbst abzubauen, um uns dabei zu helfen, daß wir frei und in Übereinstimmung mit der wahren Natur des spirituellen Selbst leben können. Dieses Gesetz stellt eine ernsthafte Bedrohung für die seit langem ausgeübte Vorherrschaft des Ego dar, die wahrscheinlich schon über viele Leben hinweg wirksam gewesen ist. Im Ego-Selbst entsteht ein Gefühl der Angst, und damit wird auch der Selbsterhaltungsinstinkt geweckt. Gleichzeitig läßt der sich bildende spirituelle Aspekt ein Gefühl der Frustration entstehen, weil der Mensch nun die grenzenlose Freiheit wahrnimmt, die ihm immer noch unerreichbar ist.

Am meisten quälen die Konflikte, die zwischen den Aktionen des Höheren Bewußtseins (das versucht, immer höher zu steigen) und den energischen Versuchen der elementaren Kräfte des Ego-Selbst während des großen Abstiegs entstehen (siehe Zeichnung auf Seite 37), die das Höhere Bewußtsein zurückhalten wollen, um den eigenen irdischen Herrschaftsbereich zu behaupten.

Es ist bemerkenswert, wie in diesem Stadium der Geist des Ego starke und durchaus glaubwürdige Suggestionen gibt und damit versucht, seinen Kampf gegen die Übernahme durch das spirituelle Selbst zu rechtfertigen. Dieser Konflikt ist von großer Bedeutung, denn er zeigt eindeutig an, daß der darunter leidende Mensch seine Stellung auf dem aufsteigenden spirituellen Bogen erreicht hat, den man auch als »den Pfad« oder den »Heimweg der Seele« bezeichnet.

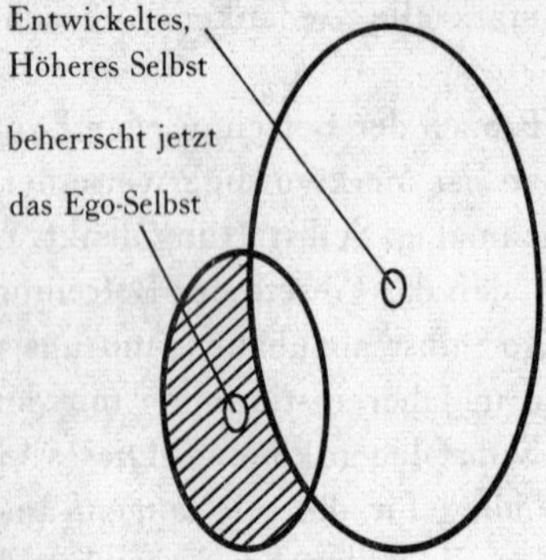

Die starken elementaren Kräfte, die das Ego-Selbst bilden, entstanden während der Anfangsphase seines Abstiegs in den grobstofflichen Bereich der Materie. Aber jetzt, da das Selbst durch die emporstrebenden Kräfte spiritueller Natur verdrängt, erhoben und geläutert werden soll, werden nun die meisten Ideale (möglicherweise auch alle!), die während der Anfangsphase als gut und wahr galten, schlecht und gegenstandslos und müssen geopfert werden. Begriffe wie gut und schlecht, wahr und unwahr, die in diesem Buch angewandt werden, sind relativ; sie gehören in die Welt der Gegensätze. Sie gelten relativ nur in bezug auf die persönliche Entwicklungsphase eines Menschen. Mit anderen Worten: Der Zustand des absolut Guten ist denkbar, weil der Mensch die unterschiedlichen darunterliegenden Stadien kennengelernt hat.

Dieses Kapitel wurde geschrieben, um in aller Kürze zu

zeigen, welche Wege der komplizierte menschliche Geist auf seiner so schwierigen und langen Reise der spirituellen Entdekkung einschlägt. Die vorgelegten Deutungen sind trotz aller Unvollkommenheit geeignet, praktische und sachdienliche Hinweise auf das menschliche Problem der Depression zu geben. Die Erklärungen sollen dem Leser oder gegebenenfalls auch dem Patienten dabei helfen, den Prozeß der spirituellen Evolution zu verstehen, der zum Erbe eines jeden Menschen gehört, und auf dessen entscheidenden Einfluß bei der seelischen Depression hinweisen.

Es soll damit auch gezeigt werden, daß die Erfahrungen der Depression, so quälend sie auch sein mögen, nur ein Mittel auf dem Weg zu einem letzten Ziel sind – nämlich dem vollkommenen spirituellen Bewußtsein. Was wir von unserem endlichen geistigen Standpunkt aus als bemitleidenswerten Zustand empfinden, ist in einem absoluten Sinn etwas ganz anderes: Wir sind vielmehr Zeuge, daß sich eine Seele am Ausgangspunkt zur Erreichung eines neuen Bewußtseins oder einer neuen Qualität des Bewußtseins befindet – ein erwachendes Höheres Selbst, das einen schmerzlichen aber letzten Endes siegreichen Kampf gegen die elementaren Kräfte des niederen Selbst kämpft. Dabei handelt es sich um die gleichen Erdenkräfte der Begierde, die möglicherweise dafür verantwortlich sind, daß der Mensch schon einige Leben hindurch Schmerz, Angst und Enttäuschungen ausgesetzt war, und die ihn an die unaufhörliche »Tretmühle« physischen Handelns fesseln – vergebliche Versuche, die Forderungen des unersättlichen Ego zu befriedigen.

Ich bin sicher, daß jeder Leser, der sich auch nur ein wenig in den heiligen Schriften der Menschheit auskennt, mit mir übereinstimmen wird, daß die Lehrer und Propheten dem unvermeidlichen natürlichen Prozeß unaufhörlicher Veränderung, dem die materielle Welt unterworfen ist, ganz besonderes

Gewicht beimessen. Sie erkannten, daß der physische Leib, körperliche Empfindungen, sinnliche Wahrnehmungen, Gedanken und Begierden etwas Unbeständiges, Vorübergehendes sind, und daß die Ursache für alles Leid und alles Böse in der emotionalen Bindung an diese Dinge zu suchen ist, die schon aufgrund ihrer Natur vergänglich sind und an denen kein dauerhafter Besitzanspruch geltend gemacht werden kann. Die grundlegende Aussage der Schriften beruht auf der *einen* Wahrheit, daß alles, was sich außerhalb des spirituellen Konzeptes befindet, unwirklich ist. Das bedeutet, daß es eine begrenzte Existenz besitzt und daher vergänglich ist.

Die Lehren der großen Meister sollen dem Menschen zeigen, wie er sich vom Verlangen nach den sich stets verändernden illusorischen Gegenständen der äußeren Welt befreien und in den dauernden inneren Frieden des spirituellen Selbst flüchten kann. In den meisten Fällen ist der Mensch zu unwissend und zu sehr der sinnlichen Welt verhaftet, um sich darüber Gedanken zu machen, wie er sich davon befreien könnte. Deshalb darf er eine Zeitlang seine eigenen Wege gehen und die aufs Äußere gerichteten Ziele verfolgen. Aber letzten Endes wird doch das Gesetz wirksam, wonach alle Menschen eine spirituelle Bestimmung haben, die sie verwirklichen müssen. Der Mensch muß ganz gegen seinen Willen die irdischen Elementarkräfte bekämpfen, die ihn gefangenhalten.

Trotz allem, was wir über das Ego-Selbst gesagt haben, über seine Grenzen, seine Selbstsucht und seine Blindheit, muß festgestellt werden, daß seine Existenz und seine Wirkung unentbehrlich sind. Wie die dunkle, feuchte Erde für das einzelne Samenkorn, so ist auch das der Erde verhaftete Ego lebenswichtig für die Entwicklung des spirituellen Samens oder Keims. Es kann niemals eine vollkommene spirituelle Erleuchtung stattfinden, ehe sie nicht auf *jeder Ebene* des Bewußtseins verwirklicht und aufrechterhalten wurde, und zwar beginnend auf der niedrigsten Stufe. Manche mögen denken, es wäre wunderbar und viel leichter, wenn man einfach durch Meditation und Kontemplation den Zustand der inneren Ruhe herbeiführen könnte und Gott auf diese Weise erfahren dürfte. Es ist eine unendlich höhere Leistung und sehr viel *realer,* die Erleuchtung zu erlangen, indem man jede Ebene des Stofflichen und der Funktionen durchläuft. Es gibt keine Ebene, auf der sich nicht Gott befindet. In seinen Augen gibt es keine Abgrenzungen zwischen der irdischen und der geistigen Welt. *Alles* ist eine Wirkung der schöpferischen Kraft Gottes. Obwohl diese Welt in erster Linie eine Welt der Aktion und der Erfahrung ist und wir zeitweise ihre Gefangenen sind, muß es also irgend etwas von großem Wert geben, das wir von ihr erhalten können. Selbst wenn unsere Handlungen von Habgier, Angst, Zorn, Ehrgeiz, Bequemlichkeit, Ruhmes- oder Sicherheitsstreben bestimmt sind, muß eine Zeit kommen, die uns dazu zwingt, Versuche zu unternehmen, uns von der vergänglichen sinnlichen Welt zu befreien und den Aufstieg zu beginnen. An diesem Punkt entsteht aus den »Gegensätzen« der menschlichen Natur ein schmerzlicher Konflikt, der viel Angst, Frustration, Unsicherheit und Depression mit sich bringt. Dieser Konflikt ist tatsächlich der Ausdruck oder die Überwindung des niederen Selbst durch das Höhere Selbst auf der physischen Ebene. Wie wir gesehen haben, ist der »Kampf« der Depression deshalb nicht die Folge einer körperlichen oder geistigen Erkrankung, sondern es handelt sich dabei um die »Wachstumsschmerzen« des spirituellen Embryos, um den Beginn der großen Befreiung, um den ersten Schritt zur endgültigen Überwindung des ruhelosen, unersättlichen Ego-Selbst.

Das größte Problem, mit dem der Patient fertigwerden muß, ist der emotionale Schmerz der Depression, der manchmal so intensiv werden kann, daß ein echter psychiatrischer Notfall entsteht, denn bei diesen Menschen ist das Selbstmordrisiko besonders hoch. Bei der seelischen Depression gibt es eine tiefe Hoffnungslosigkeit, die der Betroffene für einen Dauerzustand hält. Er ist überzeugt davon, daß sich das Leben von Grund auf verändert hat und nie wieder so wie vorher sein wird, und daß ihm eine trostlose Zukunft bevorsteht. Sein Verhalten ist im allgemeinen introvertiert, oft unterbrochen von Anfällen mit Beschimpfungen und Aggression. Andere äußerlich wahrnehmbare Zeichen dieser Form der Depression sind reduziertes Interesse am Essen und dadurch entstehender Gewichtsverlust, Schlafstörungen, vollkommenes Desinteresse an Beruf und gesellschaftlichen Dingen, an Zukunftsplänen, Verlust des Selbstwertgefühls. Manchmal zieht sich der Patient auch ganz zurück und verschläft den größten Teil der Zeit.

Ein weiteres großes Problem, dem sich unser unglücklicher Patient gegenübersieht, ist die *unbegründete* Angst, die ihn periodisch überfällt. Diese Angst wirkt nicht nur völlig demoralisierend auf ihn, sondern trägt auch viel zur Selbstmordgefahr bei. Sie entsteht einfach dadurch, daß der Patient vollkommen unfähig ist zu begreifen, was ihm geschieht. Angst, die Emotion, die unsere Phantasie am stärksten beschäftigt, läßt den Gedanken an drohenden Wahnsinn, an Besessenheit vom Bösen und an Gehirnschäden entstehen.

Ich bezeichne dieses Gefühl als »unbegründete« Angst, denn selbst wenn sich der Patient einer Psychoanalyse unterzieht, findet man in der Regel keinerlei Ursachen für solche Beeinträchtigungen. Die materiellen oder wirtschaftlichen Umstän de, Familienverhältnisse, Beruf, äußere Lebensbedingungen und körperliche Gesundheit sind im allgemeinen einigermaßen in Ordnung und geben keine Hinweise darauf, warum sich der Patient dermaßen quälen muß. Unwissenheit und Verständnislosigkeit tragen also ganz wesentlich zum Problem bei. Erkennt man aber erst einmal die genaue Art der Störung, wird man zu dem Schluß kommen, daß Medikamente, Schockbehandlung und Psychoanalyse möglicherweise die ersehnte Heilung gar nicht herbeiführen können. Bisher hat die medizinische Wissenschaft nach vielen Jahren der Forschung noch keine Ergebnisse erzielt, die Aussicht auf dauerhafte Heilung bieten, und es ist äußerst zweifelhaft, ob man durch die weitere Verfolgung der bisherigen medizinischen Theorien zum Erfolg kommt.

Der Patient, der Tag für Tag unter diesem Zustand leiden muß, ohne zu begreifen, warum es dazu kommen konnte, und der sich an nichts anderes halten kann als an die üblichen Medikamente, die kaum spärliche Anzeichen für eine Besserung versprechen, wird in immer tiefere Abgründe der Verzweiflung gestürzt, bis sein Leben selbst gefährdet ist.

Unwissenheit ist unser Schlüsselwort: Nicht zu wissen, wodurch diese persönliche Hölle entsteht, die uns in Angst und Schrecken versetzt. Deshalb besteht der allererste Schritt zur Erlangung einer gewissen Stabilität darin, Unwissenheit durch Wissen zu ersetzen. Wenn es gelingt, im Leidenden Verständnis für die Methode und für die Gründe zu wecken, warum das alles geschieht, dann bedeutet das, einen wichtigen Brückenkopf zu schlagen, von dem aus der langsame aber sichere Aufbau der geistigen Stabilität und schließlich dauerhafte Heilung zu erreichen ist.

Ich bin seit jeher der Überzeugung, daß die Seele fest am Zügel des Höheren Selbst gehalten und allmählich, bestimmt und unnachgiebig zu einem bestimmten Zeitpunkt in die richtige Richtung gelenkt wird. Dennoch ist ihr innerhalb eines möglichst weiten Spielraums des freien Willens eine gewisse Freiheit des Handelns eingeräumt. Dieser Spielraum endet, wenn es um die völlige Zerstörung geht. Innerhalb des fast unbegrenzten Aktionsradius ist es ihr aber gestattet, hin- und herzuwandern, Erfahrungen zu sammeln und schließlich aus der Sinnlosigkeit der eigenen impulsiven Handlungen und aus dem Schmerz der sich ergebenden Konsequenzen zu lernen.

Wir sollten also nicht annehmen, daß durch ein zeitweiliges Versunkensein in die eigenen Bestrebungen nichts gewonnen wird, denn es würde ja bedeuten, daß bestimmte Aspekte des Lebens ohne Bedeutung sind. *Alle* Stadien des Lebens haben Sinn und Zweck. In der Tat darf niemand dem Weg des eigenwilligen Handelns oder der Erdenerfahrung ausweichen, denn er ist der Ausgangspunkt für die bis dahin noch unbekannten höheren Bewußtseinsebenen. Diese Erfahrungen sind die Auswirkungen unseres der Erde verhafteten Selbst auf der physischen Ebene, und die sich ergebenden Schwierigkeiten, die für uns sehr oft schmerzlichen Reaktionen, lassen uns erkennen, wie armselig und schwach das vom Verlangen bestimmte Ich im Grunde ist. Die meisten Menschen handeln, weil sie etwas für sich selbst erstreben, und deshalb ist ihr Handeln bestimmt von Angst, Zorn, Gier und dem Bedürfnis nach Macht, Ruhm oder Sicherheit. Der Ertrag oder die Früchte ihres Handelns sind deshalb von derselben armseligen Qualität wie der Ursprung des Begehrens – das Ego-Selbst.

Wenn die Seele eine bestimmte Entwicklungsstufe erreicht hat, auf der sie mit der spirituellen Depression konfrontiert wird, kommt es zu anhaltenden und heftigen Auseinandersetzungen, in deren Verlauf gegensätzliche Erscheinungsformen des Selbst aufeinandertreffen. Diese Ereignisse sind die Vorbereitung für den Übergang auf eine neue Bewußtseinsebene. Das Opfer der Depression ist in Wirklichkeit der Schüler einer

Schule, die ihn darauf vorbereitet, das reale Leben auf höheren Ebenen seines Daseins zu erfahren, eines wahrhaft gesegneten Daseins.

Dies ist, so glaube ich, der Punkt, an dem wir unsere Analyse über die verschiedenen, untereinander im Widerspruch stehenden Bewußtseinsebenen abschließen können, ebenso die Erklärung über die Wege, die die Seele des Menschen geht, um ihre eigene völlige Hingabe und das letzte Aufgehen zu bewirken, so daß auf diese Weise das *wahre* Selbst vollkommen seiner unendlichen und ewigen Natur gewahr wird.

Wir widmen deshalb den Rest dieses Kapitels dem Vorhaben, den Opfern nicht nur zu einem vollständigen Verständnis ihrer Probleme zu verhelfen (mit anderen Worten: Warum ihm dies geschieht), sondern wir zeigen auch praktische und wirksame Methoden, die ihm seine Situation erleichtern.

Es kann gar nicht genug betont werden, daß es keine leichte Aufgabe ist, weder für den Heiler, der sich darum bemüht, seine Patienten zu unterrichten, bis sie sich wieder zurechtfinden, und zu ermutigen, sich streng an die Ratschläge und die empfohlenen Übungen zu halten, noch für die Opfer, die Mut und Entschlossenheit zeigen müssen, um den Ängsten und Forderungen des Ego-Selbst entgegenzutreten, bis es den Kampf aufgibt.

Wir wollen uns zuerst mit der Ausgangssituation des Heilers beschäftigen. Die große Bedeutung, die ein starker Rapport zum Patienten hat, ist vergleichbar mit dem Fundament für den Hausbau. Man erreicht dieses Ziel am besten, indem man den Leidenden zuerst ausführlich und ohne ihn zu unterbrechen über seine Erfahrungen sprechen läßt. Der Heiler hört nur zu und gibt deutlich sein Interesse und seine Sympathie zu erkennen. In diesem frühen Stadium sollte man niemals versuchen, irgendeine Aussage des Patienten in Zweifel zu ziehen, denn es hat sich erwiesen, daß der beste Zuhörer auch der beste

Heiler ist. Der Vorteil dieser Methode ist, daß bei Patienten ein Gefühl des Vertrauens hervorgerufen wird. Das ist das *Fundament* seiner Arbeit.

Gehen Sie langsam vor. In den ersten Sitzungen macht man in der Regel noch keine großen Fortschritte. Nehmen wir an, der Heiler hat sich eingehend mit diesem Kapitel beschäftigt, Papier und Stift liegen bereit. Nun sollte er damit beginnen, den Unterschied zwischen den beiden Arten der Depression zu erklären. Zeichnen Sie auf dem vorbereiteten Papierbogen die Diagramme von den Seiten 34/35 auf und erklären Sie genau, *was* die seelische Depression ist und *warum* sie hier auftritt. Die Diagramme sollte der Patient am Ende der Sitzung mitnehmen, damit er sie in den Augenblicken der Besinnung zu Rate ziehen kann. Das Ziel dieser ersten Schritte ist es, die Schrecken der Unwissenheit durch Aufklärung zu ersetzen. Wenn man nicht weiß, warum man täglich diesen zermürbenden Angriffen ausgesetzt ist, entstehen gefährliche Ängste und tiefe Verzweiflung. Ist aber der Patient in der Lage, die Gesetzmäßigkeit seiner »Krankheit« zu erkennen und die ihr zugrundeliegenden Ursachen zu verstehen, wird er langsam aber sicher eine mentale Stabilität aufbauen, die eine Basis für das weitere Vorgehen bis zur vollständigen Heilung bildet – *das Fundament wird verstärkt!*

Der Wert der Wiederholung kann gar nicht hoch genug eingeschätzt werden. Fordern Sie die Patienten auf, sich Notizen oder Kassettenaufnahmen von jeder Heilungs-Sitzung zu machen. Bestehen Sie darauf, daß sich die Patienten so oft wie möglich mit diesem Material beschäftigen, ganz besonders aber, wenn eine gedrückte Stimmung oder Niedergeschlagenheit einsetzt, denn damit kündigt sich sehr wahrscheinlich ein neuer Anfall an.

Die Patienten müssen nach und nach lernen, Widerstand zu leisten und dürfen sich nicht nur als hilflose und ohnmächtige

Opfer dieser Attacken betrachten. *Die Anfälle sind nicht unvermeidlich!* Prägen Sie den Patienten bei jeder Gelegenheit ein, daß der entscheidende Moment für einen Angriff auf das depressive Ego gerade der Zeitpunkt der Depression ist, weil man sich dann am leichtesten aus seinem Griff befreien kann.

Bewaffnet mit den Notizen oder Kassetten und Diagrammen sollte sich das Opfer auf die wesentlichen Gründe und die dahinterstehenden Absichten des Geschehens konzentrieren, das trotz allem eine spirituelle Erfahrung ist, die von unveränderlichen Gesetzen dazu bestimmt ist, seine innere Entwicklung zu beschleunigen. *Die spirituelle Entwicklung ist das Unvermeidliche, nicht der depressive Fall!*

Es ist keine leichte Aufgabe, die wir unserem Patienten stellen. Er wird eine ungeheure Entschlossenheit, Konzentrationsfähigkeit und Mut brauchen, und selbst mit Hilfe dieser Qualitäten wird nur für kurze Augenblicke ein gewisser Fortschritt in Richtung einer späteren Heilung erkennbar. Zur endgültigen Heilung ist es noch ein weiter Weg. Die Patienten müssen dazu gebracht werden, sich selbst als Kletterer an einer extrem schwierigen steilen Bergwand zu sehen. Sie können nicht mehr zurück, und an der gleichen Stelle zu verharren bedeutete, noch weitaus größeren Härten ausgesetzt zu bleiben. Es gibt nur den Weg nach oben! Sie müssen sich bis zum äußersten anstrengen, aber mit jedem kleinen Schritt, den sie unternehmen, kommen sie dem Gipfel und der Freiheit ein wenig näher.

Der menschliche Geist besitzt im höchsten Maße die Fähigkeit, sich allen Bedingungen, ob gut oder schlecht, anzupassen. Die erforderliche Kondition wird gewöhnlich durch anhaltende Konzentration des Denkens erreicht, die man manchmal als Meditation oder Kontemplation bezeichnet. Durch die Kraft des konzentrierten Denkens erscheinen Dinge, die zuvor furchterregend, unheimlich oder höchst quälend waren, weniger schrecklich oder werden sogar vollkommen ausgeschaltet, je nach Motivation und Konzentrationsfähigkeit.

Im Falle der Depression ist das Ziel die totale Ausschaltung des depressiven Ego, damit ein geistiges und emotionales Leben in Frieden und Harmonie wieder möglich wird. Noch wichtiger ist aber, daß der Patient lernt, einen tiefergehenden mentalen Bereich wahrzunehmen. Dadurch leuchten in ihm blitzartig neues Vertrauen und inspiriertere Gedanken auf. Das wird für ihn zum Anlaß, alle Unannehmlichkeiten als künftige Möglichkeiten zu erkennen und zu akzeptieren, die bereits erreichte Stufe der geistigen Genesung zu sichern und die Wiederherstellung voranzutreiben. Wir müssen diesen Punkt besonders hervorheben und feststellen, daß es unmöglich wäre, mit dieser Entwicklung über ein gewisses Stadium hinauszugelangen, wenn der Patient selbst nicht dazu veranlaßt werden kann, die größte und schwierigste Rolle bei seiner Heilung zu übernehmen. Wenn er aufrichtig entschlossen ist, sich von seinen quälenden Problemen zu befreien, muß er sich viele Male während des Tages mit den geistigen Übungen beschäftigen, die der Heiler oder dieses Buch ihm angeben. Wie langweilig oder ermüdend sie dem Patienten auch erscheinen mögen, er muß sie sorgfältig und beherzt durchführen und erkennen, daß dies die einzige Möglichkeit für ihn ist, sich zu befreien.

Wir wollen uns jetzt auf die Aufgabe der Neuorientierung des Geistes konzentrieren, das heißt, auf das langsame Aufbrechen der alten geistigen Modelle und ihre Neugestaltung als Vorbereitung auf den positiven Durchbruch zu der Wahrnehmung, daß die Ursachen und Absichten, die der seelischen Depression zugrundeliegen, unvermeidlich waren und eine natürliche Funktion im Verlauf der Weiterentwicklung haben. In diesem Fall wird der Patient die Übungen akzeptabel finden und trotz aller Leiden von seiner seelischen Vollendung und geistigen Genesung überzeugt sein.

Das Verfahren

Das Verfahren, das wir eben in groben Zügen dargestellt haben, ist eine Methode der strengen Schulung des Ego-Selbst oder des physischen Geistes und Körpers. Leider gibt es Menschen, deren Temperament nicht besonders geeignet ist für diese geistige Schulung, und die sich deshalb einreden, das bisher Gesagte über die Ursachen und den Sinn der Depression sei fragwürdig und ein Entkommen sei nicht möglich. Diesen unglücklichen Menschen können wir nur sagen, daß es keine andere als die vorgeschlagene Möglichkeit gibt. Sie müssen selbst die Entscheidung treffen.

Das wichtigste, was die Methode der Selbstdisziplin bringt, ist der plötzliche Durchbruch zum Bewußtsein eines überzeugenden, akzeptablen und autorativen Wissens. Haben wir einmal diese neue Form des Bewußtseins erreicht, kann der ruhelose Geist nach Wunsch und Belieben in einen Zustand innerer Ausgeglichenheit und Ruhe versetzt werden.

Es gibt viele Methoden und Techniken, den Geist zur Ruhe zu bringen. Alle verfolgen weitgehend das gleiche Ziel. Ich möchte nur zwei davon vorstellen. Diese Techniken können jedoch abgewandelt werden, damit sie dem persönlichen Temperament entsprechen. Aber welche Technik man auch übernimmt, es ist wichtig, daß man sich streng daran hält und die Übungen ganz regelmäßig ausführt. Wenn wir uns darüber im klaren sind, daß wir einen Weg strenger geistiger Disziplin einschlagen, sollten wir auch daran denken, daß das Ego-Selbst mit bemerkenswertem Erfolg stets neue glaubwürdige Entschuldigungen und Gründe findet, den Beginn des neuen Weges aufzuschieben oder die Übung bei jeder Gelegenheit ausfallen zu lassen. Als goldene Regel ist stets zu beachten: Wenn uns irgendein Grund in den Sinn kommt, der nahelegt, die Übung zu verschieben oder zeitweilig damit auszusetzen (der Anlaß kann Müdigkeit oder irgendein äußerer Reiz sein), sollten wir sofort erkennen, daß das Ego-Selbst ein raffiniertes Ablenkungsmanöver versucht.

Das größte Problem des Patienten ist sein Unvermögen, sich vom alltäglichen Bewußtseinsstrom weltlichen Denkens zu lösen. Bei den meisten Menschen wird der Geist nicht vom Willen beherrscht. Das Ergebnis ist, daß wir Sklaven eines störrischen, rastlosen und impulsiven Instruments sind. Außerdem wird dieser rastlose Geist den größten Teil der Zeit von Emotionen, Ängsten, sinnlichen Ablenkungen und zufälligen Ideen heimgesucht, die auftauchen und wieder verschwinden.

Wenn es gelingt, durch ausdauernde Übung ein wirksames Instrument des Bewußtseins zu entwickeln oder zu kultivieren, können wir dadurch erreichen, daß der Geist vollkommen unter der Kontrolle des Willens steht, anstatt daß er sich wie ein loses Blatt im Sturm verhält. Wir sind dann auf dem sicheren Weg zu Stabilität und Frieden. Der Leser sollte das folgende einfache Experiment unternehmen, um die rastlose, impulsive Natur des alltäglichen Geistes zu testen:

Richten Sie die Aufmerksamkeit Ihres geistigen Auges auf einen ganz gewöhnlichen Gegenstand, etwa auf eine Blume oder auf irgendein Symbol, etwa einen Stern oder ein Kreuz. Versuchen Sie, sich zehn bis zwanzig Sekunden mit dem Geist ganz darauf zu konzentrieren. Es wird Ihnen mit Sicherheit nicht gelingen, denn das Bild wird inzwischen – ohne daß Sie es bemerkten – durch einen anderen Gedanken ersetzt worden sein. Probieren Sie es noch einmal mit einem anderen Experiment: Versuchen Sie, Ihren Geist zehn Sekunden lang völlig frei von jedem Gedanken zu halten. Sie werden sehen, daß auch das mißlingt.

Trotz entschiedener Bemühungen bleibt die bedauerliche Tatsache bestehen, daß die bewußten Anstrengungen selbst zu Gedanken geworden sind, die auf ihre lautlose Art den Geist von seinem Kurs abbringen. Wenn der Patient das schließlich bemerkt, versucht er es mit anderen Techniken zur Disziplinierung, bis in seinem Kopf ein derartiges Durcheinander von Gedanken und Begriffen entsteht, daß er annehmen muß, er sei vollkommen verloren. Er weicht der zunehmenden Frustration und gibt auf. Die Ursache für das Mißlingen ist der starke Druck, unter dem der Versuch durchgeführt wird.

Den idealen Weg zu einem von Gedanken freien Geist findet man nur allmählich durch die Technik der Konzentration. Nachfolgend ist der entscheidende erste Schritt beschrieben. Bei dieser Übung muß das Denken ausgeschaltet werden. Setzen Sie sich bequem auf den Boden; auch ein niedriger Stuhl ist geeignet. Legen Sie die Füße übereinander. Die ineinander verschränkten Hände legen Sie in den Schoß, die inneren Handflächen nach oben. Machen Sie diese Übung niemals, während Sie im Bett liegen oder in einem weichen, bequemen Sessel sitzen, das würde nur das Einschlafen fördern. Beginnen Sie damit, sich auf ein einfaches geistiges Bild zu konzentrieren, etwa auf eine Blume, einen Kreis mit einem Kreuz in der Mitte oder irgend etwas anderes, das Ihnen gefällt. Halten Sie diese visuelle Vorstellung vor Ihrem geistigen Auge fest. Entspannen Sie den Geist (Sie dürfen auf keinen Fall wild entschlossen sein, die bildhafte Vorstellung festzuhalten!) und betrachten Sie ruhig und gelassen Form und Farbe. Wenn Sie sich dabei ertappen, daß Sie an etwas anderes denken, und das ist zu erwarten, entfernen sie ruhig und gelassen den Gedanken und setzen Sie wieder das ursprüngliche Bild an seine Stelle. Eine Warnung: Hüten Sie sich vor dem bevorzugten Abschreckungsmechanismus des Ego-Selbst, der *Ungeduld*. Rechnen Sie damit, daß Sie viele Wochen oder gar Monate dasitzen werden und erwarten Sie nicht, daß gleich allzuviel passiert. Erwarten Sie niemals, absolut niemals, Resultate! Wenn Sie nach Ergebnissen Ausschau halten, dann bedeutet das, daß Sie eine Bindung mit dem Sinnlich-Geistigen eingehen, also genau mit dem Aspekt des Geistes, den Sie zu überwinden suchen. Als erfahrener Reisender auf dieser Straße kann ich Ihnen aber versichern, daß sich Ausdauer mit der Zeit ganz ohne Zweifel lohnt und reiche Früchte trägt.

Wenn die Konzentrationstechnik schließlich zum Erfolg führt, und das geschieht mit Sicherheit, gewinnt der Geist unmerklich eine neue Ebene oder Dimension. Er hat dann das meditative oder kontemplative Stadium erreicht, und hier verliert er jedes Gefühl der Anstrengung und Mühe. Er befindet sich nicht mehr im üblichen aktiven Stadium, sondern ist angenehm ruhig und friedlich. Eine höhere Geistesebene, ein Stadium, das ich als den Geist der Intuition bezeichne, tut sich auf. Eine Fülle tiefgründigen Wissens und intuitiver Einsichten steht Ihnen zur Verfügung. Wenn dieses Stadium endlich erreicht ist, wird es Zeit, daß der Lehrer beiseite tritt, weil er keine weiteren Anweisungen mehr geben kann. Der Schüler hat sich seinem größten Führer angeschlossen – seinem *intuitiven Selbst!*

Für alle, die das Verfahren der »direkten Konzentration auf das innere Bild« zu schwierig finden, weil es ihnen nicht möglich ist, mit den vielen Ablenkungen fertigzuwerden, gibt es als Alternative die »Technik des kreativen Sehens«. Bei dieser Methode wird der Schüler zum *Denken* angeregt. Dabei soll er die Fähigkeit der Imagination und den Gedächtnisstrom von vier der fünf Sinne einsetzen: Geruch, Tast- und Gesichtssinn, Gehör. Sie beginnen folgendermaßen: Setzen Sie sich auf den Boden und stellen Sie sich vor, daß Sie im Gras mitten auf einer Wiese sitzen. Wenn Sie lieber auf einem Stuhl Platz nehmen, dann stellen Sie sich vor, daß Sie auf einem Baumstumpf sitzen. Bei dieser Technik versuchen Sie, sich vollkommen zu konzentrieren und den Geist mit Bildern zu erfüllen, anstatt ihn völlig frei zu halten. Visualisieren Sie die Wiese, das Meer aus saftig grünem Gras, hier und da ein Flecken mit Gänseblümchen oder Butterblumen. Malen Sie sich aus, daß an manchen Stellen hohe Bäume mit üppigem Laub stehen, einige in Gruppen beieinander, andere einzeln für sich. Sitzen Sie still und fühlen Sie, wie Sie mit den nackten Füßen das kühle Gras berühren. Nun blicken Sie auf und betrachten die charakteristischen Merkmale der Bäume. Achten Sie auf die Blätter, auf den Wuchs der Zweige und auf die Schatten, die diese Bäume werfen. Lassen Sie Ihrer Phantasie freien Lauf, nehmen Sie sich immer neue Einzelheiten vor und studieren Sie sie sorgfältig. Beachten Sie die Farbe der Blätter, die verschiedenfarbigen Stellen im Gras!

Auf dieser Stufe ist nur einer unserer Sinne, und zwar der Gesichtssinn, angewandt worden, um die Konzentrationsfähigkeit zu üben. Wir gehen jetzt über zur nächsten Stufe, bei der die Sehfähigkeit mit dem Hörvermögen verbunden wird.

Während Sie sich mit den Einzelheiten der Bäume beschäftigen, bemerken Sie, daß ein leichter Wind aufgekommen ist. Die Zweige beginnen sich hin und her zu bewegen. Wenn Sie genau hinhören, dann erkennen Sie das Rauschen der Blätter. Wenn Sie sich weiter konzentrieren, können Sie auch andere Geräusche aus der Ferne hören. Ein Vogel singt, andere Vögel antworten ihm. Hundegebell ist zu hören, das Rascheln des trockenen Grases. Konzentrieren Sie sich auf diese Geräusche, hören Sie sie ganz real und erfinden Sie weitere Geräusche. Während Sie Ihr Gehör gebrauchen, fahren Sie mit der bildhaften Vorstellung fort. Erheben Sie die Augen. Der Himmel ist blau, langsam segeln ein paar weiße Schäfchenwolken dahin. Es ist uns jetzt gelungen, zwei der Sinne zu vereinigen.

Diese Übungen unterscheiden sich grundsätzlich davon, daß man lediglich seine Gedanken schweifen läßt, denn hierbei wird der Geist zielbewußt und diszipliniert gesteuert, während wir gleichzeitig die Gabe der Imagination gebrauchen, bei der es sich ja ebenfalls um eine Form geistiger Disziplin handelt. Lassen Sie uns jetzt weitergehen und unsere übrigen Sinnesfähigkeiten ebenfalls einsetzen.

Wir wollen uns jetzt vorstellen, daß Sie sich inzwischen erhoben haben und einen Spaziergang durch die imaginative Landschaft machen. Sie haben einen schmalen gewundenen Pfad entdeckt. Folgen Sie ihm, und während Sie gehen, visualisieren Sie alles, was Sie auf einem Gang durch die Natur vorfinden können: Grasbüschel, umgestürzte Bäume, wildwachsende Blumen; Vögel fliegen von Baum zu Baum, Wasserlachen und Schmetterlinge. Atmen Sie tief durch und *riechen* Sie die Bäume, das Gras und die vielen wilden Blumen.

Schließlich kommen Sie an einen Wasserlauf. Sie hören das Wasser. Dann bemerken Sie ein kleines hölzernes Boot, das am Ufer des Flusses angebunden ist. Binden Sie das Tau los, fühlen Sie das rauhe Seil in Ihren Händen. Wenn Sie ins Boot steigen, spüren Sie, wie es sanft hin und her schaukelt, während Sie sich niedersetzen. Nun treibt das Boot langsam mit dem Fluß. Nehmen Sie die leichte Brise wahr, die über Ihr Gesicht streicht. Sie bemerken, daß die Luft etwas kühler ist als zuvor. Im Vorübergleiten schauen Sie sich die Felder zu beiden Seiten des Flusses genau an. Manche sind von einem weißen Zaun umgeben, andere durch Hecken begrenzt. Und wie steht es mit den Tieren? Bestimmt gibt es ein paar Kühe, Pferde oder Schafe. An einer Stelle steigt das Land etwas an, und oben am Abhang steht ein Bauernhof. Von seinem Kamin steigt weißer Rauch in den Himmel. Nun halten Sie seitlich eine Hand über den Rand des Bootes ins Wasser und fühlen, wie es kalt zwischen den Fingern hindurchfließt. Hören Sie, wie das Wasser gegen die Wand des Bootes schlägt! Jetzt blicken Sie nach vorn und bemerken, daß sich eine kleine bucklige Brücke über den Fluß wölbt. Als Sie hindurchfahren wollen, erkennen Sie, daß ein Mann auf der Brücke steht. Es ist ein freundlicher, heiterer

Mensch. Er lächelt und winkt Ihnen zu. Auch Sie lächeln und winken zurück. Nun gleitet das Boot unter der Brücke durch und Sie setzen die Reise den Fluß abwärts fort. Es ist eine endlose Fahrt, denn Sie können dabei alles, was Sie nur wollen, für sich erschaffen. Und genau das sollen Sie auch tun.

Diese wichtige Konzentrationsübung gehört zu den grundlegenden geistigen Disziplinen, die es Ihnen schließlich ermöglichen werden, sich aus eigenem Willen von dem ruhelosen und quälenden Ego-Selbst zu lösen. Wenn dieser Zustand erreicht ist, dann besteht der nächste Schritt darin, sich einer höheren Fähigkeit des Geistes bewußt zu werden. Sie sind dann vollkommen diszipliniert und werden nicht mehr vom endlosen Strom weltlicher Gedanken, Ängste und Depressionen bedrängt, der sonst ständig durch den niederen Geist zieht.

Diese Technik beruht auf der Tatsache, daß das wahre spirituelle Selbst oder die wahre spirituelle Natur zunächst völlig der Macht der Forderungen, Sehnsüchte und Ambitionen des Ego ausgesetzt ist. Überlassen wir aber die Herrschaft ganz diesem Geist der Illusion und der Beschränkung, dann hat auch die Angst Gewalt über uns: die Angst, zu verlieren, was wir besitzen, und die Angst, nicht zu bekommen, was wir ersehnen. Wenden die Opfer der Depression, die ja auch Opfer der Angst sind, kontinuierlich die Technik der geistigen Disziplin an, dann werden sie letzten Endes zur Übereinstimmung mit ihrem wahren inneren Selbst kommen. Die Wahrnehmungen, die sie von ihrem intuitiven Selbst empfangen, werden sie sicher und gelassen durch die schwierigsten Situationen des Lebens geleiten.

Dieses intuitive Selbst, das zumeist völlig unterdrückt war, ist reine Weisheit. Es kämpft unaufhörlich darum, sich zu befreien und das Bewußtsein über die destruktive Natur und den Selbstbetrug des Ego in Kenntnis zu setzen. Die Weisheit des intuitiven Selbst ist unfehlbar. Leider ist die Möglichkeit, seinen Rat und seine Hilfe weiterzugeben, eingeschränkt oder sogar aufgehoben durch die darüberliegenden dichten Schichten des materiellen Bewußtseins, das den Grundcharakter des dem Irdischen verhafteten Ego darstellt.

Der depressive Patient sieht sich der erschreckenden Tatsache gegenüber, daß das Ego-Selbst schon aufgrund seiner Natur Ratschläge und Mitteilungen des wahren Selbst weder empfangen noch verwerten kann, um sich aus eigener Kraft von seinem Problem zu befreien. Der einzige Ausweg besteht deshalb darin, daß der Patient stetig in der beschriebenen Weise arbeitet und sich konzentriert, damit das Ego endlich aufgibt und verschwindet. Dann kann das unfehlbar weise innere Selbst die Herrschaft übernehmen.

Liebe Freunde, der bevorstehende Weg zu Frieden und Befreiung ist nun ziemlich eingehend geschildert. Es ist ein unglaublich schwieriger und mühsamer Weg, das kann der Verfasser nur bestätigen. Es gibt zahllose Hindernisse auf diesem Weg. Aber bei entschlossenem Vorgehen und nicht nachlassender Geduld werden Sie den größten und wertvollsten Sieg Ihres Lebens erringen. Schmerzliche Erfahrung ist der Kern der Weisheit, die Frucht des Leidens und der beste Seelenarzt. Der Weg liegt deutlich markiert vor Ihnen. Sie allein müssen entscheiden, ob Sie hin gehen oder nicht.

2. Kapitel

Das Problem der Besessenheit

Nie zuvor in der Geschichte der medizinischen Wissenschaft gab es ein derart weitverbreitetes Interesse an den Ursachen und an der Behandlung psychischer Erkrankungen. Statistiken neueren Datums verzeichnen eine alarmierende Zunahme von Geisteskrankheiten überall in der Welt. Trotzdem ist die moderne ärztliche Wissenschaft einer Erkenntnis über die Ursachen in den letzten hundert Jahren nicht nähergekommen.

Wenn auch die Theorien und Ansichten der Psychiater und Neurologen aus aller Welt über die Wurzeln bestimmter geistig-seelischer Abnormitäten leider sehr weit auseinandergehen, so sind die meisten von ihnen doch bereit, eine physiologische Fehlfunktion des Nervensystems und des Gehirns als Grundursache auszuschließen. Die Wissenschaft ist vielleicht noch nicht im Besitz einer exakten Ätiologie (Lehre von den Ursachen) der Geisteskrankheiten, es gilt jedoch als erwiesen, daß Wahnsinn und andere psychische Störungen keinesfalls mit irgendwelchen organischen Schäden in der Gehirnstruktur verbunden sind. Das Gehirn betroffener Patienten zeigt bei der wissenschaftlichen Untersuchung nichts, wodurch es sich physisch oder chemisch auf irgendeine Weise vom Gehirn eines Gesunden unterscheidet.

Außerdem haben bedeutende Hirnspezialisten erklärt, daß Gehirnschäden oder Tumore zwar *physische* Funktionsstörungen hervorrufen, aber man hat nie erlebt, daß sie direkt den

Geist beeinflussen. Mit anderen Worten: Ein Patient könnte zwar aufgrund des organischen Zustandes des Gehirns unter körperlichen Schwierigkeiten leiden, aber sein Geisteszustand bleibt völlig normal.

Es ist deshalb klar, daß eine geistige Anomalie einer Einwirkung von außerhalb des Gehirns zuzuschreiben ist. Irgend etwas Unsichtbares ist die vorherrschende Ursache.

Die *sichtbare* Natur – Tierreich, Pflanzenreich, mineralisches Reich – stellt nichts anderes dar als sich ständig in Bewegung befindliche Energie, das hat die Wissenschaft eindeutig bewiesen. Dennoch fällt es den meisten Menschen schwer, zu begreifen, daß ihr körperliches Dasein genau wie die Existenz der sichtbaren, greifbaren Welt, vollkommen durch *unsichtbare* Elemente und Kräfte bedingt ist.

Wenn wir also wahrnehmen, daß in jedem Aspekt der sichtbaren Natur das Gegenständliche nur ein kompliziertes Zusammenwirken unsichtbarer Energien und Schwingungen ist, dann wird die Existenz anderer Manifestationsformen über die sogenannten sichtbaren Frequenzen hinaus begreiflich, so zum Beispiel ein ätherisches Ebenbild oder Duplikat unserer Welt als Sitz ätherischer oder spiritueller Formen.

Historiker bestätigen, daß bei allen Rassen, soweit man es überhaupt zurückverfolgen kann, die Kenntnis und die Verehrung der Geister der Verstorbenen die früheste Form der Anbetung gewesen ist. Man hat entdeckt, daß primitive Stämme in der ganzen Welt nicht nur genaue Vorstellungen von einer menschlichen Seele oder einem Geist und einer geistigen Welt überlieferten, sondern auch einen von den Vorfahren übernommenen Glauben an das Fortbestehen der Seele nach dem Tod des Körpers vertreten. Die klassischen Lehren vieler unsterblicher Philosophen (zu ihnen gehören auch Sokrates und Plato) beziehen sich immer wieder auf die Existenz geistiger Wesenheiten und betrachten sie als eine feststehende Tatsache. Auch in vielen Werken von Shakespeare, Blake, Tennyson und anderen großen Dichtern und Denkern wird eine tiefe Einsicht in die ewige Natur des Menschen deutlich. Selbst die meisten religiösen Schriften der großen Weltreligionen, einschließlich des Alten und des Neuen Testaments, enthalten eine Fülle von Hinweisen auf die Existenz von Geistern. Schließlich gibt es noch die unzähligen Dossiers überzeugender Beweise, die aufgrund der sorgfältigen Forschungsarbeit von Crookes, Wallace, Lodge, Lombroso, Richet und vieler anderer Wissenschaftler und Philosophen zusammengestellt wurden.

Sie alle waren fest davon überzeugt, daß es sich bei spiritualistischen Phänomenen um äußerlich wahrnehmbare Tatsachen handelt, die sich im Bereich unserer körperlichen Sinne manifestieren und ohne weiteres durch jeden Anwesenden beobachtet werden können. Wenn solche Tatsachen durch so viele hervorragende Geister und glaubwürdige Zeugen bestätigt werden, dann beweist das doch nur wieder einmal, wie dumm und unwissend diejenigen sein müssen, die sie leugnen.

Die geistige Welt und unsere eigene physische Welt durchdringen einander. Auch wenn sie von unterschiedlicher Energiefrequenz sind, kommt es nicht zu Interferenzen. Man darf sich diese geistige Welt nicht als einen gespensterhaften, nicht greifbaren Zustand denken, sondern als eine reale, natürliche Funktionsebene. Das Leben dort ist nichts anderes als eine Fortsetzung des irdischen Lebens, natürlich mit gewissen unumgänglichen Unterschieden. Auf Erden war der Mensch vor allem dafür verantwortlich, den Körper und angenehme äußere Lebensbedingungen zu erhalten. Wissen entwickelte sich durch ständige Erfahrung der vielen Naturgesetze, auf die er traf. Für die meisten war der Lauf des Lebens ein langer Kampf gegen Not, Leiden und tragische Ereignisse. Er war notwendig, um das Leben zu schützen oder ein gutes Verhältnis zur Umwelt zu erhalten.

Auf der spirituellen Ebene bleibt das Bedürfnis der einzelnen Seele nach Fortschritt bestehen, aber der Geist entwickelt sich bei vielen in unterschiedlichen Bahnen weiter. Wer einmal aus dem so lange dauernden Zustand irdischer Beschränkung erwacht und sich mit weit offenen Augen in der neuen Welt umschaut, ist sehr überrascht, wenn er bemerkt, daß die nur allzu bekannte Ebene des Erdenbewußtseins tiefe Wurzeln in einer höheren oder spirituellen Ebene hat.

Man bemerkt Leben und Formen, die dem sinnlichen Wahrnehmungsvermögen niemals zuvor zugänglich waren. Der gesamte Bereich pulsiert und ist erfüllt von Leben und von der absoluten Natur des Lichtes und der Schönheit. Sinn und Zweck des Daseins werden vollkommen klar und so real, daß die beiden Grundängste, die unser irdisches Leben beherrschen – die Angst, zu verlieren, was wir besitzen, und die Angst, nicht zu bekommen, was wir ersehnen – nicht länger existieren.

Die geistige Welt mit ihren entschlossen und aktiv wirkenden Feldern der Gedankenkraft erlaubt uns ab und zu einen Blick auf eine entstehende neue Bewußtseinsqualität, die schließlich zu einem immer wirksameren und besser reagierenden Werkzeug für die Weiterentwicklung des Bewußtseins wird. Auf diese Weise wird der Geist, der das Lebendige als den Zustand uneingeschränkter Verbindung mit irdischen Dingen bezeichnet, dazu angeregt, sich auf höhere Ideale hin zu entwickeln. Angespornt wird er durch die sich stets vertiefende Auffassung vom Sinn des Lebens.

Die Erde wirkte bisher wie ein Schleier, der einen Bereich oder eine Bedeutungsebene erfolgreich von einer anderen aus feinerer Substanz trennte. Das hat uns daran gehindert, die wahre Natur und den Sinn des Lebens zu erkennen. Für Mystiker, Propheten und Medien sind viele der Schleier weitgehend oder teilweise durchsichtig geworden. Sie sind in der Lage, etwas von den verborgenen feinstofflichen Regionen auf der anderen Seite des Schleiers zu sehen.

Die Möglichkeit eines solchen Übergangs macht aus einem schlechten keinen guten Menschen und aus einem Narren keinen Weisen. Die »Seelenqualität«, die Eigenschaften der Seele, bleiben die gleichen wie zuvor. Wenn der »Tod« kommt, nimmt jeder Mensch alte Ideen, Wünsche, Grundsätze, Gewohnheiten, Fehler, Überzeugungen und Zweifel mit sich. Wenn man das weiß, dann versteht man auch, daß jeder, der ein destruktives Leben führt, nicht nur für sich selbst eine »Hölle« auf Erden schafft, sondern daß er darauf festgelegt ist, seine zerstörerischen Gedanken fortzuführen.

Abgesehen von diesen Menschen mit feindseliger Einstellung gibt es noch eine andere Art; es sind die Erdgebundenen, die an irdischen Dingen hängen. Aus irgendeinem Grund haben nicht alle gelernt, von einem Bereich in den anderen überzugehen und sich weiterzuentwickeln. Die Folge ist, daß sie ein parasitäres Verhältnis zu den Lebenden entwickeln, weil sie es einfach nicht besser wissen.

Dokumentarisch belegte Fälle von Besessenheit, wahrscheinlich durch »Teufel« menschlicher Herkunft, gibt es vom frühesten Altertum bis in unsere Zeit. Gerade zu Lebzeiten Jesu war der Glaube an Besessenheit durch böse und unreine Geister so weit verbreitet, daß viele Menschen ihr Glück mit dem Exorzismus versuchten. Hatten sie nämlich Erfolg, dann war das ein sicheres Zeichen für ihre wahre Jüngerschaft.

Man kann im Neuen Testament nachlesen, daß das Wirken Jesu zumeist mit Austreibung von Dämonen und unreinen Geistern verbunden war. Um nur einige von vielen Zitaten zu erwähnen: »In der Synagoge saß ein Mann, der von einem Dämon, einem unreinen Geist, besessen war ... Da befahl ihm Jesus: Schweig und verlaß ihn! Der Dämon verließ ihn ...« (Luk. 4,31–35) »Er legte jedem Kranken die Hände auf und heilte alle. Von vielen fuhren auch Dämonen aus.« (Luk. 4,40–41). »Mit Vollmacht und Kraft befiehlt er den unreinen Geistern, und sie fliehen.« (Luk. 4,36). »Und er... predigte... und trieb die Dämonen aus.« (Markus 1,39). »Und er heilte viele, die an allen möglichen Krankheiten litten, und trieb viele Dämonen aus.« (Markus 1,34).

Eine große Zahl von Wissenschaftlern überall in der Welt hat nicht nur das Phänomen der Geister und Dämonen als eine echte Kraft anerkannt, sondern es wurden in ihren Labors auch ernsthafte und ausgedehnte Forschungsprogramme über diesen Gegenstand durchgeführt. Das Ergebnis war so, daß sie schließlich zugeben mußten, daß es nicht mehr möglich oder klug ist, übersinnliche oder paranormale Phänomene ins Reich der Phantasie zu verweisen.

Wie die Heilige Schrift eindeutig beweist, hat die Kirche immer deren Existenz anerkannt, ebenso die Realität wahrnehmbarer Intelligenzen und Erscheinungsformen des Bösen. Das Problem war stets, und das gilt bis in unsere Gegenwart, Mittel und Wege zu finden, um die Natur und den Ursprung der Intelligenzen zu bestimmen. Sobald die störende Einwirkung darin bestand, daß innere Not, geistige Verwirrung und Geisteskrankheiten entstanden, wurden sie immer als teuflische Besessenheit eingestuft, und man wandte die von der Kirche festgesetzten Regeln des Exorzismus an. Tatsächlich wurden *alle* Einwirkungen dem Einfluß böser Geister von rachsüchtigem Charakter zugeschrieben. Man zog niemals in Erwägung, daß diese hier einwirkende Wesenheit ein stark gestörtes menschliches Wesen in geistiger Form sein könnte, das verzweifelt versucht, die Aufmerksamkeit auf sich zu lenken, damit es aus seinem Dilemma befreit werden und Hilfe finden kann. Die zahlreichen Fälle, in denen die Wiederherstellung eines unglücklichen Geistes durch ein erfahrenes Medium oder einen für übersinnliche Einflüsse empfänglichen Menschen möglich wurde, sind der Beweis, daß ein tieferes Verständnis für das Problem und ein größeres Maß an Geduld bei der Beschäftigung mit diesen Fragen erforderlich ist. Dieser Weg, der einzige, der in Betracht kommt, besteht darin, zuerst die Kraft, die da Besitz ergriffen hat, über ihre Position und über den normalen Übergang vom materiellen zum geistig-spirituellen Zustand aufzuklären.

Im Verlauf dieses Kapitels haben wir stets die Besessenheit als einen anormalen und oft sehr starken Einfluß körperloser Wesenheiten auf die Lebenden behandelt. Man sollte aber an dieser Stelle darauf hinweisen, daß der Begriff »Besessenheit« von Ärzten, Psychiatern und Wissenschaftlern oft irrtümlich gebraucht wird, um Einwirkungen der geschilderten Art zu bezeichnen. Besessenheit gibt es aber auch in Form eines rein psychologischen und keineswegs parapsychologischen Problems. Die Ursache ist ein immer wiederkehrender, meist quälender Gedanke, der durch eine Reihe von dramatischen oder traumatischen Erfahrungen und Einwirkungen tief im Geist des Betroffenen verwurzelt ist. Das mentale Gleichgewicht eines unter dieser Art von Besessenheit leidenden Patienten kann ohne Schwierigkeiten und vollständig mit Hilfe der Psychoanalyse durch einen fähigen Psychiater wiederhergestellt werden. Will man dagegen eine Wesenheit vertreiben, die vom Patienten Besitz ergriffen hat, um ihn dadurch gesund zu machen, ist die Hilfe eines Mediums oder eines Sensitiven erforderlich, der nicht nur sehr viel Erfahrung, sondern manchmal auch viel Mut besitzen muß.

Das größte Problem hinsichtlich einer wissenschaftlichen Methode zur Heilung der Besessenheit ist deshalb die allgemein herrschende Unwissenheit der Ärzte und Psychiater über die Doppelnatur des Menschen, der *Materie und Geist* ist, oder anders ausgedrückt: Körperlichkeit und Spiritualität.

Obwohl die jüngsten Statistiken weltweit eine alarmierende

Zunahme der Geisteskrankheiten zeigen und die Zahlen immer noch steigen, bleiben die Neurologen in ihrer Mehrheit unverrückbar bei der Ansicht, daß Geisteskrankheit in jedem Fall ihren Ursprung in einem gestörten Nervensystem habe. Diese Ansicht wird noch heute vertreten, obwohl bedeutende Untersuchungen und Tests durchgeführt wurden, die ihre Theorie kaum stützen. Trotz der bewiesenen Tatsache, daß sich das Gehirn eines Geistesgestörten in keiner Weise von dem eines normalen Menschen unterscheidet, versuchen manche Ärzte, diesen Beweis wegzuerklären, indem sie entgegenhalten, daß die Ursache in einem bisher *unbekannten* Organismus oder einer fast unmerklichen Störung des chemischen Gleichgewichts zu suchen sein könnte. Ein Hirnspezialist besaß den Mut, den Sachverhalt in aller Kürze zusammenzufassen: »Irgend etwas verursacht den Wahnsinn, aber wir haben keine Ahnung, was es ist.«

Die Ärzte geben zu, daß für viele schwere Neurosen keine Erklärung existiert. Nach dem *Dictionary of Psychological Medicine* ist auch keine anatomische Beschreibung verfügbar, die als Orientierung dienen könnte, weil einfach für die meisten Formen funktioneller Geistesstörung kein pathologischer Befund festzustellen ist. Es bleibt also auch nach gründlicher Auswertung aller angewandter normaler und abnormaler psychologischer und pathologischer Tests und der daraus folgenden Eliminierung immer noch ein weiter Bereich geistiger Abnormalität, der durch die klassischen Untersuchungs- und Forschungsmethoden nicht erklärt werden kann.

Die Tatsache, daß anerkannte und sehr erfahrene Fachleute höchst unterschiedlicher Meinung sind, weil sie die Ursache der geistigen Verwirrung nicht präzise und überzeugend erklären können, wäre sicher Grund genug (gerade im Hinblick auf die Ernsthaftigkeit des Problems), einmal die Möglichkeit in Betracht zu ziehen, daß der Mensch eine Doppelnatur hat, daß er Materie und Geist ist. Sie sollten sich weiter mit der Möglichkeit beschäftigen, daß manche Menschen unter einer seelischen Interferenz leiden könnten.

Das bisher Gesagte sollte die Basis für die Überzeugung bilden, daß das Eindringen von außen wirkender Wesenheiten in lebende Erdenbewohner nicht nur sehr wahrscheinlich, sondern eine offensichtliche Tatsache ist, die hundertemal von Medien und Sensitiven bewiesen wurde, die mit Erfolg erdgebundene Wesenheiten aus ihrer spirituellen Dunkelheit befreit haben.

Die Forschung ist inzwischen so tief auf das Gebiet paranormalen Geschehens vorgedrungen, daß sich die Naturwissenschaft längst als völlig unzulänglich bei der Suche nach erschöpfenden Antworten über unsere wahre Natur erwiesen hat. Mit anderen Worten: Die Hypothese über paranormale Aktivitäten, zu denen auch das Problem der Besessenheit gehört, sind bis zu einem solchen Stadium fortgeschritten, daß sie sehr bald den Rang eines Gegenstandes wissenschaftlicher Forschung einnehmen werden. Jeden Tag wächst der Berg an Beweisen für paranormale Aktivitäten. Dazu tragen auch die besten Vertreter aus Wissenschaft und Medizin bei. Es wächst damit aber auch die Gewißheit, daß in naher Zukunft die Stellen, die sich mit der geistigen Gesundheit beschäftigen, aufwachen und nicht nur die Tatsache anerkennen, daß Besessenheit Lebender durch unsichtbare »Tote« weitgehend die Ursache für den Wahnsinn ist, sondern daß hier auch ein ganz erstaunlicher neuer Forschungsbereich entsteht, der die Behandlung von Geistesgestörten vollkommen revolutionieren wird.

Daß die führenden Neurologen und Psychiater der Welt trotz intensiver und langwieriger Forschungsprogramme immer noch nicht die Ursache vieler Geisteskrankheiten erkannt haben, sollte im Namen der Tausenden elend in den Nervenkliniken vegetierenden Kranken zum Anlaß werden, daß sie jetzt ihre Aufmerksamkeit und ihr Können dem Zweig der spirituellen Wissenschaft zuwenden. Sie sollten akzeptieren, daß es sich beim Wahnsinn und bei anderen geistigen Störungen um Neurosen handelt, die in das Gebiet des Paranormalen fallen. Sie sollten zugeben, daß in solchen Fällen geschulte Medien und Sensitive in den Krankenstationen und Versuchsräumen eingesetzt werden müssen.

Wir haben bis jetzt mehr als begründet die Überzeugung vertreten, daß die Persönlichkeit des Menschen seinen physischen Tod überlebt und daß es unter bestimmten Voraussetzungen dem »Verstorbenen« möglich ist, auf dem Weg über einen Sensitiven Verbindung aufzunehmen oder aber vom physischen Leib irgendeines auf der Erde Lebenden Besitz zu ergreifen. Das letztere geschieht dann, wenn der »Verstorbene« in seiner geistig-seelischen Entwicklung zurückgeblieben war. Wenn alle möglichen Alternativen gründlich überprüft worden sind, die eine vernünftige oder mögliche Erklärung bieten könnten, bleibt immer noch ein Rest von Spuren, die nur zu erklären sind, wenn man die Hypothese vom Überleben und von der Besessenheit zugrundelegt. Dieser Rest ist so bedeutend, daß es bemerkenswert erscheint, daß die Psychiater bei ihrer Suche nach Lösungen für jene »funktionellen Neurosen«, die jeder Erklärung und der konventionellen Behandlung Widerstand leisten, dieses brachliegende Gebiet noch nicht in ihre Überlegungen einbezogen haben.

Dabei ist es sogar den Experten klar, daß es der quantitativen Wissenschaft nicht gelungen ist, uns alle Fakten über die komplizierte Natur des menschlichen Geistes zu liefern. Sie hat sich in dieser Hinsicht sogar von der Bibel abgewandt und die einwandfrei dokumentierte Tatsache ignoriert, daß Jesus das Problem der Besessenheit erkannte und daß ein großer Teil seines Wirkens der Vertreibung böser Geister galt.

Ich hoffe deshalb, daß es mir speziell durch die Ausarbeitung dieses Kapitels gelingt, ein wenig dazu beizutragen, nicht nur den bereits wachsenden Glauben an das Paranormale und an das Überleben des Seelisch-Geistigen, sondern auch das Interesse an einer ernsthaften Erforschung der Möglichkeit zu fördern, daß körperlose Wesenheiten Erdenbewohner zu beeinflussen vermögen und in vielen Fällen für den sogenannten Wahnsinn verantwortlich sind.

Der Ätherleib

Obgleich die Hypothese der Besessenheit durch die bahnbrechende Arbeit von Parapsychologen beträchtlich gefördert wurde, die unter anderem auch sensitive Medien beschäftigen, um die einwirkende Wesenheit dazu zu bewegen, zeitweise von ihrem Opfer abzulassen und ihr Wege zur eigenen Befreiung zu zeigen, erhebt sich häufig die Frage: »Welche Art von Körper oder Instrument besitzt die Fähigkeit zu einer derartigen Einwirkung und ist imstande, die Sinnesorgane seines Opfers zu kontrollieren?«

Alle, die sich mit der Erforschung des Übersinnlichen beschäftigen und viele religiöse Gemeinschaften sind der Auffassung, daß der physische Körper ein vollkommenes Ebenbild seiner selbst beherbergt, das zwar von extrem feinstofflicher Beschaffenheit, aber voll und ganz in der Lage ist, deutliche Spuren seiner Einwirkung auf unseren Sinnesorganen zu hinterlassen. Diese Sinneseindrücke erreichen ihr Ziel über das Bewußtsein, das zusammen mit dem feinstofflichen Körper nach dem Aufhören der physischen Form übertragen wird.

Zu Beginn des Kapitels über die Besessenheit wies ich darauf hin, daß unsere gegenständliche Welt nur eine Kombination aus verschiedenen Energie-Impulsen ist. Das läßt den Schluß zu, daß Dichte oder Körperlichkeit, wie wir sie begreifen, nicht so sehr ein realer Zustand als vielmehr ein geistiger Eindruck oder ein Registrieren ist. Die Physik lehrt uns, daß die Struktur der Materie eine komplizierte Anordnung von Atomen ist und daß jedes einzelne Atom in einer bestimmten Anordnung negative elektrische Ladung (Elektronen) enthält, die unaufhörlich um einen Kern positiver Energie (Protonen) kreisen. An diesem Vorgang sind noch viele andere Faktoren beteiligt, doch die vorstehende einfache Erklärung reicht für unseren Zweck. Man hat das Größenverhältnis der zwei Grundelemente mit einem Tennisball verglichen, der um die St. Pauls-Kathedrale kreist. Eine andere Analogie setzt die Entfernung zwischen Elektronen und Protonen in Beziehung zur relativen Entfernung zwischen der Sonne und dem Planeten Erde. Wissenschaftler haben außerdem darauf hingewiesen, daß es innerhalb dieser ungeheuren dazwischenliegenden Räume, die ein wesentlicher Bestandteil der Materie sind, noch eine andere Energieschwingung gibt, die unendlich höher ist als die Schwingung der Atome, die uns das Gefühl der Dichte vermittelt. Dieses »Schwingungs-Plus« wird als *ätherische Schwingung* bezeichnet. Daher wird unser feinstofflicher Körper, der die physische Form durchdringt, oft als der ätherische Doppelgänger oder Ätherleib bezeichnet.

Auch wenn beide Körper von völlig unterschiedlichen Energiefeldern ausgehen, besteht eine enge Harmonie zwischen ihnen. Der physische Leib ist aber in bezug auf seine belebende Kraft oder Lebensenergie vollkommen vom Ätherleib abhängig. Diese Lebensenergie, die jede Zelle durchdringt, wird durch ein ätherisches Band übermittelt, das manchmal als die »Silberschnur« bezeichnet wird. Der körperliche Tod tritt ein, wenn der Ätherleib langsam die physische Form verläßt. Dafür gibt es eine Vielzahl von Anlässen, zum Beispiel Krankheit, Unfall oder hohes Alter. Sowie sich die ätherische Form aus dem physischen Leib löst, fließt sie in eine ätherische Umgebung oder Welt. Diese und die physische Welt durchdringen einander gegenseitig. Deshalb wird der Bewohner der ätherischen Welt sich im gleichen Raum bewegen, der auch von physischen Menschen besetzt ist. Normalerweise werden beide einander überhaupt nicht wahrnehmen und sich in keiner Weise gegenseitig in ihren Bewegungen behindern.

Sobald die ätherische Form sich vollkommen von ihrem körperlichen Ebenbild gelöst hat, nimmt sie ihre neue Umgebung bewußt wahr, »fühlt« sie. Beider Schwingungszahl ist jetzt identisch. Dieser vorher nur vom einem sensitiven Medium wahrnehmbare Körper ist jetzt in der Realität wieder zu einer objektiven Form in einer objektiven Welt geworden und imstande, einen Zustand dichter Körperlichkeit zu registrieren. Es gibt bei den Spiritualisten die weit verbreitete Auffassung, daß beim Tod die verbindende ätherische Schnur tatsächlich durchtrennt werden muß, um das Freiwerden des Ätherleibs zu erleichtern. Betrachtet man aber Art und Struktur dieser Schnur, muß man die Theorie als völlig unannehmbar zurückweisen. Die Schnur besteht ja aus ständig fließenden Energie- oder Lichtstrahlen. Wenn der Prozeß des Freiwerdens oder des Todes beginnt, zieht der Ätherleib langsam davon, während der Strom der Lichtenergie zum physischen Leib allmählich schwächer und langsamer wird. Dabei wird auch die Schnur oder Lebensenergie ständig schwächer, bis sie sich ganz verliert. Erst wenn sie vollkommen verschwunden ist, ist der Tod eingetreten.

Ich glaube, daß es für den Leser sehr hilfreich wäre, wenn wir an dieser Stelle kurz über ein anderes paranormales Phänomen sprechen, an das man stets denkt, sobald von der ätherischen Schnur die Rede ist. Die Auffassung, daß der Mensch nicht nur einen feinstofflichen Körper besitzt, sondern daß dieser auch imstande ist, sein physisches Ebenbild zu verlassen und wieder dahinein zurückzukehren, wird ganz ausführlich im ägyptischen Totenbuch dargestellt. Die Vorstellung hat sich bis heute erhalten. Es gibt aus allen Stufen der Menschheitsgeschichte zahlreiche Berichte von Personen, die behaupteten, das Verlassen ihres physischen Körpers als ein »Schweben« erlebt zu haben. Die ätherische Schnur bleibt dabei die unentbehrliche Verbindung oder das Instrument, das es nicht nur ermöglicht, daß sich der Ätherleib für kurze Zeit entfernt, sondern sie ist auch die einzige Möglichkeit, daß er wieder in seine physische Hülle eintreten kann. Bei den meisten primitiven Stämmen gab es immer den Glauben, daß der Mensch im Schlaf seinen physischen Leib verläßt und weit hinaus zieht, selbst bis in die geistige Welt, um sich mit alten Freunden zu treffen und mit ihnen zu sprechen. Die Projektion des Ätherleibs war bereits Gegenstand wissenschaftlicher Forschung. Sie ist eine erwiesene Tatsache schon von alters her.

Man kann zwar den Schlafzustand als eine natürliche und deshalb ungefährliche Projektion des feinstofflichen Körpers betrachten; das Koma allerdings stellt ein weitaus ernsteres Problem dar, das bei den Ärzten viel Verwirrung stiftet. Koma ist ein Zustand erzwungener Externalisation des Ätherleibs. Dazu kommt es, wenn der physische Leib durch Unfall oder Krankheit ernsthaft Schaden erlitten hat oder wenn die Sinne durch Drogen und Betäubungsmittel stark abgestumpft sind. In diesem Zustand ist der ätherische Doppelgänger nicht mehr in der Lage, sich genau seinem physischen Gegenstück anzupassen, er bewegt sich weiter außerhalb seiner schützenden Hülle, bis der Schaden behoben ist oder bis die Lebensenergie-Schnur sich auflöst. Dann stirbt der Patient. Menschen, die behaupten, auf dem Operationstisch »gestorben« und später wieder ins Leben zurückgekehrt zu sein, waren in Wirklichkeit gar nicht tot. Die Lebensschnur, die die beiden Körper miteinander verbindet, war intakt geblieben, und nur deshalb war es möglich, sie »ins Leben zurückzuholen«, wie es immer heißt. Das gleiche kann auch geschehen, wenn der physische Leib einer Gewalteinwirkung (etwa bei einem Autounfall) ausgesetzt war und der Ätherleib dabei aus der ihn umgebenden Hülle geschleudert wurde. Wenn bei diesem Stoß das Band unversehrt bleibt, dann bleibt auch das Opfer am Leben, auch wenn es das Bewußtsein verliert oder zeitweise in einen Komazustand verfällt.

Wenn also der Ätherleib, der das Vehikel für das Bewußtsein ist, den Tod überleben kann, wenn seine Funktion und alle seine Fähigkeiten erhalten bleiben in einer Welt, die unsere eigene durchdringt, dann ist es nicht allzu schwierig, auch die Möglichkeit zu akzeptieren, daß er sich in psychisch sensible Menschen einzuschalten oder auf diese einzuwirken vermag, um sie seine Gegenwart wissen zu lassen. Natürlich ist die Art und Weise, wie diese Signale aufgefangen werden, ganz davon abhängig, ob die Sinne der eindringenden Wesenheit verwirrt, wohlwollend oder feindselig sind.

Die Daten, die zahlreiche internationale Gruppen gesammelt haben, die sich mit der Erforschung parapsychologischer Phänomene beschäftigten, und deren positive Hinweise auf die Ursachen vieler Formen des Wahnsinns verbieten es, daß Psychiater und Neurologen weiter ihre eigene Unkenntnis über die Ursachen bisher unerklärlicher Geisteskrankheiten verbergen, indem sie auf irgendeine unerkannte biochemische oder metabolische Unausgewogenheit oder auf eine bisher nicht entdeckte genetische Störung verweisen.

Da die moderne Psychiatrie mit ihren Hypothesen praktisch keine Fortschritte erzielt, erscheint es als eine Sache des gesunden Menschenverstandes, daß man zumindest die Theorie über die Besessenheit daraufhin untersucht, ob sie nicht irgendwelche Hinweise auf bestimmte Formen des Wahnsinns bietet. Diese dringende Forderung wird durch die Tatsache gestützt, daß die moderne Wissenschaft im Laufe der letzten Jahre überwältigende Beweise vorgelegt hat, die den Glauben an ein Überleben der Persönlichkeit des Menschen stärken. Daher muß die Hypothese über die Besessenheit unbedingt in Betracht gezogen werden, wenn man über die Ursache zahlreicher unerklärlicher funktioneller Neurosen nachdenkt. Dabei ist außerdem zu berücksichtigen, daß ohne den Glauben an ein Fortleben die Besessenheit zu einer Unmöglichkeit wird.

Die meisten Menschen können sich die ihnen vertraute Welt nicht ohne sich selbst darin vorstellen. Daher erfüllt sie die Aussicht auf den herannahenden Tod mit großer Angst. Zweifellos wurde diese Angst in hohem Maße durch den Glauben des Menschen verursacht, daß die Zeit seines Todes auch zugleich der Moment ist, an dem das Urteil über ihn gesprochen wird und er sich möglicherweise auf der Anklagebank befindet. Es ist schon schwer für solche Menschen, zu akzeptieren, daß der Tod lediglich eine Erweiterung ihres Leben ist, ein natürlicher Übergang von einem Zustand in einen anderen. Genau wie die erdgebundene Raupe eine Art Tod und eine physische Verwandlung durchmacht, wodurch sie schließlich neu geboren wird und sich frei in die Lüfte erheben kann, so legt auch der Mensch zur gegebenen Zeit sein irdisches Kleid ab und beginnt eine neue Form des Lebens.

Der Tod oder die Angst davor ist die größte Illusion des Menschen. Der Tod ist eine natürliche und unvermeidliche Erfahrung, für die uns die Lehrer in den Kirchen und Schulen nicht vorbereiten, weil sie selbst zumeist gleichermaßen unwissend sind und den Sinn von Leben und Tod nicht erkennen. Es überrascht daher nicht, daß der Tod von vielen als die letzte Erfahrung, als das endgültige Ende, betrachtet wird. So sind unsere Sinne von Angst, abergläubischen und unlogischen Vorstellungen erfüllt und von Grund auf vergiftet.

Wenn man akzeptieren kann, daß der Übergang vom physischen Stadium in das ätherische Stadium ein natürlicher, einfacher Prozeß ist, dann muß ebenfalls akzeptiert werden, daß auch der Tod keine magischen Zauberkräfte einsetzt, um die Qualität des menschlichen Bewußtseins zu verändern. Die menschliche Mentalität bleibt genau die gleiche wie vor dem Tod. Die Seele nimmt all die alten Gewohnheiten, gute und schlechte, Begierden, Vorstellungen und Zweifel, die gesamte geistige Ausstattung des Ego-Selbst, mit sich. Das Ego-Selbst, das Selbst, mit dem wir uns irrtümlich identifizieren, ist der Regisseur all unserer Gedankenmuster und der von Wünschen und Begierden bestimmten Handlungen. Der höhere Aspekt oder das spirituelle Selbst, der einzige Aspekt, der uns wahre Freiheit und spirituellen Ausdruck schenken kann, bekommt kaum Gelegenheit, sich zu äußern, solange das Ego-Selbst dominiert. Deshalb sind wir alle eine gewisse Zeit, sowohl auf der Erde als auch im Geistigen, Gefangene unserer Gewohnheiten, Ängste, Wünsche, Begierden und Ambitionen. Mit anderen Worten: die »Qualität« unseres Denkens wird zu unserem Diktator.

Wenn wir davon ausgehen, daß die Gedankenkraft die einzige existierende schöpfersiche Kraft ist, dann muß das Ego-Selbst die Gesamtsumme all seiner viele Jahre (oder mehrere Leben) dauernden »Denktätigkeit« auf Erden sein. Verändern wir uns im Tode nicht, wie bereits betont wurde, so muß sich diese »Denkqualität« auch auf der ätherischen Ebene zeigen. Bedenkt man, daß es Zehntausende, wenn nicht gar Millionen nicht verkörperter Wesen gibt, die in bezug auf die spirituellen Ziele des Lebens vollkommen unwissend sind, dann darf man wohl behaupten, daß die verwirrten, angsterfüllten, enttäuschten, irrationalen und sogar bösen Gedankenprojektionen dieser Wesenheiten eine ernsthafte Bedrohung für die sensiblen Menschen dieser Erde darstellen.

Bei der Suche nach dem Faktor, der für den elenden Zustand dieser erdgebundenen Seelen verantwortlich ist, müssen wir besonders die übliche geistige Verwirrung nennen, die man bei genauer Untersuchung vielleicht als »semi-physisch« bezeichnen könnte. Dazu kommt es gewöhnlich bei Menschen, die ein völlig dem Irdischen verhaftetes Leben hinter sich haben und die nun durch das Gewicht ihrer eigenen Gedanken hier zurückgehalten werden. Sie klammern sich immer noch an viele Aspekte des Erdenlebens, denen sie verfallen waren, solange sie sich im Körper befanden.

Das schwerfällige, unersättliche Ego, dieser beherrschende Mittelpunkt des Denkens, ist die »Bibliothek« aller vorangegangenen Modelle des Denkens, Wünschens und Handelns, die sich im Verlauf vieler Jahre oder Leben gebildet haben. Viele Wesenheiten sind mehr oder weniger in diesen engen Grenzen gefangen, je nach dem Grad ihrer spirituellen Weiterentwicklung. Sie sind abgeschnitten vom wahren »spirituellen Selbst«, das allein die wahre geistige Welt zu erkennen vermag und sie mühelos an ihren richtigen Platz führen könnte, wenn es nicht diese genannte starke Bindung an die irdischen Begierden gäbe. Viele dieser besessenen Seelen verlassen ihre physische Form, ohne überhaupt zu bemerken, daß eine Veränderung stattgefunden hat. Da ihnen die spirituelle Erleuchtung oder Erkenntnis der höheren Ziele des Lebens fehlt, sind sie sich gar nicht der Tatsache bewußt, daß sie in eine andere Form des Lebens übergegangen sind. Die dominierenden körperlichen Sinne können sich natürlich nicht damit abfinden, daß es außer der physischen überhaupt eine andere Welt gibt. Sie sind infolgedessen ebenso blind für eine höhere geistige Welt wie für deren weiterentwickelte Bewohner.

Da die Wesenheit nun der Mittel beraubt ist, ihre immer noch aktive physische Sinnlichkeit zum Ausdruck zu bringen und ihr die Fähigkeit fehlt, eine höhere Ebene des Lebens wahrzunehmen, fühlt sie sich zuerst außerordentlich verstört, ängstlich und verloren. Dadurch entwickelt sich eine Stimmung bitterer Enttäuschung. Die unmittelbare Umgebung wird als eine Art Niemandsland empfunden, als weder körperlich noch geistig, erfüllt von einem undurchdringlichen Nebel.

Die Wesenheit, von unkontrollierbaren fleischlichen Begierden heimgesucht, möglicherweise sogar von bösartigen Motiven getrieben, wird schließlich automatisch zu den für diese Gedanken empfänglichen »Sensitiven« hingezogen, und zwar in der Absicht, sich mit einer »reagierenden« Aura zu verbinden. Auf diese Weise findet sie physische Ausdrucksmöglichkeiten, die sie sich zu eigen macht, indem sie das irdische Wesen beeinflußt oder von ihm Besitz ergreift. Solche eindringende Geister von oft starkem Charakter sind imstande, ihre Gedanken und Emotionen auf den Erdenmenschen zu übertragen. Schließlich wird die Willenskraft des sensiblen Menschen durch den ausgeübten starken Druck so geschwächt, daß seine Handlungen kontrolliert werden.

Dieses absichtliche oder unbewußte zerstörerische Eindringen körperloser Wesen ist die Ursache der meisten unerklärbaren Fälle geistiger Abnormität, die unsere Nervenkliniken füllen. Es gibt keine bestimmte Schicht und keinen Menschentyp, der immun gegen diese Besessenheit wäre. Alle angewandten psychologischen und pathologischen Tests haben nicht den geringsten Beweis für die Theorie erbracht, daß die meisten Formen des Wahnsinns und der Geistesstörungen durch irgendeinen unbekannten heimtückischen Organismus oder ein mangelhaftes chemisches Zusammenspiel verursacht werden. Ist das für Wissenschaftler und Neurologen nicht Anlaß, endlich zu begreifen, daß der Mensch die Veranlagung zu Geisteskrankheiten besitzt, seit er überhaupt auf der Erde lebt?

Offensichtlich werden nicht alle Menschen im Laufe ihres Lebens auf der Erde Opfer solcher Attacken durch tyrannische oder verwirrte Geister. Den meisten passiert es nie. Wenn man aber bedenkt, daß Tausende feindlich gesinnte und spirituell zurückgebliebene Seelen täglich ihren Körper verlassen müssen und immer noch nach sinnlichen Freuden hungern oder einfach voller Bosheit sind, dann scheint die Annahme begründet, daß diese fremden Persönlichkeiten sich schließlich ein Ventil für ihre Begierden suchen und ihre Leidenschaften befriedigen, indem sie sich eines ahnungslosen Sensitiven bemächtigen.

Es gibt keinen vernünftigen Grund, warum es bei dem einen Sensitiven nicht zur Einwirkung parasitärer Wesenheiten kommt, während der andere darunter zu leiden hat. Wir kennen allerdings verschiedene Voraussetzungen, die ein solches Eindringen erleichtern. Manchmal ist die Ursache eine natürliche Übersensibilität, ein schwerer Erschöpfungszustand des Nervensystems, eine langwierige geistige oder körperliche Erkrankung, bei der die lebenswichtigen magnetischen Kräfte oder die Kraft der Aura so geschwächt wurden, daß den stets gegenwärtigen Geistern kein Widerstand entgegengesetzt werden kann.

Man weiß, daß ein plötzlicher Schock, der sowohl das körperliche wie das geistige System betreffen kann, die natürlichen Widerstandskräfte herabsetzt und den leichten Zugang ermöglicht. Denken Sie daran, daß es möglich ist, daß weder der Sensitive noch der Geist überhaupt bemerkt, was geschieht. Dazu kommt es vor allem, wenn der geistige Eindringling sich seines Hinscheidens überhaupt nicht bewußt, durch die Situation verwirrt ist, sich nicht mehr zurechtfindet und Angst hat. Andere wieder können hier durch Gewissensqualen und Reue wegen ihres Verhaltens während des Erdenlebens zurückgehalten werden.

Obwohl alle parasitären Geister, ob sie verstört sind, sich nicht mehr zurechtfinden oder eine vorsätzliche Neigung zum Bösen haben, gleichermaßen ein menschliches Vehikel benutzen, weil sie sich selbst zum Ausdruck bringen wollen, handelt es sich bei dieser Situation niemals um einen Dauerzustand, denn sobald sie ihrer selbstsüchtigen Begierden überdrüssig werden oder ausgebrannt sind, werden sie früher oder später nach etwas Besserem oder nach Hilfe verlangen. Dies ist der einzige Augenblick, in dem stärker erleuchtete Geister ihnen rasch zu Hilfe kommen und sie an einen besseren Ort bringen können.

Oft wird die Frage gestellt, warum fortgeschrittene Geister nicht sofort herbeieilen, wenn ein Unschuldiger besessen oder gequält wird, das Opfer befreien und die besitzergreifende Wesenheit hinwegführen. Die ideale Antwort auf dieses Problem ist in dem Buch *Pilgrim's Progress* (Pilgerreise zur seligen Ewigkeit) von John Bunyan enthalten: Christian, Symbol einer Seele auf der Suche nach Wahrheit, wird auf das Bild eines unglücklichen, niedergeschlagenen Mannes hingewiesen, der sich fest an seine Kehrichtharke hält. Die Augen sind abwärts auf den Boden gewandt, auf Stroh, Holzstücke und Kot, die er zusammenscharrt. Über seinem Haupt hält ein erhabenes Wesen eine himmlische Krone und wacht mit großer Liebe über ihm. Da der Mensch aber seine Augen und sein Herz nur nach unten gerichtet hält, sieht er nur den Boden und bemerkt nicht die Liebe und die Hilfe, die ihm zu Gebote stehen.

Höher entwickelte Geister arbeiten ständig daran, erdgebundenen Seelen zu helfen, aber diese bemerken wegen ihrer irdischen Bindung und ihrer geistigen Verwirrung, die um sie eine Welt aus Zwielicht und Nebel entstehen läßt, überhaupt nicht, daß sie »gestorben« sind. Sie kämpfen verzweifelt darum, sich wieder in ihre vertraute irdische Welt einzufügen. Deshalb erkennen sie genausowenig wie die anderen, die die Vorstellung einer anderen Welt ganz ablehnen, diese geistige Welt und auch nicht die guten Geister, die darin existieren.

Blind wegen ihrer quälenden Begierde nach bestimmten Aspekten des irdischen Lebens, zu denen Dinge wie Drogen,

Alkohol und auch Sex gehören, konzentrieren sie ihre Bemühungen auf eine Wiederholung des einzigen Lebens, das sie kennen. Die Folge ist, daß sie sich allem anderen verschließen. Das Licht der Aura, das von sensiblen Menschen viel stärker ausstrahlt als von weniger sensiblen, zieht sie instinktiv an. Sie fühlen, wenn sie sich diesem hellstrahlenden Aura-Feld verbinden, werden sie wieder eine Art des Selbstausdrucks erreichen, indem sie auf den Geist einwirken und gleichzeitig die bereits bekannten sinnlichen Erfahrungen genießen.

Es trifft keineswegs zu, wenn man die Besessenheit als eine Inbesitznahme von Körper und Geist eines Menschen durch eine satanische Kreatur hält. Die besitzergreifende Kraft ist nichts als der Geist eines anderen menschlichen Wesens, verwirrt oder wenig entwickelt, der aufgrund eines Unfalls oder Verbrechens oder infolge Krankheit aus seinem Körper vertrieben wurde. Zu keinem Zeitpunkt in der Geschichte der Erforschung übersinnlicher Phänomene wurde je ein überzeugender Beweis dafür gefunden, daß nicht-menschliche Wesen in den Körper von Menschen eingedrungen sind. Das ist auch der Grund, weshalb die überholten exorzistischen Rituale der Kirche vollkommen falsch und irreführend sind, wenn sie von Bezeichnungen wie »vom Teufel besessen« ausgehen. Außerdem gehören nicht alle einwirkenden Wesenheiten zur Kategorie der »unreinen« oder »bösen« Geister. Wie wir bereits festgestellt haben, sind viele Übergriffe der Verwirrung, der Angst vor der fremden Umgebung und der Verzweiflung der Verlorenheit zuzuschreiben.

Die Einstellung der Kirche zu diesem im wesentlichen menschlichen Problem ist, gelinde gesagt, barbarisch, unmenschlich und offensichtlich von Unwissenheit geprägt, denn der Priester, der den Exorzismus vornimmt, geht immer von der Annahme aus, daß die Wesenheit nur diabolischer Natur sein kann. Er macht alle Anstrengungen, die wirkende Kraft auszutreiben und sie an einen für sie bestimmten Platz in der Hölle zu verweisen. Da die Kirche sich niemals ernsthaft darum bemüht hat, die Geschichte der Besessenheit zu untersuchen und auch nicht zugibt, daß die Erforschung des Paranormalen für jeden ernstzunehmenden denkenden Menschen zu weit fortgeschritten ist, um ihre Ergebnisse als einer weiteren Untersuchung unwürdig abzutun, hat sie es versäumt, die wahre Doppelnatur des Menschen zu erkennen oder gar zu verstehen. Die quantitative Wissenschaft hat in dieser Beziehung genauso versagt.

Das Denken besonders der jungen Menschen geht aber inzwischen über die gegenständliche Welt und die quantitative Wissenschaft hinaus. Sie beschäftigen sich ernsthaft mit dem Gebiet des Übersinnlichen. Auch die Medien haben heute mehr Verständnis und erlauben es Wissenschaftlern, ihre Ideen und Ergebnisse eingehend zu diskutieren. Das hat zur Folge, daß der Normalbürger allmählich ein zumindest vorsichtiges Interesse an diesen Dingen zeigt und weniger Angst hat, selbst damit zu tun zu haben. Es gibt ganz gewiß eine starke und noch wachsende Zustimmung zum Glauben an ein Leben nach dem Tode. Dieser Gedanke wird heute nicht mehr abgelehnt oder etwa nur von Alten, Kranken und Sonderlingen vertreten.

Nachdem wir nun zur Genüge die Existenz der Doppelnatur des Menschen als Körper und Geist bewiesen haben, kann es nicht allzu schwierig sein, auch zu verstehen, daß ein soeben aufgrund bestimmter zwingender Umstände verschiedener Geist manchmal nicht das Bedürfnis hat, sich aus seiner Umgebung zurückzuziehen, die ihm so lange so außerordentlich vertraut war. Mit anderen Worten: Er wird diesen Bereich als Geist heimsuchen und vom Körper oder Geist eines psychisch sensiblen Wesens in diesem Gebiet Besitz ergreifen. Noch häufiger zwingt ein Festhalten an bestimmten Gewohnheiten des irdischen Lebens (etwa Drogen, Alkohol, Sexualität) dazu, der Erde eng verbunden zu bleiben und sich deshalb parasitär auf menschlichen Wesen anzusiedeln.

Ist das Leben auf der Erde allzu fleischlich-sinnlich gewesen, dann hat sich natürlich die Tendenz entwickelt, das Leben nur als einen Zustand der Verbindung des Geistes mit den sinnlich wahrnehmbaren Dingen der Erde zu betrachten. Wird diese Verbindung abrupt zerstört, kommt es zu einer schmerzlichen Trennung des Geistes von der altvertrauten Lebensweise. Die Folge ist völlige Verwirrung, Entsetzen und sehr oft heftige Aggression als verzweifelter Versuch, sich wieder an die einst vertraute Umgebung anzupassen. In vielen Fällen, in denen Wesenheiten ihre Gegenwart dadurch zu erkennen geben, daß sie unschuldige Wesen belästigen oder als Poltergeist Störungen verursachen, geben sie dadurch nur ihre Not zu erkennen. Es ist ein Hilferuf. Meiner Meinung nach ist es einer der größten Fehler, in jedem Fall einen diabolischen Ursprung anzunehmen und den »Teufel« mit Gewalt auszutreiben.

Der Priester, der den Exorzismus vornimmt, denkt überhaupt nicht daran, daß die Kraft, die vom Opfer Besitz ergriffen hat, eine Identität haben könnte, daß sie einmal ein menschliches Wesen war und nun ein außerordentlich verstörter Geist ist, der keine andere eigene Schuld auf sich geladen hat, als daß er sich aufgrund seiner Unwissenheit und seiner Hinwendung zu sinnlichen Reizen an irdische Dinge gehängt hat. Selbstmörder befinden sich manchmal in einer solchen Situation. Wurde die Selbsttötung zu einem Zeitpunkt ausgeführt, als der mentale Geist von sinnlichen Ängsten besessen war, dann ist die Wahrscheinlichkeit, daß der Geist an irdischen Dingen hängenbleibt, in der Tat sehr groß. Der Geist ist gebunden an Ichbezogenheit, Schuld, Unwissenheit, oder aber an Habgier, sinnliche Begierde, Grausamkeit oder zwanghafte Emotionen.

Anders als die meisten Menschen, die nach einem leidlich normalen Leben in Frieden sterben und die unmittelbar darauf zu einem glücklichen Fortbestehen finden, bemerken die verwirrten Geister, daß sie parasitär auf menschliche Wesen angewiesen sind, die ihnen aufgrund eigener Schwäche nicht genug Widerstand entgegensetzen. Dennoch sind die erdgebundenen Geister unabhängig von ihrem Beweggrund sehr stark auf unser Verständnis und Mitgefühl angewiesen.

Der Übergang des Seelen-Körpers von der physischen in die spirituelle Welt ist in der Praxis von Mensch zu Mensch verschieden. Diejenigen, die eine normale Trennung der beiden Körper durchmachen, finden sofort Hilfe und sind in der Lage, sich schnell ihrer neuen Umgebung anzupassen. Andere, die einen gewaltsamen, tragischen Tod erleiden oder deren spirituelle Entwicklung verzögert ist, sind verwirrt und »blind«, mit der Folge, daß es für jeden hilfreichen Geist schwierig ist, sie überhaupt zu erreichen. Unter diesen Umständen ist es nicht ungewöhnlich, daß diese unglücklichen Seelen ihren eigenen Tod eine ganze Zeit lang nicht wahrnehmen. Nur in diesem Fall suchen sie verzweifelt nach einem »Vehikel des Ausdrucks«, und wenn ihnen einmal eine solche Verbindung gelungen ist, verursachen sie eine derartige geistige Not, daß im schlimmsten Fall ihre Opfer sogar amtlich für geistesgestört erklärt werden.

Dennoch ist das Dilemma dieser einfachen, heimatlosen Seelen nicht so hoffnungslos wie das derjenigen, die in den niederen Regionen oder der unteren Astralebene durch die Fesseln aus Eigennutz, Habgier, Grausamkeit und sinnliche Begierde gefangen sind. Ihnen kann nicht geholfen werden, solange sie die spirituellen Voraussetzungen nicht wahrnehmen und die Hilfe nicht erkennen, die immer für sie bereitsteht. Dennoch ist es unter gar keinen Umständen human gerechtfertigt, daß Priester oder Exorzisten einfach ihre Macht benutzen, um eine

Wesenheit gewaltsam aus ihrem »sicheren« Zufluchtsort zu verjagen und sie danach wieder heimatlos herumirren zu lassen. Das ist nicht nur grausam, sondern auch unlogisch, denn der Vertriebenen bleibt gar keine andere Möglichkeit, als sich ein anderes Opfer zu suchen. Es ist daher ein vollkommen nutzloser Vorgang, denn das Problem wird lediglich an einer Stelle behoben und tritt dafür an einem anderen Ort wieder auf. Wenn man die unangenehme Lage des Erdgebundenen in Betracht zieht, so ist es meine feste Überzegung, daß sich keine Seele so tief in der Dunkelheit befindet oder so verworfen und schlecht ist, daß sie nicht schließlich doch erlöst und erleuchtet werden kann.

Das Problem der Besessenheit bietet sich uns daher grundsätzlich in zwei unterschiedlichen Formen dar. Bei der ersten ist die Seele ohne vorbedachte Bosheit, sie ist einfach verstört und verängstigt, weil sie ihre Lage nicht erkennt. Sie bringt einem Erdenwesen unabsichtlich Leid und Not. Ihr einziges Motiv ist es, einen sicheren Hafen zu finden.

Die andere Form ist wesentlich problematischer, denn hier haben wir es mit einer besitzergreifenden Wesenheit, mit einer vorsätzlich feindseligen Einstellung zu tun. Diese egozentrische Seele ist so sehr vom Materialismus durchdrungen, sie hat ein derart unersättliches Verlangen nach Befriedigung ihrer Bedürfnisse, daß sie tatsächlich in ihrem Wirt unkontrollierbare Begierde nach Alkohol und Drogen sowie sexuelle Bedürfnisse wecken kann. In machen Fällen ist sich dieses parasitäre Wesen zwar vollkommen bewußt, daß es keinen physischen Körper mehr besitzt, aber es erkennt dennoch nicht, daß es einen besseren und befriedigenderen Zustand auf einer höheren Ebene gibt. Eine andere Gefahr kann entstehen, weil die Wesenheit im allgemeinen sehr gereizt durch die unmittelbare Nähe des natürlichen Bewohners dieses Körpers ist. Sie wird alles mögliche tun, um ihn zu verdrängen. Das geht soweit, daß sie den Menschen zum Selbstmord veranlaßt.

Heiler und Menschen, die sich mit dem Gebiet der Parapsychologie beschäftigen, haben also eine recht schwierige Aufgabe vor sich, wenn sie eine Umerziehung oder Wiedereingliederung dieser bemitleidenswerten Seelen versuchen. Es kann ein außerordentlich langwieriges, frustrierendes Unternehmen sein, das ein großes Maß an Geduld erfordert. Die Befreiung dieser unglücklichen Kreaturen erfordert unter Umständen nur ein paar oder aber sehr viele Sitzungen, das hängt vom Ausmaß der Unkenntnis und Angst ab. Immer aber sind Mitgefühl und Verständnis für ihre schlimme Lage die unbedingte Voraussetzung, wenn die Fesseln aus Dummheit und Starrsinn im Innern gesprengt und eine Wiederherstellung erreicht werden soll.

Nachdem, wie ich hoffe, genügend Beweise für die Annehmbarkeit der Hypothese der Besessenheit angeführt wurden, gibt es gewiß eine Reihe kritischer Leser, die an die Tatsache erinnern werden, daß der größte Teil der Millionen Erdenbewohner ihren täglichen Geschäften nachgeht, ohne je durch körperlose Wesenheiten gestört zu werden. Warum geschieht es dann, daß bestimmte Menschen so große Qualen erleiden müssen oder gar für wahnsinnig erklärt werden, nur weil boshafte oder mißgünstige Geister ihren Körper in Besitz genommen haben und ihren Geist kontrollieren?

Amateurhafte Medien, die durch Zufall entdecken, daß sie von Natur aus sensitiv sind, öffnen ihnen unabsichtlich die Tür, wenn sie bei Seancen leichtfertig mit diesen Dingen spielen, indem sie etwa eine Alphabettafel oder Planchette und andere Geräte benutzen. Wir Menschen sind buchstäblich umgeben von Millionen körperloser Wesenheiten, die unaufhörlich nach einem Quartier Ausschau halten, vor allem innerhalb oder nahe der Aura Sensitiver oder anderer Menschen, die zu schwach sind, ihnen Widerstand entgegenzusetzen. Das war auch die Überzeugung des Heiligen Antonius, einem der frühesten christlichen Autoren, der schrieb: »Wir wandeln inmitten von Dämonen, die uns mit bösen Gedanken überziehen, aber wir befinden uns auch inmitten der Engel Gottes.«

Die meisten Medien und Denker sind der Meinung, daß die Menschheit aus zwei verschiedenen Arten von Menschen besteht: diejenigen, die von Natur aus sensitiv sind, und diejenigen, die diese Eigenschaft überhaupt nicht besitzen. Besser gesagt: Sie besitzen sie zumindest noch nicht, denn es gehört auch zur Überzeugung dieser Denker, daß sich jeder Mensch ständig weiterentwickelt mit dem Ziel einer spirituellen Vervollkommnung. Sie haben außerdem beobachtet, daß gerade Menschen, die diese Sensitivität besitzen oder medial veranlagt sind, besonders in der Gefahr schweben, daß eine Wesenheit von ihnen Besitz ergreift. Wenn man die Ursachen für die Besessenheit sucht, muß man auch an die unerfahrenen Sensitiven denken, die tollkühn mit dem Okkulten spielen, und an jene von Natur aus sensiblen Menschen, die von diesen Dingen überhaupt nichts wissen und dennoch Opfer solcher Übergriffe werden können.

Zu Besessenheit kann es kommen, wenn ein verletzlicher sensitiver Mensch einen schweren Schock erlitten hat, der zu einem Nervenzusammenbruch führte, oder wenn seine natürliche Widerstandskraft geschwächt ist, sei es durch ein beschwerliches Leben in ständiger Sorge, Angst oder Einsamkeit. Sobald ein geschwächter Mensch sich in einem solchen Zustand der Entkräftung befindet, kann es zum Abbau der lebenswichtigen schützenden Kräfte kommen. Dadurch wird es für wartende Wesenheiten leichter, sich zuerst Zugang in die Aura und danach in den mentalen Geist zu verschaffen.

Obgleich Neurologen und Psychiater in jeder Richtung nach einer Erklärung für den sogenannten »Wahnsinn« suchten, bei dem sich, ich betone es noch einmal, keine pathologischen oder abnormen Befunde des Gehirns zeigen, wurden von den Wissenschaftlern, die auf dem Gebiet des Paranormalen arbeiteten, kürzlich einige merkwürdige Tatsachen entdeckt. Sie beweisen, daß Wesenheiten, die den Körper eines irdischen Wesens in Besitz genommen haben, unter den gleichen Mißempfindungen leiden, denen ihre Opfer ausgesetzt sind. Übereinstimmende Ergebnisse bei medialen und klinischen Experimenten haben ganz deutlich gezeigt, daß jede Form körperlicher Schockeinwirkung, ob sie absichtlich herbeigeführt wird oder zufällig oder auf natürliche Weise als Folge einer Erkrankung auftritt, völlig ausreicht, um den Geist zu vertreiben, der vom Betreffenden Besitz ergriffen hat.

Da man entdeckte, daß eindringende Geister durch Schmerzen gestört und schließlich verjagt werden, wurden verschiedene Methoden mit sehr ermutigenden Resultaten ausprobiert. Eine der besten und erfolgreichsten und auch schriftlich ausgearbeiteten Techniken ist die elektrische Schockbehandlung nach Dr. Carl Wickland. Er entdeckte, daß durch Anwendung statischer Elektrizität in sehr schwacher Stromstärke im Bereich von Wirbelsäule und Kopf des Opfers die Eindringlinge verjagt werden können. In früherer Zeit wandten gewisse Institutionen für Nervenkranke eine Hydrotherapie an, bei der ein ständiger Strom kalten Wassers auf den nackten Körper des Patienten geleitet wurde. Man erreichte mit dieser Methode erstaunliche Erfolge. Eine andere höchst erfolgreiche, aber sehr anstrengende Methode wurde von einem Geistlichen einer Kirche im Norden Londons praktiziert: Das Opfer wurde fest gepackt und heftig durchgeschüttelt, bis die Wesenheit vertrieben war. Es sind auch andere Fälle bekannt, bei denen fortwährendes Schlagen ins Gesicht oder Hiebe auf andere empfindliche Körperteile den Geist zwingen, von seinem Opfer zu lassen.

In orientalischen und anderen Gesellschaften war es jahrhundertelang fester Brauch, lauten Lärm zu erzeugen, etwa

Zimbeln zu schlagen und Glocken zu läuten, um böse Geister abzuschrecken. Diesen Ritualen, die man seit prähistorischen Zeiten kennt, liegt die Überzeugung zugrunde, daß unangenehme, schrille Töne unerträglich für die Ohren böser Geister sind. Beschwörungsformeln oder heilige Klänge wie die Wiederholung eines Mantrams sowie das Abbrennen von scharfem Räucherwerk spielen sogar bis heute eine wichtige Rolle bei orientalischen Exorzismus-Zeremonien.

Besessenheit muß als ein *natürliches* Problem angesehen werden, genau wie irgendeine Krankheit oder ein Leiden. Genau wie die Heilungsmöglichkeiten für die meisten Krankheiten erst nach langwierigen Untersuchungen gefunden wurden, ist es nun eher eine Angelegenheit der Parapsychologen und Psychiater als der Priester, zu erforschen, welche Ursachen die Besessenheit hat, wie sie zu verhindern ist und vor allem, welche Therapien für den Besessenen *und* die besitzergreifende Wesenheit den größten Nutzen bringen.

Im Hinblick auf die offensichtlich wachsende Bedeutung des Problems reicht es einfach nicht aus, daß sich die Kirche bereit erklärt, eine größere Zahl von Priestern für den Exorzismus auszubilden, wenn diese nur eine Austreibung des besitzergreifenden Geistes vornehmen, ohne daß sie festzustellen versuchen, welche Ursachen dafür verantwortlich sind. Wie bereits erklärt, wäre es außerordentlich gefährlich, einen »heimatlosen» Geist auszutreiben, der ohne Aufklärung und Führung keinen anderen Weg hätte, als sich wieder eines wehrlosen Menschen zu bemächtigen. Die Tatsache, daß der Kirche qualifizierte Exorzisten fehlen und daß die wenigen nur geringe Kenntnisse auf dem Gebiet des Paranormalen besitzen, verhindert jede einfühlsame Behandlung der besitzergreifenden Geister. Jedem Exorzismus sollte der Versuch vorausgehen, mit der Wesenheit vernünftig zu reden. Alle Schritte sollten geduldig und sanft erfolgen, um Gelegenheit zu schaffen, zuerst einmal zu erklären, welcher Schaden einem Unschuldigen zugefügt wird. Außerdem kann die Wesenheit zum Verlassen bewegt werden, indem man erklärt, daß sie in einer unangemessenen und ungeeigneten Umgebung gefangen ist und daß ihr natürlicher Ort schön und von vielen freundlichen Seelen bewohnt ist, die ihr alle Hilfe und Führung zuteil werden lassen, die sie benötigt. Auch muß man ganz deutlich sagen, daß sie keine Strafe oder Vergeltungsmaßnahmen zu erwarten hat.

Das Vorhaben, besitzergreifende Geister durch Exorzismus zu vertreiben, ohne zu versuchen, den Grund herauszufinden, bedeutet genau soviel, wie Verbrecher aus dem Gefängnis hinauszuwerfen, ohne zuerst den Versuch zu unternehmen, herauszufinden, warum sie überhaupt kriminell geworden sind. Es trifft sich gut, daß in unserer heutigen Gesellschaft große Mühe von qualifizierten Fachleuten aufgewandt wird, um Straftäter zu bessern und zu rehabilitieren, damit sie wieder nützliche Mitglieder der Gemeinschaft werden. Warum geschieht nicht das gleiche mit den unglücklichen nicht inkarnierten Gefangenen?

Man könnte einwenden, daß viele dieser besitzergreifenden Wesenheiten derart unwissend, störrisch und bösartig sind, daß weder Freundlichkeit noch Appelle des Exorzisten sie beeinflussen werden. Dennoch ist es meine feste Überzeugung, daß keine Seele so unwissend oder verworfen ist, daß man nicht letzten Endes doch erfolgreich Kontakt mit ihr aufnehmen und sie zur Einsicht ihres falschen Handelns und damit zur Erlösung bringen kann.

Auch sollte man beim Versuch des Exorzismus immer daran denken, daß sich die *Qualität* des Bewußtseins einer jeden erdgebundenen Seele unterscheidet. Da es also in diesem besonderen menschlichen Problem nur sehr wenig gemeinsame Punkte gibt, muß man sich in jedem Fall genau nach den vorliegenden Eigenheiten richten.

Wie wir bereits erklärt haben, sind die Wesenheiten außerordentlich empfindlich gegen Schmerz und andere störende Körperempfindungen, die daher als wirksames Mittel zu ihrer Vertreibung eingesetzt werden können. Dennoch muß es die erklärte Absicht des Exorzisten sein, immer auch erzieherisch und heilend zu wirken, ob die Geister durch irgendeinen Zufall in Verwirrung geraten oder vorsätzlich böswillig sind. Wenn man eine Austreibung unternimmt, ohne zuerst zu versuchen, dem parasitären Wesen zu helfen, dann ist das nicht nur grausam, sondern auch schädlich, weil ein vertriebener Geist dann wieder frei herumschweifen wird, bis er einen neuen Wohnsitz in der Aura eines anderen Ahnungslosen findet.

Durch die Hartnäckigkeit und Unwissenheit mancher dieser unglücklichen Kreaturen haben Exorzisten manchmal einen langen und anstregenden Kampf vor sich. Zahlreiche Beobachtungen und lange Erfahrung haben aber ergeben, daß alle erdgebundenen Seelen schließlich der Freundlichkeit, dem Verständnis und der geduldigen Argumentation weichen. Allerdings sind manchmal viele ausgedehnte Sitzungen nötig, ehe die Wesenheit Einsicht zeigt und man ihr helfen kann, ihren Weg zu finden. Mit Sicherheit erfordert das aber nur einen Bruchteil der Zeit und Kosten, die für die Behandlung der sogenannten Geisteskranken durch Nervenärzte oder Psychiater aufzuwenden wären. Die geduldige spirituelle Annäherung ist die Methode, die gegenwärtig am häufigsten angewandt wird. Gewöhnlich nimmt man die Hilfe von Medien in Trance oder von Sensitiven in Anspruch. Wenn ich mich an frühere Begebenheiten aus meiner eigenen Arbeit auf diesem Gebiet erinnere, bin ich aber der festen Überzeugung, daß man ohne weiteres auf Medien und Sensitive verzichten könnte. Wie die von mir angewandten Methoden beweisen, kann diese Rolle auch von verständnisvollen Freunden übernommen werden, die genügend Mitgefühl und Geduld für diese anspruchsvolle Aufgabe aufbringen. Übrigens sind die Wesenheiten wie jeder normale Mensch imstande, die Stimmen körperlich inkarnierter Menschen zu hören, deren Aufrichtigkeit zu spüren, die körperlichen Empfindungen ihrer Opfer wahrzunehmen, ebenso elektrischen Strom. Deshalb kann man sich ihnen wie anderen Menschen nähern und nach einiger Zeit auch vernünftig mit ihnen reden.

Bevor wir uns in allen Einzelheiten mit einer Methode zur Befreiung beschäftigen, die bereits von einer Reihe nichtmedial arbeitender Heiler gefahrlos übernommen worden ist, müssen wir zunächst lernen, einen Entspannungszustand beim Patienten herbeizuführen. Ist dieser Zustand erreicht, können die Helfer zum ersten Teil der Befreiung übergehen. Das bedeutet, die Kraft, die vom Opfer Besitz ergriffen hat, direkt anzusprechen.

Der von der Besessenheit befallene Patient sitzt mit geschlossenen Augen in einem bequemen Sessel. Er kann sich auch hinlegen, wenn ihm das lieber ist. Beginnen Sie mit der Erklärung, daß sie ihm helfen wollen, zu entspannen. Dann sprechen Sie mit ruhiger, besänftigender Stimme und bitten ihn, sich auf seine Beine und Füße zu konzentrieren. Gleichzeitig geben Sie die Suggestion, daß sich die Muskeln in diesem Bereich mehr und mehr entspannen. Wiederholen Sie diese Suggestion zwei- oder dreimal. Gehen Sie jetzt auf die Schultern, die Arme, die Hände über und wiederholen Sie den gleichen Ablauf. Als nächstes konzentrieren Sie sich auf die Muskeln im Brust- und Bauchbereich. Kopf, Gesichts-, Hals- und Nackenmuskeln lassen Sie bis zum Schluß. Nachdem Sie die Anweisungen mehrmals wiederholt haben, sollte der Patient allmählich in einen leichten, schläfrigen Zustand kommen, aber er wird nicht das Bewußtsein verlieren. Dieses Stadium der Entspannung ist die ideale Verfassung für den Versuch, sich direkt an die Wesenheit zu wenden und sie ruhig und freundlich zur Kontaktaufnahme zu bewegen. Betrachten Sie die Wesenheit immer als eine reale, selbständige Persönlichkeit und bringen Sie sie dazu, über die Situation, über die Probleme und Unannehmlichkeiten ihrer Umgebung zu sprechen. Wenn eine Art Verbindung (man bezeichnet es auch als Rapport) erreicht ist, beschreiben Sie die Not des Gastgebers, und danach, als weiteren Anreiz, den Geist zum Verlassen zu bewegen, schildern Sie die Schönheit der geistigen Welt. Sprechen Sie darüber, was die geistige Welt ist und warum es der angemessene Ort ist. Bewegen Sie die Wesenheit, über sich selbst und ihr Leben auf der Erde zu sprechen. Benutzen Sie nie Worte oder Wendungen, die über das Fassungsvermögen des Geistes hinausgehen und verwenden Sie niemals die Sprache der Religion, sofern Sie nicht sicher sind, daß es sich um eine Wesenheit mit religiösem Charakter handelt. Appellieren Sie an ihren Stolz und ihre Eitelkeit und folgen Sie eine Zeitlang ihren Gedanken. Mit anderen Worten: Tun Sie alles in Ihrer Macht Stehende, um ihr Vertrauen zu gewinnen. Reagieren Sie in jeder angemessenen Weise, um den Gedanken zu übermitteln, daß Sie ein Freund sind. Denken Sie stets daran, daß Geister, genau wie wir Erdenmenschen, des Streits müde, von der Diskussion erschöpft, durch freundliches aber dabei beharrliches Argumentieren überzeugt und gewonnen werden können. Fordern Sie den Geist wiederholt auf, den Blick nach oben zu wenden, um Hilfe zu bitten und nach einem kleinen weißen Licht Ausschau zu halten. Dieses Licht ist ein Zeichen dafür, daß Hilfe und Rettung unterwegs sind.

Der Exorzist ist dabei fast immer im Vorteil, denn der unglücklichen erdgebundenen Seele ist die trübe Dunkelheit ihrer Umgebung wohl bewußt. In der Mehrzahl der Fälle hat es der Helfer mit einer verstörten Persönlichkeit zu tun, die einfach Angst hat, den einzigen sicheren Zufluchtsort zu verlassen, den sie kennt. Das ist der Grund, weshalb es immer von größtem Wert ist, in dieser Situation zuerst einen humanen Versuch zu unternehmen. Zugegeben, manche der Wesenheiten, die von einem Menschen Besitz ergriffen haben, sind widerwärtig und grob und zeigen vielleicht zuerst absolut keine Neigung zum Verlassen des Besessenen. Dennoch behaupte ich, daß jedem Fall von Exorzismus zuerst ein freundliches, beharrliches und vernünftiges Argumentieren vorangehen sollte mit dem Ziel, die bessere Seite des Geistes anzusprechen. Manchmal kann es in besonders hartnäckigen Fällen notwendig werden, der Unnachgiebigkeit mit Hartnäckigkeit zu begegnen, um die Wesenheit zur Mitarbeit zu gewinnen. Bei seltenen Gelegenheiten kann es nötig sein, dem Geist nicht nur mit dem Einsatz statischer Elektrizität zu drohen, sondern sie tatsächlich anzuwenden, nur um zu beweisen, daß es in unserer Macht steht, ihn zu vertreiben, wenn wir nur wollten. Aber machen Sie klar, daß das nur geschieht, wenn er die Zusammenarbeit verweigert.

In manchen Fällen tritt eine überraschende Kindlichkeit dieser erdgebundenen Wesen zutage. Wenn ihr Recht, es sich in der Aura eines anderen Menschen bequem zu machen, ernsthaft in Frage gestellt ist, bringen sie es fertig, zu weinen und zu betteln wie ein ängstliches Kind. Entdecken sie aber irgendeine Schwäche oder Angst des Exorzisten, dann zeigen sie ein herausforderndes Benehmen, unterstrichen durch Drohungen aller Art gegenüber dem Helfer und seiner Familie. Der Helfer sollte sich nicht durch diese Drohgebärden abschrecken lassen, sondern zu erkennen geben, daß er sich unter keinen Umständen einschüchtern läßt.

Psychiater und Neurologen haben jahrelang zahlreiche Theorien entworfen und Forschungen angestellt, um ein Heilverfahren für die so schwer zu beeinflussenden geistigen Störungen zu finden. Sie haben zahlreiche Therapien entwickelt, angefangen von einer endlosen Reihe von Medikamenten bis zu pathologischen und psychologischen Analysen jeglicher Art. Ihre Erfolge waren unwesentlich. Weder die Medizin noch die Psychiatrie hat Lösungen gefunden, und die Nervenkliniken müssen weiterhin verzweifelt versuchen, mit den ständig steigenden Patientenzahlen fertigzuwerden. Bisher hat es den Anschein, daß nur der paranormale Weg über sensitive Medien eine echte praktische Lösung für ein Problem bietet, das die Ärzte seit Jahrhunderten vor ein Rätsel stellte. Da also die moderne Psychiatrie mehr oder weniger zugeben mußte, daß sie zur Heilung nicht in der Lage ist (ganz zu schweigen von einer Diagnose über die Ursache), so daß die Mehrzahl der Fälle einfach als »wahnsinnig« oder »schizophren« aufgegeben wurde, scheint als einziger möglicher wissenschaftlicher Schritt übriggeblieben zu sein, die Hypothese der Besessenheit zu untersuchen. Bei dieser Arbeit wird es sich ein für allemal erweisen, ob es eine Möglichkeit für die erdgebundenen Geister gibt, in den mentalen Geist menschlicher Wesen einzudringen und die Herrschaft zu übernehmen. Es könnte sein, daß sich hier Hinweise auf die schwierige Ätiologie der meisten Formen des Wahnsinns und der Schizophrenie ergeben.

Es scheint unglaublich, daß in der heutigen Zeit, da die Erforschung des Paranormalen nicht mehr durch Aberglauben behindert oder beherrscht wird und daher so weit fortgeschritten ist, daß sie international von vielen hervorragenden Wissenschaftlern als Gegenstand ihrer Forschung betrachtet und objektiv studiert wird, sie von den Kapazitäten im psychiatrischen und neurologischen Bereich ignoriert werden sollte. Die Arbeit von vielen Hunderten und die im Laufe der Jahre erzielten Ergebnisse beweisen ohne Zweifel die Gegenwart von Wesenheiten oder paranormalen Kräften. Das zumindest müßte mit Sorgfalt und ohne Vorurteil untersucht werden.

Berichte über besitzergreifende Geister reichen von der frühesten Antike bis in unsere Zeit. Diese Zeugnisse *müssen* nicht nur als Tatsachen, sondern, und das ist noch wichtiger, auch als Hinweise zur Lösung des Problems betrachtet werden, denn in jedem Fall geistiger Besessenheit gibt es erkennbare Ähnlichkeiten und Übereinstimmungen mit anderen Fällen. Die Tatsache, daß bestimmte Verhältnisse, zu denen eine charakteristische Schwäche und Sensibilität gehören, vorhanden sein müssen, ehe ein wandernder Geist sich in einem menschlichen Wesen festsetzen kann, läßt vermuten, daß Besessenheit durch einen Geist Teil der Naturgesetzlichkeit ist. Selbst wenn manche dieses Geschehen als eine Perversion des Naturgesetzes verdammen, ist diese Perversion nicht schlimmer als etwa die der gewöhnlichen Verbrecher, die für unsere beunruhigenden sozialen Probleme verantwortlich sind. Meiner Ansicht nach besteht eine große Ähnlichkeit zwischen diesen ungeliebten Geistern und den Übeltätern, die gegen die Strafgesetze verstoßen. Der bedrückende Unterschied liegt in der Tatsache, daß die letztgenannten ordnungsgemäß eingesperrt werden und man in dieser Zeit ernsthaft versucht, sie zu bessern und schließlich wieder in das soziale Leben einzugliedern.

In Anbetracht der großen Zahl von Beweisen, die über viele Jahre von der paranormalen Forschung gesammelt wurden, um die Frage des spirituellen Weiterlebens und die Möglichkeit der Kommunikation zwischen den beiden Welten zu klären, könnte es ein interessantes Experiment für Psychiater und Neurologen sein, sich nicht nur mit der Hypothese der Besessenheit näher zu befassen, sondern auch zu untersuchen, was Exorzismus bedeutet und wie erfolgreich er ist. Tatsächlich ist man in der Behandlung Geisteskranker zu einem Stillstand gekommen und weiß nur allzu gut, daß die Psychopathologie sehr weit hinter den Erwartungen zurückgeblieben ist. Es bleibt also nur eine bisher noch unerforschte Methode – die des Paranormalen.

Ich hoffe, daß sich irgendwo in der Welt bereits eine Gruppe von Psychiatern zusammengefunden hat oder noch entstehen wird, die genügend Weitsicht und Mut besitzen, um ohne Vorurteil diese noch unerprobte Straße zu gehen. Denn ich sage voraus, wenn sie das tun, werden sie nicht nur ein riesiges neues Forschungsgebiet vor sich erkennen, sondern auch den bisher aufregendsten und hoffnungsvollsten Schritt zur erfolgreichen Behandlung Geistesgestörter unternehmen.

Wenn die Psychiater auch alles Menschenmögliche getan haben, um diesen unglücklichen Kreaturen zu helfen, indem sie etwa eine Unmenge möglicherweise hilfreicher Medikamente und Analysetechniken entwickelten, ist ihnen die endgültige Heilung noch nicht gelungen. Dennoch ist es erfreulich, festzustellen, daß während der letzten hundert Jahre durch ihre vielseitigen Versuche die Pflege der Geisteskranken eine revolutionäre Wandlung durchgemacht hat. Sie sind humaner und verständnisvoller geworden. Im Mittelpunkt ihrer Bemühungen stand immer das Ziel, einen Wiederherstellungsprozeß in Gang zu setzen.

Die Kirche allerdings trägt die Verantwortung dafür, daß das Wirken Jesu als Vertreibung »unreiner Geister« und Dämonen ausgelegt wurde. Wenn wir jedoch von der überragenden Stellung Jesu als Heiler ausgehen, dann wäre es damit unvereinbar, ihn nicht auch als einen Heiler von geistig Kranken zu akzeptieren. Und in diesem Falle muß er die Erkrankung der die Erde bewohnenden Wesen erkannt haben. Es ist höchst bedauerlich, daß die Kirche in den meisten Fällen jeden Versuch verdammt, mit den »Toten« Kontakt aufzunehmen, ob es sich dabei nun um »Teufel«, »unreine Geister« oder einfach um verwirrte Seelen handelt. Das verbietet natürlich jeden Gedanken an einen Exorzismus mit erlösendem oder wiederherstellendem Charakter, ebenso die geistige Führung oder Rehabilitation. Es ist meine Erfahrung, daß viele dieser unglücklichen Seelen bereitwillig auf *erlösenden* Exorzismus reagieren, gerade weil sie *wissen,* daß sie Hilfe und Führung brauchen. Andererseits weigern sie sich beharrlich, bei jeder anderen Art der Annäherung zu kooperieren, einfach weil sie Angst haben und verstört sind. Sie reagieren nur auf Freundlichkeit und Verständnis.

Goethe sagte einmal, daß der Tod nichts weiter als eine Erweiterung des Lebens sei. Das schließt ganz klar in sich den Glauben an die Existenz körperloser Wesen, die einst auf der Erde wandelten. Es ist deshalb vernünftig, anzunehmen, daß viele nur wider Willen in der Nähe ihres vertrauten irdischen Lebensraumes bleiben, einfach weil sie eher verirrt als böse sind. Manche mögen sogar unabsichtlich in die Aura eines menschlichen Wesens geraten.

Während also in der Psychiatrie die unaufhörlichen Bemühungen weitergeführt werden, die menschlichen Faktoren zu verstehen, die zur geistigen Verwirrung führen (manche Psychiater akzeptieren allmählich, daß das Paranormale nun ein legitimer Forschungsbereich ist, seit eine Anzahl von »Akademischen Vereinigungen für den Fortschritt der Wissenschaft« die Parapsychologie zugelassen hat, weil man sich davon humanere und dauerhafte Heilungsmöglichkeiten für diese unglücklichen Menschen erhofft), beharrt die Kirche unerbittlich darauf, daß Besessenheit ihrem Ursprung nach etwas Teuflisches ist und die Behandlung sich darauf beschränken sollte, den »bösen Geist« in das Reich der Dunkelheit zu verbannen. Ihr Motto ist nach wie vor: »Hinweg! Geh an den Ort, der dir bestimmt ist – geh zur Hölle!«

3. Kapitel

Schizophrenie

Das Erschreckendste an der Schizophrenie ist nicht die Krankheit selbst, sondern die Ohnmacht der Ärzte. Sie kennen bisher weder reale Tatsachen über die Entstehung, noch vermögen sie auch nur den geringsten Hinweis auf eine mögliche Ursache zu geben. Die Art der Beschwerden entzieht sich deshalb bis heute jeder ärztlichen Beeinflussung. Die Behandlung muß sich infolgedessen auf zwei Grundtechniken beschränken, einmal auf die Verabreichung von Beruhigungsmitteln, zum andern auf die Elektrokrampftherapie (EKT).

Das Wort Schizophrenie, im Grunde ein Ausdruck, der eine ganze Gruppe ernsthafter geistiger Störungen beschreibt, wird in populären Arbeiten und in der wissenschaftlichen Literatur gleichermaßen benutzt, um alles, vom Toben des Wahnsinnigen bis zu den imaginativen und kreativen Einsichten des Genies, zu bezeichnen. Selbst historische Gestalten wie Shakespeare, Blake, Newton, Mendel, Darwin und Sokrates verdächtigte man, schizophren gewesen zu sein.

Die Ärzte, die viele Jahre auf diesem Gebiet forschten, ohne weiterzukommen und eine Ursache dieses uralten Problems zu finden, behaupten nun zu ihrer Rechtfertigung, einen bescheidenen Fortschritt erreicht zu haben. Sie erklären, daß es sich bei der Schizophrenie um eine Debilität handelt, die innerhalb der Familie weitergegeben wird, und die sich in Form bestimmter Verhaltensmuster bemerkbar macht.

Man hoffte, bei den Forschungsarbeiten, die im Verlauf der

modernen Geschichte der Medizin unternommen wurden, zu neuen Entdeckungen über die gegenwärtig angewandten Lösungsmethoden für dieses ernste und besonders verheerende geistige Problem zu kommen. Es ist, gelinde gesagt, verwirrend, welche fast endlose Liste von Hypothesen die Wissenschaftler zur Debatte gestellt haben. Manche vertraten die Anschauung, daß die Krankheit durch eine langsam fortschreitende, fast unmerkliche Veränderung der chemischen Eigenschaften des Gehirns verursacht wird, die auf irgendeine Weise die Nervenimpulse beeinträchtigt. Unter anderem gab es auch die Theorie eines (bisher) unentdeckten Virus und einer Mißbildung der Gene. Auch schwerer Mangel an lebenswichtigen Vitaminen und Mineralstoffen, Vererbung bestimmter physischer Faktoren, toxische Stoffe im Blut, langanhaltende Belastung der Ernährungsreserven des Patienten, zwanghafte Sorgen, Fehlernährung, abnormes Verhalten bestimmter körpereigener Chemikalien, die Impulse zum Gehirn transportieren und vieles andere sollte schuld sein. Selbst die Mutter-Kind-Beziehung geriet in Verdacht.

Man muß immer bedenken, daß es ein Irrtum ist, die Schizophrenie nur als eine einheitliche Krankheit zu betrachten. Es fallen eigentlich eine ganze Anzahl von Störungen unter diese Kategorie, und die Patienten klagen auch über ganz unterschiedliche Beschwerden. Die Erkrankung erscheint also in vielen Formen. In bezug auf Alter, Geschlecht, soziale Stellung und Intelligenzgrad sind keine Grenzen zu erkennen. Dagegen treten bestimmte charakteristische Faktoren in jedem Fall von Schizophrenie auf. So haben die Patienten beispielsweise ohne Ausnahme ein höchst sensibles, schüchternes Wesen und sind sehr zurückhaltend. Außerdem ist zu beobachten, daß ganz besonders häufig junge Menschen betroffen sind.

Schizophrenie tritt zuerst als eine Störung auf, die mit dem Verlangen nach Loslösung von der äußeren Welt verbunden ist, und die schließlich zur totalen Zerrissenheit der Welt im Innern führt. Der Patient zeigt Verwirrung im Denken, es folgt ein allmählich fortschreitender Verlust der Gefühle. Die Stimmung verflacht, der Betroffene zeigt weder Wärme und Herzlichkeit beim Lachen noch eine gewisse Tiefe in der Verzweiflung. Die Anomalie des Denkens tritt immer deutlicher hervor, die Sprache wird zusammenhangslos und unlogisch, dazu kommen unangemessene Gefühlsäußerungen, etwa ein Lachen bei der Nachricht vom Tod eines nahestehenden Menschen. Darauf folgt eine Verarmung der Phantasie und eine starke Verkümmerung der Initiative. Zu den weiteren Symptomen gehören Wahnvorstellungen, so etwa der Gedanke, daß ein Computer oder irgendein anderer Apparat mit dem Gehirn verbunden sei und Denken und Handlungen bestimmt.

Allmählich entwickelt der Patient einen Verfolgungswahn. Er ist vollkommen davon überzeugt, daß er von einer Gruppe übler Verschwörer beherrscht wird, die imstande sind, ihm fremde Gedanken einzugeben oder Gedanken aus seinem Gehirn abzuziehen. Manche glauben auch, die Verantwortlichen stammen von einem anderen Planeten. Weiter trägt zur geistigen Verwirrung des Patienten bei, daß er sehr oft unbekannte Stimmen hört, die entweder seine eigenen Gedanken wiedergeben, ihn aber manchmal auch bedrohen, beschimpfen, obszöne Andeutungen machen oder sogar versuchen, ihn dazu zu bringen, Dinge gegen seinen Willen zu tun. Diese Stimmen, die einmal aus dem Innern des Körpers zu kommen scheinen und manchmal von außen, sind dermaßen eindringlich, daß der Patient oft darauf eingeht, ja sich sogar mit ihnen auseinandersetzt. Die Ärzte sind sich einig darüber, daß der Schizophrene unter Wahnvorstellungen und Halluzinationen leidet. Sie haben für diesen Zustand die Bezeichnung Persönlichkeitsspaltung geprägt.

Nach Auffassung der Experten ist die Spaltung und die radikale Veränderung der Persönlichkeit des Patienten die Folge einer heftigen Freisetzung von Erinnerungen an längst vergessene traumatische Erfahrungen, die tief im Unterbewußtsein gespeichert waren. Diese „Psycho-Schemata« lange zurückliegender Ereignisse ruhten und waren möglicherweise unterdrückt. Sie können unter anhaltendem emotionalem Streß oder unter Schockeinwirkung freigesetzt werden. Es könnte sich so verhalten. Aber auch das ist nur eine von vielen möglichen Ursachen für die Schizophrenie.

Ein Kreis prominenter Wissenschaftler in den Vereinigten Staaten ist der Ansicht, je exakter es gelingt, das Syndrom zu definieren und die charakteristischen Merkmale der davon Befallenen herauszuarbeiten, um so größer wird die Wahrscheinlichkeit, das Problem zu verstehen und eine Lösung zu finden. Dies ist ein weiteres Beispiel für die Blindheit der Wissenschaftler gegenüber der so wichtigen Doppelnatur des Menschen, der Geist und Materie bzw. ein zugleich körperliches und geistiges Wesen ist. Trotz der Tatsache, daß auch bei chronischen Formen der Schizophrenie niemals Anzeichen für krankhafte organische Veränderungen gefunden wurden, gibt es Wissenschaftler, die immer noch davon überzeugt sind, daß die Ursache auf irgendeine Weise mit einer *physischen* Fehlfunktion des Nervensystems zusammenhängen muß.

Aus diesem Grund hat man in der dritten Auflage des *Diagnostic and Statistical Manual of Mental Disorders* (DSM – 111), das von der Amerikanischen Psychiatrischen Gesellschaft im Jahre 1980 veröffentlicht wurde, eine völlig neue Definition der Schizophrenie aufgenommen. Viele Ärzte waren jedoch besorgt darüber, daß eine große Zahl bis dahin anerkannter chronischer Fälle von Schizophrenie nach den neuen diagnostischen Kriterien überhaupt nicht mehr als schizophren galten. Die Autoren dieses neuen diagnostischen Handbuches sind jedoch der Meinung, daß es sich bei diesen Fällen um schwerste depressive Störungen handelt, die die geistige Leistungsfähigkeit weniger beeinträchtigen und die weitaus stärker auf Therapien reagieren als die Schizophrenie, so daß es häufig zur spontanen Remission kommt.

Andere Ärzte berichteten, daß bei der Behandlung einer Reihe von Patienten, bei denen irrtümlich Schizophrenie diagnostiziert worden war, während man später erkannte, daß sie unter einer manischen Depression litten, der falsche Eindruck entstand, man hätte endlich die vollkommene Heilmethode für Schizophrenie gefunden. Auf diese Art wurden tragischerweise falsche Hoffnungen geweckt und irreführende therapeutische Programme entworfen. Ein psychiatrisches Forscherteam untersuchte deshalb eine große Anzahl schizophrener Patienten, um die Richtigkeit der Angaben des neuen diagnostischen Handbuches zu überprüfen. Sie gingen peinlich genau vor und registrierten jedes erkennbare Symptom. Daraufhin verglichen sie die gefundenen Symptome mit den im Handbuch (DSM – 111) aufgeführten. Das Resultat zeigte, daß sie nicht nur zu neuen Diagnosen für die bis dahin als schizophren geltenden Patienten kamen, sondern man fand darüber hinaus, daß viele Patienten unter immer wiederkehrenden Symptomen litten, die in gar keinem Zusammenhang mit einer *physischen* Störung standen.

Sie entdeckten, daß viele Schizophreniefälle, die tatsächlich den Kriterien des DSM – 111 entsprachen, sich später als eine bipolar wirkende Störung erwiesen, die man besser unter dem Namen manische Depression kennt. Die manische Depression ist eine zyklische Krankheit, die oft auf starke Beruhigungsmittel wie etwa Lithium reagiert und bei der es häufig zur spontanen Rückbildung kommt. Im Verlauf der gesamten Geschichte der Schizophrenie wurden Ärzte, Patienten und Öffentlichkeit immer wieder durch ungenaue Diagnosen und Verwechslungen mit der manischen Depression irrgeführt. Nirgends in der

Medizin war die mangelnde Beweiskraft der Diagnose offensichtlicher als in der Psychiatrie. »Viele Jahre lang«, stellt ein bekannter Psychiater fest, »gab es Verwirrung um dieses Thema. Zu viele Ärzte treffen ihre Entscheidung allein aufgrund des Verhaltens. Tritt beim Patienten eine Besserung ein, dann hat er vorher einfach nicht unter Schizophrenie gelitten. Denn wenn man es mit diesem Problem zu tun hat, dann gibt es praktisch keine Chance, wieder gesund zu werden.«

Im allgemeinen gelten für die diagnostische Einteilung der bekannten Formen der Schizophrenie die nachfolgenden Kriterien. Allerdings herrscht auch darüber nicht bei allen Ärzten Übereinstimmung.

1. *Die einfache Schizophrenie*
   Diese Form beginnt gewöhnlich im Jugendalter, und da sie schwer zu erkennen ist, sind in der Regel ihre heimtückischen Eingriffe weit fortgeschritten, ehe die Aufmerksamkeit auf das Problem gelenkt wird. Als Symptome gelten langsam nachlassendes Interesse am äußeren Geschehen und an Beziehungen. Geringer Ausdruck von Emotionen, wobei sich manchmal eine gewisse Härte und Gefühllosigkeit zeigt. Was irrtümlich für Trägheit und Lethargie gehalten wird, ist in Wirklichkeit der unfreiwillige Verlust der persönlichen Fähigkeiten und das unwillkürliche Zurückweichen vor jeder Arbeit, die Konzentration oder ein bestimmtes Denkvermögen erfordert. Da keine Willenskraft mehr vorhanden ist, suchen die Patienten einfache Routinearbeiten zu übernehmen

2. *Die hebephrene Verlaufsform*
   Auch diese Form beginnt in jungen Jahren und wird meist durch das verwirrte Denken erkannt. Oberflächliche und merkwürdige emotionale Reaktionen treten auf, die über-

haupt nicht mit der entsprechenden Situation in Einklang stehen. Die Patienten entwickeln völlig irrige Vorstellungen und falsche Wahrnehmungen oder Halluzinationen. Die Symptome, die den Unterschied zwischen den beiden Formen ausmachen, sind häufig fließend. Die Stimmung bewegt sich zwischen hypochondrischen Ängsten und Euphorie. Die Patienten hören Stimmen, mit denen sie sich unterhalten; sehr oft gehorchen sie deren Anweisungen oder Befehlen. Wenn die Krankheit fortschreitet, werden Persönlichkeit und Charakter des Leidenden nach und nach völlig unterdrückt. Er gerät immer mehr unter den Einfluß der »Stimmen«. Zusätzlich treten sehr häufig zwanghafte Wahrnehmungen von Geruchs-, Geschmacks- und anderen körperlichen Empfindungen auf.

3. *Die katatone Verlaufsform*
Das vorherrschende Symptom der Katatonie ist die rasche Veränderung der Körpermotorik, wobei der totale Verzicht auf jede willkürliche Aktivität bis hin zur Einnahme seltsamer statuenhafter Posen plötzlich durch Perioden exzessiver Bewegung in höchster Erregung abgelöst wird. Alles an diesen Patienten ist impulsiv und unvorhersehbar. Das Denken ist vollkommen ungeordnet, die Sprache wird zusammenhangslos und unverständlich.

4. *Die paranoide Verlaufsform*
Diese Form ist unverkennbar. Sie tritt erst viel später auf, etwa mit Ende Dreißig oder Anfang Vierzig. Die Patienten leiden stark unter Wahnideen, dazu kommt unlogisches, unrealistisches Denken. Das wichtigste Symptom besteht darin, daß der Patient glaubt, er werde ständig beobachtet, eine Verschwörung gegen ihn sei im Gange, unbekannte Personen verfolgten ihn. Oft werden Personen aus der näch-

sten Umgebung für die Schuldigen gehalten. Auch hier hört der Patient ständig Stimmen, die ihn bedrohen und quälen. Die Haltung des Kranken ist fast immer feindselig und aggressiv. Manchmal glaubt er, eine bedeutende Persönlichkeit zu sein, etwa ein bekannter Politiker oder König, Jesus oder irgendeine legendäre historische Gestalt. Bei dieser Form der Schizophrenie kann der Zustand über lange Zeit relativ gut stabilisiert werden.

Ganz allgemein gibt es zwei verschiedene Formen der Schizophrenie. Da ist der bösartige Typ, der sich langsam und heimtückisch im Jugendalter entwickelt, und zwar häufiger bei besonders sensiblen jungen Menschen. Anfangs ist keine Störung wahrzunehmen. Der Zustand kann über lange Zeit unerkannt bleiben, bis anhaltende innere Unruhe, unbegründete Ängste oder Zwischenfälle mit ungewöhnlichem Verhalten den Patienten in die Sprechstunde führen. Der Zustand verschlechtert sich im Laufe der Zeit immer mehr; auf viele dieser Patienten wartet die leere Routine der Nervenkliniken.

Der zweite Typ der Schizophrenie wird, wie schon erwähnt, erst bei sensiblen Menschen um die Vierzig oder älter akut. Manchmal wirkt ein dramatisches Ereignis, eine Krise, ein emotionaler Schock auslösend. Bei sensiblen Menschen reicht es schon, wenn sie sich tief verletzt fühlen. Es gibt auch Anzeichen dafür, daß anhaltender Streß aus der Umwelt nicht nur bei der Entwicklung schizophrener Symptome eine Rolle spielt.

Ich erinnere mich an einen typischen Fall akuter Schizophrenie, zu dem es unmittelbar nach einem plötzlichen Schock kam. Die Patientin war eine attraktive junge Dame, die unter einer starken Verkrümmung der Wirbelsäule litt. Die Behinderung fiel aber kaum auf, wenn sie vollständig bekleidet war. Sie lernte einen Mann kennen, in den sie sich heftig verliebte.

Eines Abends, als der junge Mann in einem sehr intimen Augenblick zum erstenmal den nackten Rücken des Mädchens sah, wich er entsetzt zurück und platzte heraus: »Mein Gott, du hast ja einen Buckel!« Er ergriff die Flucht, und das Mädchen sah ihn nie wieder. Von diesem Zeitpunkt an begann die junge Dame Stimmen zu hören, die sie immer wieder daran erinnerten, daß sie einen Buckel habe. Diese Stimmen, die manchmal von innen zu kommen schienen und ein andermal von außerhalb des Körpers, wurden schließlich so real, daß sie anfing, sich damit auseinanderzusetzen. Allmählich zog sich ihre Persönlichkeit ganz aus der Realität zurück und begann zu verkümmern. Ihr gesunder Körper verrichtete automatisch seine Funktionen, aber jede geistige Kommunikation hörte auf.

Nach einem Vortrag über die Probleme der Schizophrenie wurde ich vom Vater der unglücklichen Frau angesprochen. Er fragte mich, ob ich seiner Tochter helfen könne, selbst wenn sie schon seit mehr als zwei Jahren unter Schizophrenie leide. Er teilte mir weiter mit, daß weder er noch die Ärzte die geringste Ahnung hätten, was die Ursache der Erkrankung sei. Schließlich gelang es dem Vater, das Mädchen mit Geduld und Liebe zu überreden und zu mir zu bringen. Ich entschloß mich, allein mit dem Mädchen zu sprechen. Zuerst weigerte sie sich mehr als eine Stunde hartnäckig, mich auch nur anzusehen oder sich mit mir zu unterhalten. Ich sprach jedoch weiterhin ruhig und geduldig zu ihr, stellte scheinbar einfache Fragen nach ihrem Leben, ihren Ambitionen, machte ihr Komplimente, erwähnte ihr gutes Aussehen, die schönen Kleider und die hübsche Figur usw. Nur wenn ich zufällig das Thema »Freund« berührte, bemerkte ich eine deutliche Reaktion. Es war klar, daß ich an etwas gerührt hatte, das in einer Beziehung zu ihrem Problem stand. Freundlich und so vorsichtig wie nur möglich kam ich auf die Beziehung zum anderen Geschlecht zu sprechen.

Schließlich gelang es mir, allmählich die Geschichte von dem Zwischenfall mit dem »Buckel« zusammenzusetzen. Da wußte ich, daß dies der Schlüssel zu ihrem Leiden war. Ich sagte der jungen Dame, wenn sie mit mir zusammenarbeiten würde, könnte es mir gelingen, die Krümmung der Wirbelsäule zu beseitigen und ihren Rücken wieder ganz gerade zu bekommen. Die Reaktion war bemerkenswert. Zum erstenmal zeigte sich auf ihrem Gesicht Interesse. Nach einigem Zögern – sie mußte sich offenbar entscheiden, mir zu glauben oder nicht – sagte sie, daß sie alles tun wolle, was ich verlangte.

Als nächstes rief ich den Vater herein. Nachdem ich die Bluse des Mädchens entfernt hatte, bat ich ihn, zu bestätigen, daß der Rücken gekrümmt sei, und auch anzugeben, in welche Richtung die Krümmung verlief. Nachdem der Vater das getan hatte, erklärte ich, daß ich nun eine Geistheilung durchführen und versuchen wollte, die Wirbelsäule geradezurichten. Ich wies den Vater an, seiner Tochter nach der Behandlung wahrheitsgemäß zu sagen, ob die Wirbelsäule völlig gerade, teilweise gerade oder unverändert sei. Ich betonte in Gegenwart des Mädchens, er müsse vollkommen ehrlich sein und dürfe nichts verschweigen. Er versprach es, und man sah, daß die Tochter davon sichtlich beeindruckt war.

Ich begann mit der Behandlung und hatte nach fünfzehn Minuten das sichere Gefühl, daß die Wirbelsäule nun zu mehr als 90 Prozent gerade war. Ich bat den Vater, den Rücken zu untersuchen. Seine plötzliche Erregung und die spontanen Bemerkungen waren für das Mädchen Beweis genug, ihm zu glauben, daß die Wirbelsäule sich gestreckt hatte. Darauf folgte unmittelbar eine bemerkenswerte Veränderung der Persönlichkeit des Mädchens. Sie wurde lebendig. Von diesem Augenblick an war es schwer, ihrer Flut von Fragen Einhalt zu gebieten. Ihre eigene Persönlichkeit hatte sich wieder durchgesetzt. Zum erstenmal seit zwei Jahren hatte sie sich wieder selbst in der Gewalt. Fast ein Jahr später erhielt ich einen Brief von ihr. Sie war glücklich und arbeitete wieder in ihrem Beruf.

Obwohl in vielen Ländern seit langem intensiv geforscht wird, ist bis jetzt *keine bestimmte allgemeine Ursache* der Schizophrenie gefunden worden. Die einzige Erkenntnis der Wissenschaftler war die Feststellung, daß diese Krankheit *irgendeine* physische, biologische oder chemische Ursache haben müsse. Manche sind auch der Ansicht, daß es eine genetische Anlage geben *könnte.* Es wurden aber bisher keine schlüssigen Beweise vorgelegt, die zur weiteren Beschäftigung mit diesen Theorien ermutigen.

Ich glaube, daß in vielen Fällen schizophrene Symptome absichtlich herbeigeführt werden könnten. Das gilt in erhöhtem Maße, wenn ein Mensch ständigem Streß ausgesetzt ist. Des weiteren *könnten* Umweltbedingungen und ungünstige familiäre Verhältnisse die Entwicklung einer schizophrenen Symptomatik verursachen. Dabei muß man sich im klaren darüber sein, daß Streß für jeden Menschen ein anderes Gewicht hat und daß die Reaktionen darauf ganz unterschiedlich sind. Es gibt keinen Zweifel, daß anhaltender Streß, ganz gleich aus welchem Anlaß, immer eine Verschlechterung des Zustandes bewirkt.

Obgleich das Wort »Streß« heute viel gebraucht wird, ist es außerordentlich schwierig, diesen Zustand zu definieren. Wir spüren nur, daß eine innere Kraft oder eine Reihe von Kräften eine Belastung oder Druck auf unsere Fähigkeit ausüben, mit den traumatischen Erfahrungen des modernen Lebens fertigzuwerden. Im allgemeinen sagt man, daß jemand unter Streß leidet, wenn seine geistigen Fähigkeiten nicht mehr mit den von außen auf ihn einwirkenden Belastungen fertigwerden. Diese Belastungen können geschäftlicher oder beruflicher Art sein, es kann sich um Familienprobleme, um Schule und Studium, um Geldsorgen oder um Ängste im Zusammenhang mit der Gesundheit handeln. Besonders empfindsame Menschen geraten schon bei ganz trivialen Dingen unter Druck: zum Beispiel wenn sie einmal nicht rechtzeitig zum Essen kommen oder eine Verabredung nicht einhalten können.

Die Ärzte machen oft das schnelle Tempo des modernen Lebens für den Streß verantwortlich, aber Streß ist kein Problem unserer Tage. Schon in frühester Zeit sahen sich unsere Vorfahren immer wieder schwierigen Situationen gegenüber, die Streß auszulösen vermögen. Wir wissen schon seit langem, daß der Körper eine automatische und unmittelbare Reaktion auf Emotionen wie Angst, Zorn, Sorge, Enttäuschung oder Aufregung kennt. Der Körper produziert bestimmte Hormone, etwa Adrenalin und Noradrenalin, die in den Kreislauf fließen. Das hat zur Folge, daß augenblicklich die Herztätigkeit gesteigert wird, Fette und Zucker freigesetzt werden und in den Blutstrom gelangen, so daß sofort Energie zur Verfügung steht. Die Wirkung ist vergleichbar mit dem Choke eines Autos: Der Körper kommt »auf Touren« und ist sofort vollkommen einsatzbereit.

Die primitive Reaktion unserer Vorfahren bestand darin, entweder zu bleiben und zu kämpfen, oder den größten Teil der freigesetzten Energie aufzuwenden, um wegzulaufen. Bei vielen Streß-Situationen der heutigen Zeit ist es weder möglich noch wünschenswert, auf die eine oder andere Weise zu reagieren. Als Folge davon wird die instinktiv erzeugte Notfall-Energie zurückgehalten und verursacht neue Probleme.

Ein sich ständig wiederholender Aufbau dieser inneren Kraft kann schon in einem einigermaßen ausgeglichenen Menschen eine Vielzahl kleinerer Beschwerden wie Kopfschmerzen, Schlaflosigkeit, Verdauungsstörungen, Appetitlosigkeit, Gereiztheit, Durchfall und allgemeine Unpäßlichkeit auslösen. Es ist bekannt, daß bei anhaltenden Streß-Zuständen Geschwüre im Magen-Darm-Trakt, Migräne, Asthma, Bluthochdruck und Herzkranzgefäßleiden entstehen können. Es gibt eine Reihe deutlicher Anzeichen dafür, daß ein Mensch unter Streß steht. Es sind dies starkes Rauchen und hoher Alkoholkonsum, plötzliche Eßsucht oder Appetitverlust, Ungeduld und Reizbarkeit, Depression, Konzentrationsmangel und Schwierigkeiten beim Treffen von Entscheidungen.

Die von Natur aus hochsensiblen Menschen kann man im allgemeinen nicht gerade als ausgeglichen bezeichnen. In klösterlicher Abgeschiedenheit, die ihrer Veranlagung einigermaßen entgegenkommt, können sie ein relativ normales und befriedigendes Leben führen. Doch für die meisten sensiblen Menschen ist es außerordentlich schwierig, in einer materialistischen, gefühllosen Welt zurechtzukommen. Das erklärt, warum sie es vorziehen, sehr viel Zeit in ihrer eigenen Gesellschaft zuzubringen. Aus ihren Reihen kommen die großen kreativen Genies dieser Welt – die Dichter, Musiker, Schriftsteller, Künstler und Philosophen.

Ich erinnere mich an den Fall eines brillanten, empfindsamen jungen Akademikers, der einmal Präsident der *Oxford Debating Society* gewesen war. Seine Mutter brachte ihn zu mir und erklärte, ihr Sohn leide angeblich unter einer »Jugenddepression«. Er war in Oxford sehr aktiv gewesen und hatte gern Verantwortung übernommen. Dann aber begann er, den Seminaren und Übungen immer häufiger fernzubleiben. Er fing an, seinen Freunden auszuweichen, blieb lieber allein in seinem abgedunkelten Zimmer. Trotz intensiver Bemühungen der Professoren und Freunde, die ihm helfen wollten, sich aus diesem Zustand zu befreien, wurde ihm schließlich das Stipendium entzogen und er wurde nach Hause geschickt. Kurz danach fand man eine Reihe von Notizen, die einen Selbstmord befürchten ließen.

Daheim schwankte die Stimmung des jungen Mannes zwischen langen schwermütigen Perioden, in denen er im verdunkelten Raum auf dem Bett lag, und wilden aggressiven Ausbrüchen, bei denen sein Verhalten auf ein derart niedriges Niveau sank, wie es selbst Tiere nicht erreichen. Etwa zwei bis drei Jahre machte er die Runde in den Wartezimmern der Psychiater und Nervenkliniken, ehe festgestellt wurde, daß der Patient unter Schizophrenie litt. Schließlich erkannte die Mutter, daß die Psychiater und Neurologen auch nach monatelangen Konsultationen und Behandlungen im Grunde überhaupt nichts über die Ursache dieser Schizophrenie festgestellt hatten und daß sie praktisch keine Möglichkeit sahen, diese Erkrankung zu verhindern oder dauerhaft zu heilen. Ihr Sohn, in guter körperlicher Verfassung und ganz normal aussehend, maß mich mit kaltem Blick und unverhülltem Mißtrauen. Es war von unserer ersten Begegnung an offensichtlich, daß er mir nicht traute und daß es ziemlich schwer werden würde, eine vertrauensvolle Beziehung zu ihm aufzubauen. Ohne eine solche ist es aber unmöglich, irgendeinen Fortschritt zu erzielen.

Es war ein typischer Fall paranoider Schizophrenie. In den folgenden Monaten kam er wöchentlich an zwei, manchmal drei Abenden jeweils für drei Stunden in mein Haus. Ich gab ihm viel Zeit, frei und ohne Unterbrechung zu sprechen. Ich hörte ihm geduldig zu, gab an geeigneter Stelle meine Sympathie zu erkennen und stellte angemessene Fragen, um mein Interesse an seinen Schwierigkeiten zu bekräftigen. Aber ich achtete sorgsam darauf, ihn nie zu kritisieren. Langsam gewann ich sein Vertrauen. Der erste Schritt war getan. Wenn ich diesen Patienten dazu anregte, frei über sich und seine Probleme zu sprechen, dann war das nicht nur eine vorsichtig angewandte Entspannungsübung, sondern gab mir gleichzeitig Gelegenheit, ihn kennenzulernen. Ich erfuhr von seinen offenen und latenten Ängsten, Enttäuschungen, Streßsituationen, Ambitionen, Vorlieben und Abneigungen.

Heiler, die sich mit diesem komplizierten menschlichen Problem beschäftigen wollen und glauben, daß sie die notwendige Hingabe und Geduld aufbringen, sollten sich zuerst mit der Tatsache vertraut machen, daß bei Schizophrenen stets die Tendenz besteht, einen Schweif von Helfern hinter sich herzuziehen, die verzweifelt erklären, sie hätten »alles nur Menschenmögliche« getan, daß sie sich aber jetzt gezwungen sähen, die Last an einen anderen weiterzugeben, der besser für diese Aufgabe geeignet sei.

Wenn man an die endlosen abwegigen Exkursionen des Schizophrenen und an die enormen Schwierigkeiten denkt, die es bereitet, ihn an eine einigermaßen normale Lebensweise anzupassen, und dazu noch die Tatsache in Betracht zieht, daß diese Krankheit nicht die übliche Sympathie erweckt, die man sonst Patienten entgegenbringt, die unter einer geistigen oder körperlichen Erkrankung leiden, dann ist die Reaktion der vormaligen Helfer nur allzu verständlich. Fast immer schwindet unter den aufreizenden Kapricen des Schizophrenen der anfängliche Enthusiasmus, der zweifellos vorhanden war, als man beschloß, diesem Unglücklichen zu helfen.

Es fällt auch manchmal schwer, den geheimen Verdacht zu unterdrücken, daß bei einem solchen Menschen moralisch etwas nicht in Ordnung sein müsse, wenn er dem äußeren Anschein nach völlig leistungsfähig und den größten Teil der Zeit auch vernünftig ist, aber jede Entschuldigung nutzt, um sich vor Verantwortung zu drücken, und der ohne triftigen Grund einen Arbeitsplatz nach dem andern aufgibt.

Der Heiler, der den Entschluß faßt, Schizophrenen zu helfen, oder der sich zu dieser Aufgabe berufen fühlt, muß menschliche Qualitäten und seelische Kräfte besitzen, die weit über das hinausgehen, was von einem normal freundlichen und verständnisvollen Menschen zu erwarten ist. Die erste und wichtigste Eigenschaft ist unerschütterliche Geduld. Damit durchdringt man schließlich den dunklen Nebel aus Unbestimmtheit und Ausflüchten, der den Kranken umgibt, und empfängt durch Intuition und Inspiration einige Hinweise auf das Problem. Zum zweiten ist die natürliche Fähigkeit erforderlich, eine geistige Übereinstimmung zu schaffen, um die verzweifelte Not und Hoffnungslosigkeit zu *spüren*, die in den zusammenhangslosen Sätzen ausgedrückt wird. Schließlich ist noch ein starker Sinn für Toleranz notwendig, um die seelenzerstörenden Phantastereien des sich auflösenden Geistes zu ertragen.

Der Heiler, der sich diesem furchtbaren Problem gegenübersieht, hat nach meiner Erfahrung zwei schwere Probleme zu überwinden, ehe überhaupt an eine Wiederherstellung gedacht werden kann. Die erste Schwierigkeit besteht darin, einen Weg zu finden, wie man am besten mit diesem seltsamen, reizbaren Menschen fertig wird, dessen Laune ständig zwischen Perioden der Stille und Dumpfheit und aggressivem und kapriziösem Benehmen (dazu gehören auch Anfälle hysterischen Gekichers, Wahnvorstellungen und Halluzinationen) schwankt. Das andere Problem betrifft die Kommunikation. Wie kann man die Mauer aus verwirrtem Denken, entstellten Gefühlen und verzerrter Wahrnehmung überwinden, die häufig den vollständigen Rückzug des Patienten aus der äußeren Welt bewirkt?

Da zu den am häufigsten auftretenden Symptomen ein fortschreitendes Nachlassen der geistigen und körperlichen Aktivität, Mangel an Willenskraft und sehr oft ungeordnetes Denken gehören, ist das Problem im allgemeinen viel zu schwerwiegend, als daß es der Patient aus eigener Kraft lösen könnte. Der Heiler muß sich auch davor hüten, irrtümlich Symptome einer scheinbaren Besserung zu erkennen. Es ist eine erwiesene Tatsache, daß selbst Schizophrene ohne jede Behandlung von Zeit zu Zeit Schwankungen im Verhalten zeigen. Es kann sogar lange Perioden einer »ermutigenden« Remission geben.

Es ist bekannt, daß viele der ursprünglich aufgetretenen Sympt-ome für einige Zeit wieder vollkommen verschwinden, daß sie aber stets durch andere ersetzt werden. Denken Sie auch daran, daß bestehende Symptome sich steigern und neue Sympt-ome auftreten können, wenn sich der Patient in einer Situation befindet, die seine Sicherheit bedroht oder seine Angst wachruft. Bei manchen Patienten kommt es sogar ohne jede Hilfe zu einer teilweisen Genesung. Andere bleiben für immer in Heilanstalten. Tausende stellen sich lediglich auf eine geringere Aktivität im Rahmen ihrer eigenen merkwürdig verwirrten Gedankenwelt um.

Der Heiler muß äußerste Vorsicht üben, wenn er versucht, eine bis ins einzelne gehende Diagnose einer Geisteserkrankung zu stellen. Das Problem kann ganz anders liegen, als es zuerst den Anschein hat. Man weiß, daß sich schizophrene Symptome mit denen anderer Erkrankungen vermischen. Ehe nicht die *Ursachen* einer Schizophrenie schlüssig erkannt wurden, gibt es keine zuverlässigen Standard-Behandlungsmethoden, die Ärzte oder Psychiater anwenden könnten. Es wurden Theorien aufgestellt, daß das Vorhandensein oder Fehlen bestimmter biochemischer Stoffe im Gehirn oder im Blutkreislauf für das Problem verantwortlich ist. Bis heute liegen jedoch keine überzeugenden Beweise für diese Theorien vor.

Als ich mit diesem Kapitel begann, hatte ich nicht die Absicht, den Heilern damit eine einfache Behandlungsmethode zur Heilung der Schizophrenie vorzustellen. Eine solche Heilung wird nur wenigen von ihnen gelingen. Da wir von der Tatsache ausgehen können, daß eine von fünf Personen der Bevölkerung an irgendeiner neurologischen Störung leidet, ist die Wahrscheinlichkeit sehr hoch, daß jeder Heiler irgendwann einmal mit einem Schizophrenen in Berührung kommt. Es ist deshalb zu hoffen, daß dieses Kapitel eine Vorstellung davon vermittelt, wie kompliziert, verwirrend und frustrierend das

Problem sein kann, wie es aber dennoch möglich ist, dem Leidenden ein gewisses Maß an Erleichterung zu schaffen, auch wenn das vielleicht nur für kurze Zeit sein sollte. Das Erschreckende an dieser besonders häufig auftretenden geistigen Störung ist, daß es eine so überaus komplizierte Krankheit ist. Nach vielen Jahren ernsthafter Forschung haben die Neurowissenschaftler immer noch keine physische Ursache gefunden. Es ist meine feste Überzeugung als Medium und als Heiler, daß es auch nicht *eine einzelne Ursache* für sich gibt, die verantwortlich ist. Ich glaube vielmehr, daß es *unendlich viele Ursachen* gibt. Es ist jedoch möglich, die Ursachen in zwei Hauptgruppen einzuteilen. Ich will aber gleich zu Beginn ganz deutlich sagen, daß dieses Buch aufgrund zwingender Inspiration und medialen Denkens geschrieben wurde. Daher kommen auch die angebotenen Erklärungen für dieses komplizierte Problem durch den gleichen Kanal. Die für spirituelle Dinge aufnahmebereiten Menschen, die mit medialen Vorgängen vertraut sind, werden bemerken, daß bei der Schizophrenie bestimmte übereinstimmende Faktoren vorliegen, die auf das Gebiet des Übersinnlichen hinweisen.

Selbst wenn hervorragende Neurowissenschaftler und Psychiater bei der Vorstellung amüsierte Skepsis erkennen lassen, daß andere, tiefere und größere Kräfte, die aus dem Innern wie von außen auf das Wesen des Menschen einwirken, ein wichtiger Schlüssel zu den Ursachen nicht nur der Schizophrenie, sondern auch anderer geistiger Abweichungen (und für deren Heilung) sein könnten, ist den Berichten der akademischen Vereinigungen, die sich mit der Erforschung des Übersinnlichen beschäftigen, zu entnehmen, daß paranormale Kräfte Geist, Körper und Verhalten des Menschen stören können.

G. N. M. Tyrrell schreibt (Proc. S.P.R., Vol. 47, P. 301): »Es gibt keinen Grund, warum die Natur an einem bestimmten Punkt aufhören sollte, nur weil unsere Sinne sie darüber hinaus nicht mehr registrieren. Es gibt auch überhaupt keinen Grund, weshalb die Natur jenseits dieser Grenze von unbekannten Gesetzen beherrscht sein sollte. Doch unsere Sinne, unsere Sinnenbezogenheit, stehen derart im Mittelpunkt unseres Denkens, daß wir uns immer wieder dabei ertappen, daß wir über die Vorstellung lächeln, im Universum könnte irgend etwas von Bedeutung existieren, das wir weder direkt wahrnehmen noch mit unseren vorhandenen geistigen Mitteln verstehen können.« Da wir bereits angedeutet haben, daß andere unbekannte oder fremde Kräfte für viele der geistigen Abweichungen verantwortlich sein könnten, wollen wir im Moment einmal den Beweis dafür zurückstellen, bis wir die neurologischen Ursachen untersucht haben, die durch die intensive Forschungsarbeit der Neurowissenschaftler erfaßt worden sind, denn während des größten Teils der Entwicklungsgeschichte der Menschheit sind die wahren und vollständigen Funktionen des menschlichen Gehirns weitgehend unbekannt geblieben.

Überall in der Welt entdecken heute Neurowissenschaftler unbekannte Merkmale des geheimnisvollsten Organs unseres Körpers, des Gehirns. Dabei geht die Forschung immer noch weiter. Das dem Menschen angeborene Gefühl, von vornherein Dinge für unwahrscheinlich zu halten, die ihm vollkommen unlogisch erscheinen, beherrscht leider das Thema Geist oder Psyche und ist auch verantwortlich für die negative Aufmerksamkeit, die dieser Gegenstand bei Wissenschaftlern findet. Sie hören mit ihren Bemühungen an dem Punkt auf, an dem ihre Instrumente versagen und keine Reaktionen mehr registrieren. Wenn diese Forschungsbestrebungen daher auch die Grenzen der menschlichen Logik nicht überschreiten, hat man die bereits gemachten Entdeckungen doch quantitativ erfaßt, und daraus ergeben sich eindeutige Beweise dafür, daß eine Reihe ernsthafter Probleme gelöst worden ist. Viele Gebiete widersetzen sich aber immer noch diesen Bemühungen.

Im Augenblick werden besonders in der Grundlagenforschung über das Gehirn selbst große Fortschritte erzielt. Die Lage der wichtigsten motorischen und sensorischen Bereiche sowie der wesentlichen Teile des Gehirns ist bereits recht gut erfaßt. Direkt über der Wirbelsäule befindet sich der Hirnstamm, von dem unsere Atemfunktionen, Blutdruck und andere lebenswichtige Aktivitäten abhängen. Im Bereich des oberen Teiles des Hirnstammes und des tieferen Teiles der Großhirnrinde liegt das »limbische System«. Das ist der wichtige Bereich, an dem wir interessiert sind. Hier werden unsere Emotionen, Stimmungen, die elementaren Ängste und das Wohlbefinden kontrolliert. An der Rückseite hat das komplizierte Cerebellum (Kleinhirn) seinen Sitz. Es reguliert die Feinkoordination von Bewegungen. Schließlich liegt oben am Hirnstamm der Neokortex, der nicht nur unsere Bewegungen und Sinne bestimmt, sondern – bedeutsam für unser neurologisches Problem – auch die niederen Triebe, wozu Wut, Angst, Konzentration und Selbstgefühl zählen.

All diese erschreckend komplizierten und in Wechselbeziehung untereinander stehenden Aktivitäten hängen vollkommen von etwa zehn bis zwölf Milliarden Nervenzellen ab, die man »Neuronen« nennt. Sie übermitteln untereinander in einem unaufhörlichen Wechselspiel Energieimpulse. Diese Energie- oder elektrischen Impulse springen von den Enden der Neuronen über einen Spalt hinweg, die sogenannte Synapse. Jeder Energiesprung über einen bestimmten Spalt ist dazu bestimmt, die Funktion einer bestimmten Nervenzelle anzuregen oder zu hemmen, um eine gewünschte physische oder emotionale Reaktion herbeizuführen.

Wissenschaftler haben im Verlauf ihrer Forschungsarbeiten gelernt, in bestimmten Bereichen des Gehirns künstliche Impulse oder Unterbrechungen einzuführen. Sie erzielten damit erschreckende Reaktionen, nicht nur hinsichtlich der

Bewegungen des Patienten, sondern, noch wichtiger, auch in bezug auf deren Emotionen, Wahrnehmungen, Gefühle und Selbstidentität – *also genau in dem Bereich, in dem im Gehirn des Schizophrenen die Dämonen Wut und Angst und das sich unaufhörlich wandelnde Kaleidoskop der Emotionen und Stimmungen liegen.*

Man kann sich deshalb leicht vorstellen – und ich bin sicher, viele unserer Wissenschaftler haben es bereits getan –, daß jede physische Beeinträchtigung im kritischen Bereich des Neurotransmittersystem im Gehirn Charakter und Verhalten des Opfers radikal verändert. Das Gehirn ist einem gewaltigen Computersystem vergleichbar es ist allerdings noch sehr viel komplizierter als jeder bisher von Menschen gebaute Computer. Wie in jedem Schaltsystem, jedem Organ und jedem Apparat, ob menschlich oder mechanisch, kann es auch im Gehirn zu Funktionsstörungen kommen. So etwas geschieht immer wieder. Oft sind die Folgen verhängnisvoll und verheerend für die Seele. Wenn man den bemerkenswerten Fortschritt an Erkenntnis und Technologie betrachtet, dann muß selbst der eifrigste Befürworter der Geistheilung zugeben, daß die medizinische Wissenschaft einen wichtigen Beitrag geleistet hat, um Patienten mit bestimmten geistigen Störungen – und dazu gehört vielleicht auch die Schizophrenie – zu helfen. Zweifellos ein großer Schritt vorwärts für die Verfechter der Schulmedizin!

Seit frühester Zeit wurden Fortschritte in der Medizin und der experimentellen Forschung immer dadurch erzielt, daß man eine logisch erscheinende Theorie oder Hypothese kritisch überprüfte und unter Laborbedingungen testete. Deshalb beruht unser gesamtes systematisch gesammeltes Wissen von der materiellen Welt – und vom menschlichen Körper im besonderen – auf experimenteller und daher visueller Beobachtung. Fragte man also einen Wissenschaftler, ob überhaupt noch etwas wirklich Neues zu entdecken sei, dann wäre die Antwort ein nachdrückliches »Nein«. Der logische Verstand ist das einzige Instrument des Wissenschaftlers. Von ihm ist er völlig abhängig, will er eine Sache oder ein Verhalten begreifen. Voraussetzung ist selbstverständlich, daß er Einzelheiten aus früheren Beobachtungen mit zu Hilfe nimmt.

Der Körper ist, soweit wir ihn kennen, ein außerordentlich kompliziertes Instrument. Der Geist des Menschen ist jedoch noch unendlich komplizierter, und nur an seinen unteren Ebenen wird sichtbar, daß er mit dem Körper und dessen Grundfunktionen eng verbunden ist. Infolge der Vielzahl an Beweisen, die uns zur Verfügung stehen, werden die komplizierten Wechselwirkungen zwischen den unteren Geistesebenen und dem physischen Körper als Tatsache hingenommen. Daß es bei diesem Wechselspiel leicht zu Fehlfunktionen kommt, wird durch die uns jetzt zugänglichen Erkenntnisse der psychosomatischen Medizin eindeutig bewiesen. Die Geist-Körper-Beziehung auf niederer Ebene wird von den Wissenschaftlern als «Naturgesetz« bezeichnet, weil die Einzelheiten dieses Geschehens mit Hilfe des Systems »Daten durch experimentelle Beobachtung« gewonnen wurden. Wenn wir also dem niederen Geist der Materie die Fähigkeit zugestehen, Symbole oder Zeichen zu verstehen, Daten über ein computerähnliches System zu sammeln und die Beziehungen zwischen »Dingen« der Erde wahrzunehmen, dann gestehen wir dem niederen Geist auch die Funktion des Verstandes zu. Auf diese Weise übermittelt uns der Verstand die Leistungen der Naturwissenschaft und stellt die Sprache der Naturwissenschaft dar. Der Verstand wird nicht nur durch die ständige Versorgung mit *physischen* Daten am Leben erhalten, er ist auch imstande, gewaltige Höhen der Vervollkommnung zu erreichen, allerdings *nur auf seiner eigenen Ebene.* Wenn wir die unendliche Evolution von Emotionen und Ausdruck der inneren Gefühle, die sich in äußeren Formen manifestieren, unter dieser Prämisse betrachten, müssen wir zu dem Schluß kommen, daß die Fähigkeit des Verstandes (das Ergebnis des computerähnlichen Geistes) in bezug auf seine Erfolge und Leistungen bald an Grenzen stößt.

Professor Eugene Osty sagte: »Es ist heute nicht mehr möglich, das menschliche Wesen als eine Zusammenballung von Denkmechanismen zu betrachten. Die Beweise zwingen zu dem Eingeständnis, daß wir uns in einem dynamo-psychischen Brennpunkt befinden, von dem Manifestationen eines Willens ausgehen, dessen Grenzen wir nicht genau bestimmen können.«

Offensichtlich gibt es bestimmte Elemente oder Emanationen, die immer gegenwärtig sind und die der niedere Geist oder das Vehikel des Verstandes möglicherweise nicht als den Ursprung beispielsweise der Liebe, der Schönheit und der Inspiration anzusehen vermag. Der Verstand kann nicht erkennen, was Freundlichkeit, Intuition, Spiritualität, kreative Einsicht und Wahrheit ihrem Wesen nach sind. Diese Elemente scheinen ihren Ursprung auf einer höheren Ebene des Geistes zu haben und gehören damit notwendigerweise zu einem noch unbestimmbaren Bereich der Realität. Nun können wir behaupten, daß wir zwei bestimmte Aspekte des Geistes festgelegt haben. Gerade auf den höheren Ebenen hoffen wir noch manche Geheimnisse des Geistes und im besonderen Methoden zur Wahrnehmung seiner inneren Welt verstehen zu lernen – also den Ursprung von Intuition, Inspiration und Spiritualität (die gesamtemenschliche Sensitivität), zu erkennen.

Aufgrund unserer angeborenen Bindung an den mit der Sinneswahrnehmung verbundenen Geist lehnen wir aber weiterhin alles ab, das unserer Welt der gewöhnlichen oder körperlichen Erfahrung fremd ist. Alle, die mutig genug sind, dieser geistigen Tendenz Widerstand entgegenzusetzen, werden schließlich intuitiv wahrnehmen, daß es abolsut keinen Grund gibt, weshalb die Natur dort zu Ende sein sollte, wo unsere physischen Sinne nichts mehr registrieren. Im Denken der Psychowissenschaftler dominiert so stark das sinnliche Wahrnehmungsvermögen, daß es kein Wunder ist, daß sie die Vorstellung absurd finden, es könnte im Universum irgend etwas von Bedeutung existieren, das sie selbst weder direkt wahrnehmen noch mit ihren sehr komplizierten Instrumenten erfassen. Dieses Gefühl einer Unwahrscheinlichkeit dem normalen Denken fremder Dinge beherrscht den Gegenstand der psychiatrischen Forschung. Es ist verantwortlich für die negativen Resultate, die dabei auf allzu vielen Gebieten, ganz besonders aber im Bereich der Schizophrenie, zustande kommen.

Ich will ganz deutlich sagen, daß ich es, obwohl wir immer noch das Problem der Schizophrenie untersuchen, für überaus wichtig halte, eingehend auf die verschiedenen miteinander in Verbindung stehenden Geistesebenen hinzuweisen, zwischen denen sich der Mensch ständig hin- und herbewegt. Wenn er schließlich, bewußt oder unbewußt, gewahr wird, daß die unteren Ebenen fest in den höheren verwurzelt sind, die ihn erhalten, dann wird sich ein Bewußtseinszustand entwickeln, der ein wenig erhellend wirkt und von einem außerordentlich rastlosen Drängen bestimmt ist. Wenn nach diesem langen Verharren im materiell bestimmten Zustand der Geist allmählich zu einer höheren Ordnung erwacht, fühlt er sich immer mehr durch Dinge und Werte gestört, die er zuvor als selbstverständlich betrachtete. Er nimmt zunehmend war, welche Grenzen der Kreativität, welche Ungeschliffenheit und welcher Kommerzialismus die untere Ordnung bestimmen. Von nun an geht der Geist auf seiner Pilgerreise eine Einbahnstraße zur Wahrheit. Ohne es zu bemerken, sind wir Gefangene eines Grundgesetzes geworden, das uns weiterdrängt: Wir werden getrieben von einem unersättlichen Hunger nach *Erkenntnis*.

Die erste Wahrnehmung einer inneren Realität oder eines Bewußtseins von besserer Qualität wird gewöhnlich begleitet von einem leisen Gefühl der Angst. Eine Warnung vor Gefahr steigt aus dem »Selbst« auf, das fühlt, daß es zurückgelassen wird. Während der langsame Aufstieg aus dem unteren Bewußtsein zu einer höheren Qualität stattfindet, macht sich zunehmend der Selbsterhaltungsinstinkt bemerkbar. Dieser Vorgang bedeutet unweigerlich, daß sich der Pilger immer weiter von den sinnlichen Dingen der Welt entfernt. Alle Aspekte des Widerstands gegen diesen Übergang werden von dem auf sich selbst konzentrierten Ego aufgeboten: seine Habgier, seine sinnliche Lust am Dasein, seine Sucht nach Anerkennung und seine Angst, selbst eliminiert zu werden. Jeder Phase des Widerstands muß entgegengetreten, sie muß bekämpft und überwunden werden. In dem sich entwickelndem Kampf und Konflikt bilden starke Emotionen von oben die treibende Kraft, die Elementarkräfte des niederen Selbst nicht nur immer mehr zurückzudrängen, sondern sie auch in Verruf zu bringen. Diese Form des Konflikts macht der Schizophrene durch.

Unser Wanderer hat einen Zustand der Sensitivität erreicht. Wie paßt der Sensitive in das allgemeine Bild vom unglücklichen Schizophrenen? Schizophrenie betrachten die Neurologen als eine Auflösung des geistigen Selbst. In nahezu allen Fällen kommt es gewöhnlich zu einer Spaltung der Persönlichkeit. Das reicht von einem leichten Zurückziehen bis zur totalen Isolation von jedem menschlichen Kontakt. Obgleich es bei diesem Problem kein gehäuftes Auftreten in einem bestimmten Alter oder in einer gesellschaftlichen Klasse gibt, findet man die größte Zahl der Opfer doch unter jungen Erwachsenen, besonders solchen von überdurchschnittlicher Intelligenz. Es fällt auf, daß sie alle hochsensible Menschen sind.

So wie die Mediziner nachdrücklich bei ihrer Hypothese bleiben, daß Schizophrenie die Auswirkung einer bis jetzt unbekannten biochemischen Substanz (oder eines Mangels an einer solchen Substanz), einer Stoffwechsel- oder genetischen Störung sein muß, ist nicht zu leugnen, daß es medizinische Tatsachen im Übermaß gibt, die beweisen, daß in manchen Fällen die Ursachen der Schizophrenie eine teilweise organische (physische, biologisch-chemische) Grundlage haben können. Es gibt auch überwältigendes Beweismaterial dafür, daß Umweltbelastungen eine Hauptrolle bei der Entwicklung schizophrener Symptome spielen. Man weiß, daß es bei Kranken, die unter schweren Nervenzusammenbrüchen oder mit hohem Fieber verbundenen Störungen leiden, zur geistigen Spaltung, zu Wahnvorstellungen und falschen Wahrnehmungen (Halluzinationen) gekommen ist. Sie »hören« Stimmen und »sehen« Bilder, die ein Gesunder an ihrer Seite nicht hören und sehen kann. Ihr Zustand ähnelt in bemerkenswerter Weise dem eines Schizophrenen. Wir wissen, daß das Auftreten von Wahn und Illusion sich nicht nur auf positiv Schizophrene und hochfieberhafte Kranke beschränkt. Es kommt vielmehr bei fast jedem Drogen- und Alkoholsüchtigen vor. Als weiteres Beispiel für einen Zustand, der als Bewußtseinsspaltung *erscheint,* müssen wir die bekannten Beobachtungen und Experimente heranziehen, die von hervorragenden Ärzten wie Raymond Moody, Elisabeth Kübler-Ross, Edwin Schneiderman und Michael B. Sabon (um nur einige zu nennen) durchgeführt wurden. Sie haben eine Flut überzeugenden Beweismaterials über die paranormalen Erlebnisse von Patienten zusammengetragen, die für kurze Zeit als »klinisch tot« galten, aber danach wieder ins Leben zurückkehrten. Sterbende Patienten haben vor ihrem Tod ungewöhnliche Phänomene beschrieben. Wenn man in all diesen Fällen nicht gewußt hätte, daß es sich um Todkranke handelte, hätte man mit Sicherheit angenommen, sie litten unter Halluzinationen und Wahnvorstellungen.

Sollte der Leser zu dem Schluß kommen, daß diese Patienten

am Ende vielleicht doch nur Halluzinationen hatten, dann muß man die Aussage vieler anderer bedeutender Ärzte in Betracht ziehen, die sich lange Jahre mit der Erforschung dieses Themas beschäftigt haben. Auch sie kamen unabhängig voneinander zu identischen Details und Beschreibungen. Außerdem wurden solche Erlebnisse in ganz ähnlicher Form schon seit der Zeit Platos überliefert. Wenn man daraus folgert, daß ich diese mystischen oder übersinnlichen Erfahrungen als echte Vorkommnisse ansehe, so geschieht das deshalb, weil wir nicht mehr länger die Existenz paranormaler Kräfte ignorieren können, die unser Leben in allen Bereichen beeinflussen und Teil unseres Lebens in der stofflichen Welt sind. Die vielfältigen Phänomene, mit denen wir es zu tun haben, sind so ungewöhnlich und eigenartig, so ganz anders als jene sicht- und greifbaren Wirkungen und Kräfte, die unser Intellekt zu beschreiben vermag, daß jeder Versuch einer Theorie darüber immer wieder als Unsinn bewertet wird.

Lassen Sie mich nur mit Bestimmtheit feststellen, daß die Erforschung übersinnlicher Phänomene so unglaublich weit fortgeschritten ist, daß kein intelligenter, aufrichtiger und gewissenhafter Mensch behaupten kann, dieser Bereich sei keiner weiteren Untersuchung wert. Eine neue Studentengeneration hat klar erkannt oder beginnt zumindest zu begreifen, daß die quantitative Wissenschaft ganz entschieden versagt hat und auch weiterhin keine Antwort auf alle unsere Fragen über unser *wahres* Selbst bietet. Der Materialismus besitzt nicht mehr die Macht, die er bisher stets hatte. Immer mehr Menschen entdecken die Ergebnisse der paranormalen Forschung. Sie werden ermutigt durch die begeisterte Reaktion in Presse, Fernsehen und Rundfunk.

Unglücklicherweise hält die große Mehrheit der Psychiater und Nervenärzte noch immer an der uralten Vorstellung fest, daß jede offene oder verdeckte Geistesstörung ihren Ursprung unbedingt in einer physischen Beeinträchtigung des Nervensystems haben müsse, obwohl es bisher kaum medizinische Beweise gibt, die das bestätigen.

Dr. W. M. L. Coplin, Leiter des Gesundheits- und Wohlfahrtsamtes in Philadelphia, sagte: »Wahnsinn ist in den meisten Fällen nicht mit irgendeiner wahrnehmbaren Veränderung der Hirnstruktur verbunden. Wenn man das Gehirn des Patienten unter dem Mikroskop untersucht, zeigt sich absolut nichts, worin es sich in irgendeiner Weise vom Aussehen des Gehirns eines geistig gesunden Menschen unterscheidet.«

Dr. Brittin D. Evans, Leiter der Irrenanstalt in Morris Plains, New Jersey, erklärte: »Hirntumore oder Gehirnentzündung müssen den Geist nicht beeinträchtigen. Der Mensch kann unter einer Erkrankung des Gehirns leiden und dennoch geistig normal sein.«

Dr. Th. Ziehen, ein bekannter deutscher Nervenarzt und Fachmann auf dem Gebiet der Hysterie, ist der Meinung, daß es bis jetzt keine genauen Begrenzungen und Definitionen für funktionelle Neurosen gibt. Da die pathologische Anatomie nicht weiterhilft, ist es auch nicht möglich, Hysterie-Fälle vorzuführen, die ein einheitliches Bild ergeben.

Dr. William Hanna Thomson vom Roosevelt-Hospital, Professor für Praktische Medizin und Erkrankungen des Nervensystems am *University Medical College* in New York, sagte unter Bezugnahme auf das *Dictionary of Psychological Medicine* von Tuke: »Die Beiträge in dieser großartigen Enzyklopädie stammen von den bekanntesten Professoren, Experten und Leitern von Nervenkliniken in Großbritannien, den USA, Frankreich, Deutschland, Ungarn, Belgien, Dänemark, der Schweiz und Rußland. In ihren Artikeln über Kleptomanie, Dipsomanie, chronische Besessenheit usw. gibt es kein einziges Wort über pathologische Anatomie, ganz einfach weil es auf diesem Gebiet nichts zu entdecken gibt. Das gleiche gilt für die Aufsätze über Melancholie, Puerperalpsychosen, Katatonie, zirkuläres Irresein, Amoklaufen und Epilepsie. Bei keinem davon ein Wort über pathologische Anatomie, weil sich bei diesen Formen der Geisteskrankheit das Gehirn durch keinerlei pathologische oder krankhafte Erscheinungen vom intakten Gehirn eines gesunden Menschen unterscheidet, der etwa bei einem Unfall getötet wurde.«

Obwohl die Statistiken anzeigen, daß neurologische Störungen überall in der Welt im Zunehmen begriffen sind, vertritt die medizinische Forschung weit auseinandergehende Hypothesen über die Ursachen dieser Verschlechterung. Wäre nicht die Tatsache, daß die Experten über die Ursache geistiger Störungen und ihr Ansteigen so widersprüchlicher Meinung sind, ausreichend Grund für unvoreingenommene Wissenschaftler, etwas zu wagen und ganz ungeachtet der persönlichen Meinung *jede* nur mögliche Theorie zu untersuchen? Das Problem der Schizophrenie ist inzwischen so ernst und wird immer noch schlimmer, daß nur ein Versuch ohne jedes Vorurteil im weitesten Sinne Hilfe für eine Erkrankung bieten kann, bei der es sich letzten Endes doch um eine geistig-seelische Störung handelt. Anders ausgedrückt: Wir haben es mit einer psychischen Neurose zu tun.

Wenn wir die bemerkenswerten Fortschritte der modernen Naturwissenschaft und ganz besonders der Physik bedenken, dann ist es kaum zu glauben, daß die Gelehrten noch immer nicht das Grundprinzip der spirituellen Energie oder eines Bewußtseins unabhängig von der physischen Form erkennen. Der Beweis für die geistig-seelische Existenz und ihre Fortdauer ist seit dem fernsten Altertum bis in unsere Zeit immer wieder erbracht worden. Für den bekannten Historiker Fiske, für Allen in seiner *History of Civilisation,* für Konfuzius und viele andere legendäre Philosophen und klassische Autoren wie Plato, Aristoteles, Cicero, Plutarch und Maximus von Tyrus war das seelisch-geistige Leben eine erwiesene Tatsache. Selbst Shakespeare, Milton, Tennyson, Longfellow, Blake, Wordsworth und viele andere schrieben deutlich und mit großer Autorität über das Fortbestehen des menschlichen Lebens in der Welt des Geistes. Das Alte wie das Neue Testament und ebenso alle anderen großen religiösen Schriften enthalten eine Fülle von Hinweisen auf verbale und sichtbare Verbindungen mit dem Geistigen.

Wenn wir die jüngere Zeit betrachten, so sind die meisten Studenten an den Colleges und Universitäten und Millionen Menschen, die sich mit religiösen Fragen beschäftigen, recht vertraut mit den vielen überzeugenden Resultaten der Forschungsbemühungen auf dem Gebiet des Übersinnlichen, die von einer großen Zahl von Wissenschaftlern, Philosophen, Ärzten, Psychologen und anderen ernstzunehmenden Fachleuten erarbeitet wurden. Jeder einzelne von ihnen genießt auf seinem Gebiet einen hervorragenden Ruf und hat beträchtliche praktische Erfahrung. Paranormale Phänomene sind oder können greifbare Tatsachen sein, die ohne weiteres innerhalb des Bereichs unserer Sinne wahrzunehmen sind. Wenn diese Realität von so vielen erfahrenen und vertrauenswürdigen Zeugen bestätigt wurde, dann ist es reine Dummheit, Starrsinn und Voreingenommenheit, sich zu weigern, sie anzuerkennen oder auch nur näher zu untersuchen.

Ich glaube, die Worte des Reverend Dr. George M. Searle, Oberhaupt der *Catholic Church of St. Paul The Apostle* in New York City, bezeichnet teffend die Einstellung dieser Gelehrten, wenn er sagt: »In unserer Zeit leugnet niemand die Existenz spiritualistischer Tatsachen außer den wenigen, die mit den Beinen fest auf der Erde stehen und mit ihrem Verstand hinter dem Mond sind.« Wer die Berichte von der Arbeit dieser großen Männer kennt und die erdrückenden Beweise, die sie uns zugänglich gemacht haben, der hat gar keine andere Wahl, als diesen mutigen Pionieren das gleiche Vertrauen und ebenso viel Glauben zu schenken, wie etwa den Atomwissenschaftlern, Astronomen, Gentechnikern, Gehirnchirurgen usw. entgegengebracht wird. Ich möchte zum Schluß noch die Worte von Dr. Godfrey Raupert aus London anführen: »Es ist heute nicht mehr möglich, das Thema der übersinnlichen Phänomene zu ignorieren. Wissenschaftler überall in der Welt haben ganz klar erkannt, daß der Spiritismus eine reale Kraft ist. Es wäre gefährlich, sie zu vernachlässigen.« Dr. Raupert hat nicht nur viel über die Realität der paranormalen Kräfte zu sagen, er spricht auch über die Gefahr, die sie für den Menschen darstellen, wenn sie weiterhin ignoriert werden. Wenn wir Dr. Raupers Feststellung genauer untermauern wollen, ist es am besten, sich mit den Zeugnissen und Vorstellungen anderer großer Denker zu beschäftigen. Dabei wird ganz deutlich, daß kein anderes Thema als das von der Existenz körperloser Geister und ein Leben nach dem Tod zu allen Zeiten in allen religiösen Schriften und in der Literatur so durchgehend und überzeugend bestätigt wurde.

Der Historiker und Philosoph Fiske schrieb: »Soweit festgestellt werden konnte, war bei allen Rassen der Ahnenkult (Kontakt mit den Geistern der verstorbenen Angehörigen) die früheste Form des Gottesdienstes. Dieser Brauch behauptet sich bis in unsere Tage in Afrika, Asien, China, Japan, bei den amerikanischen Indianerstämmen und in vielen europäischen Ländern.« Andere große Denker akzeptieren heute bereitwillig die Realität der Existenz lebender, denkender Geister. Selbst bei unseren bedeutendsten Wissenschaftlern besteht darüber kein Zweifel mehr. Reverend George M. Searle ist der Meinung: »Jeder, der ihre Manifestation (gemeint ist die Erscheinung der Geister) als bloßen Humbug, als Schwindel oder Einbildung betrachtet, ist ganz einfach nicht auf der Höhe der Zeit.« Die Bibel enthält zahlreiche Hinweise auf die geistige

Existenz. So zum Beispiel 1. Kor. 15,44–46: »Es wird gesät ein natürlicher Leib und wird auferstehen ein geistlicher Leib. Gibt es einen natürlichen Leib, so gibt es auch einen geistlichen Leib ... Aber der geistliche Leib ist nicht der erste, sondern der natürliche: danach der geistliche.« Es gibt darüber hinaus noch viele ähnliche Hinweise auf die zwei Aspekte des Menschen.

Nach den Ergebnissen der Psi-Forschung zu schließen, scheint sich allgemein die Auffassung durchgesetzt zu haben, daß die geistige Welt und unsere stoffliche Welt einander gegenseitig durchdringen. Daß sich die beiden Welten dabei nicht behindern, ist der Tatsache zuzuschreiben, daß jede eine andere oder unabhängige Energieschwingung besitzt. Es scheint, als ob die geistige Welt keineswegs etwas Unbestimmtes, nicht Greifbares ist, sondern für die Sinne ihrer Bewohner etwas in einzigartiger Weise Natürliches, Reales und Festes. Sie ist ein Ort ohne Grenzen, an dem es Substanz, Aktivität und sich weiterentwickelndes Dasein in überaus feiner Form gibt. Ähnlich wie in der physischen Welt wird Wissen und das Verständnis für die besseren oder höheren Dinge durch Erfahrung gewonnen.

Die Wandlung, die wir »Tod« nennen, bewirkt jedoch keinen Wandel der Persönlichkeit. Trotz der Veränderung, die in der Körpersubstanz stattfindet, bleibt die Mentalität genau die gleiche wie zuvor. Der Mensch besitzt noch immer dieselben alten Begierden, Gewohnheiten, Grundsätze, Meinungen und Zweifel.

Julian Hawthorne stellt in einem seiner klassischen Aufsätze die Frage: »An jedem Tag sterben Zehntausende Männer und Frauen, die böse gedacht und gehandelt haben. Was wird aus ihrer Seele oder ihrem Geist?« Offensichtlich haben alle den Wunsch, hierher zurückzukommen. Monsignore Lavelle von der St. Patrick-Kathedrale in New York sagte: »Daß die katholische Kirche die Möglichkeit einer Besessenheit anerkennt, wird durch die Richtlinien für den Exorzismus bestätigt.« Das Unheil der Besessenheit durch Geister wird im Alten und im Neuen Testament immer wieder erwähnt (siehe 1. Samuel 16,23; Mt. 10,1; Mk 1,39; Mk. 9,17–27; Lk. 8,27; Apg. 16,18; Apg. 19,12).

Aus all dem ergibt sich, daß die Annahme vernünftig ist, daß diese spirituell leeren Seelen, denen jede mentale Wahrnehmung eines höheren Lebens und jeder Glaube an einen spirituellen Sinn des Lebens fehlt und die daher an den einzigen Verhaltensweisen, Überzeugungen und Interessen festhalten, die sie je kennengelernt haben, sich in einer für sie furchterregenden außerirdischen Sphäre wiederfinden. Verirrt, verstört, heimgesucht von ihrer Angst vor dieser merkwürdigen fremden Dunkelheit, werden sie in ihrer Verzweiflung von dem Vehikel angezogen, durch das sie sich ausdrücken können – das sind die sensitiven Erdenwesen. Nur Menschen, die überaus sensibel reagieren, bieten die richtigen physischen Bedingungen für Einwirkungen dieser Art. Ein erschöpftes Nervensystem, ein anhaltender Angstzustand, ein quälendes Gefühl der Unsicherheit oder ein plötzlicher Schock, das Nachlassen des natürlichen Widerstands der magnetischen Kräfte, das alles schafft die Voraussetzungen, daß ein Eindringling, ein verstörter oder böswilliger Geist, leicht Zugang findet. Es ist merkwürdig, aber sehr oft ist sich weder der Betroffene noch der Geist *der Gegenwart des jeweils anderen bewußt.*

Ein solcher Übergriff verändert meist ganz radikal das Verhalten, die Persönlichkeit und sogar den Charakter des sensitiven Opfers. Der erste Eindruck, der sich den nächsten Angehörigen aufdrängt, ist oft der einer Art von Wahnsinn oder eines schweren Nervenzusammenbruchs. Der Zustand kann sich auf ganz unterschiedliche Weise bemerkbar machen; das reicht von geringfügig von der Norm abweichendem Verhalten bis zu allen Formen des Wahnsinns, der Hysterie, Epilepsie, Melancholie, Kleptomanie, heftigen Temperamentsausbrüchen, religiösem Wahn und Selbsttötung. Auch Anzeichen für Amnesie, Sittenlosigkeit, unvernünftige Impulse, tiefe Depression und zahllose geistige Eskapaden werden beobachtet. Das alles sind Symptome der Schizophrenie. Stellen sie deshalb nicht auch eine wichtige Hilfe zur Lösung dieses Problems dar, der gegenüber die konventionelle Psychiatrie allerdings völlig blind ist, wenn man bedenkt, daß gerade dieser Wissenschaftszweig sich so ausschließlich auf die Gehirnfunktionen konzentriert?

»Man kann nicht bestreiten«, behauptet Dr. Inacio Ferreira, Direktor der Nervenklinik in Uberaba, Minas Geria, Brasilien, »daß die Psychiatrie ausschließlich vom Gehirn beherrscht wird und dem Grundsatz folgt: ›Gesundes Organ – gesunde Funktion; krankes Organ – Fehlfunktion‹. Es wäre müßig, einen zusätzlichen Beweis für dieses Vorurteil anzutreten, denn daß sich 98 Prozent aller Bücher, Aufsätze und Artikel in den Fachzeitschriften mit diesem Thema befassen, ist wohl Beweis genug.«

Bei einer näheren Beschäftigung mit dem Thema könnte ein einigermaßen intelligenter Psychiater in kurzer Zeit feststellen, daß es ausführliche Berichte über Besessenheit und Heimsuchung durch körperlose Wesenheiten von frühester Zeit bis heute gibt. Dr. Tyler, der hervorragende englische Anthropologe, schreibt in seinem Buch *Primitive Cultures:* »Man behauptet wohl nicht zuviel, wenn man sagt, daß der Doktrin von der dämonischen Besessenheit im wesentlichen die gleichen Theorien und die gleichen Tatsachen zugrundeliegen, die von der Hälfte der menschlichen Rasse vertreten werden. Sie sind daher als die Nachfolger ihrer Ahnen bis weit zurück in die primitive Vorzeit anzusehen.«

Müller stellt in seinem Buch *Urreligionen* fest, daß nach der allgemeinen Überzeugung in unserer heutigen barbarischen

Welt Erscheinungen wie Epilepsie, Hysterie, Delirium, Idiotie und Wahnsinn durch Dämonen hervorgerufen werden, die vom Körper Besitz ergreifen. Schon Homer wies wiederholt auf Dämonen hin. Auch Sokrates sprach häufig von Dämonen, die auf die Besessenen und Wahnsinnigen einwirken. Plutarch schrieb: »Bestimmte tyrannische Dämonen brauchen zu ihrem Vergnügen eine noch inkarnierte Seele.«

Angesichts dieser zunehmenden Beweise für den Einfluß körperloser Wesenheiten als Ursache unerklärbaren und abnormalen Verhaltens zahlloser bis dahin normaler Menschen wird es immer dringlicher, daß sich Psychiater und Nervenärzte nun mit den Ergebnissen der umfassenden paranormalen Forschungsprogramme beschäftigen. Wenn wir daran denken, auf welch aufsehenerregende Weise die Wissenschaft die wunderbaren Kräfte im Bereich der feineren und eigentlich unsichtbaren Welt sichtbar gemacht hat, dann ist es unverständlich, daß überhaupt ein intelligenter Mensch es unterlassen kann, die Möglichkeit der Existenz eines menschlichen Geistes unabhängig vom physischen Körper in Betracht zu ziehen.

Diese körperlosen menschlichen Geister sind die sogenannten Dämonen, Teufel und unreinen Geister, von denen die Kirche im allgemeinen noch heute ausgeht. Die Schriften der Weltreligionen sind voll von Hinweisen auf die geistige Existenz und auf die Besessenheit durch Geister. Wenn man alle diese Berichte völlig außer acht läßt, dann bedeutet das praktisch, daß man sich nicht nur in direktem Gegensatz zur Bibel befindet, sondern auch zu großen Teilen der anderen überlieferten Schriften überall in der Welt.

Obwohl wir jetzt eine Unterscheidung zwischen einer rein organischen Ursache für Schizophrenie und einer scheinbar übersinnlichen oder psychischen Ursache getroffen haben, sind noch immer wichtige Fragen offen. So zum Beispiel die folgende: Worin besteht der grundlegende Unterschied zwischen den beiden Ursachen, und wie unterscheiden sie sich in bezug auf ihren Einfluß auf das Opfer voneinander?

Familien, die von einer solchen bedrückenden mentalen Katastrophe betroffen oder darin verwickelt werden, leiden sehr darunter, daß sich Ärzte, Kliniken und die örtlichen Behörden nicht um dieses die ganze Familie belastende Problem kümmern. Viele Eltern können aus eigener Erfahrung Beispiele für Ignoranz, Gleichgültigkeit oder Fehlverhalten anführen. Fast alle klagen über Unverständnis oder Verdrehung der Tatsachen über die Schizophrenie. Das scheint ein wenig unfair gegenüber den Medizinern, die sich nach besten Kräften an den herkömmlichen Grundsätzen in bezug auf dieses Problem orientieren. Es wurde von interessanten Resultaten berichtet, die darauf hinweisen, daß eine gewisse Kontrolle der identifizierbaren Nervenzentren bei Hirnstörungen durch die Zuführung chemischer Stoffe und bestimmter Medikamente möglich ist. Dennoch ist der Ursprung vieler dieser Störungen noch immer unbekannt.

Während also trotz intensiver Forschung keine allgemeine Ursache gefunden werden konnte, gibt es dennoch in allen Fällen einen verbindenden Faktor. Man hat nämlich erkannt, daß jeder Patient außerordentlich sensibel ist. Diese Eigenschaft allein zeigt an, daß sich unter ständig belastenden Umweltbedingungen schizophrene Zustände entwickeln können. Es gibt Hinweise, die diesen Befund stützen. Man weiß, daß sich schizophrene Tendenzen bei bis dahin normalen sensiblen Menschen entwickeln, wenn sie über längere Zeit besonderem Streß ausgesetzt sind oder einen schweren Schock erleben, der in ihnen energieverzehrende Angstgefühle weckt. Wenn wir versuchen, den Leidenden zu irgendeiner Art normaler Lebensweise zu bewegen, steigern wir mit Sicherheit diese Tendenzen, denn auch durch unser Zureden entsteht wieder eine Streßsituation, die seine Angst erregt.

Viele Schizophrene können nur noch die allereinfachsten Beschäftigungen übernehmen, und selbst dabei stellen sie sich physisch und psychisch derart unbeholfen an, daß sie immer wieder gerügt werden. Zu Rückschlägen und einer Verschlechterung des Zustandes kommt es, wenn die Forderung nach einer gewissen Pünktlichkeit und nach Einhaltung regelmäßiger Arbeitszeiten erhoben wird. Der Versuch, einen Schizophrenen dafür zu gewinnen, eine Arbeit als therapeutische Maßnahme zu betrachten, wäre wohl der richtige Weg, doch die Gewöhnung an Disziplin und jede Einschüchterung ruft fast immer eine Gegenreaktion hervor. Die Familie oder eine familienähnliche soziale Gruppe ist im allgemeinen der Ort, an dem am besten ein Rückschlag vermieden werden kann, nicht die großen Anstalten oder öffentlichen Rehabilitationszentren. Wir beginnen allmählich zu erkennen, welch enormes Problem der chronisch Schizophrene für den Sozialarbeiter, den Geistheiler und für alle anderen Fachleute auf dem Gebiet des Heilens darstellt.

Ganz offensichtlich muß die Rehabilitation das oberste Ziel sein. In einem mühsamen, langwierigen Prozeß, der auf Seiten des Heilers ein großes Maß an Geduld und Verständnis erfordert, wird man bei einigen der chronisch Schizophrenen eine teilweise Genesung erreichen. Es wird ihnen möglich, eine stets gefährdete Beziehung zur Gesellschaft der normalen Menschen zu ertragen. Teil dieser Rehabilitation muß die schwierige Aufgabe sein, den Patienten soweit zu stabilisieren, daß er irgendeine einfache Beschäftigung ausführen kann, eine Arbeit, die ein Minimum an Willenskraft, Konzentrationsfähigkeit und Bereitschaft zu zwischenmenschlichen Beziehungen voraussetzt. Der entscheidende therapeutische Wert dieser Beschäftigung besteht darin, daß es dem Kranken damit ermöglicht wird, ein unabhängiges Leben zu führen, auch wenn er nur ein bescheidenes Existenzminimum erreicht. Man kann

Schizophrene zu einer angemessenen Leistung bringen, wenn man sie nach ihrem eigenen Tempo und nach ihrer eigenen Methode arbeiten läßt. Voraussetzung ist, daß der Heiler das Vertrauen des Patienten erworben hat, daß er ihn genügend vorbereitet hat und daß er seine aufreizenden Launen und Kapricen toleriert. Dazu gehört etwa die Weigerung, selbst einfache Arbeiten auch nur zu versuchen, die Einnahme der täglich notwendigen Medikamente abzulehnen, Äußerung zahlreicher hypochondrischer Beschwerden, vollkommene Verweigerung jeder Aktivität, plötzliches Auftreten exzessiver Bewegungen, Feindseligkeit und Aggression.

Die Arbeit mit Schizophrenen ist wie ein Gang übers Drahtseil. Wenn der Heiler erwartet, daß der Schizophrene eine bescheidene festgesetzte Leistungsnorm erfüllt, ganz abgesehen von der Einhaltung einer gewissen Disziplin und Pünktlichkeit, dann sind das im allgemeinen unüberwindliche Hürden, und nachdem der Patient eine Reihe kleiner Mißerfolge erlitten hat, wird er schließlich jeden Gedanken an Kooperation aufgeben. Während dieser schwierigen und recht gefährlichen Zeit ist geduldige Toleranz, ein beschwichtigendes Verhalten und liebevolle Zuwendung dem Patienten gegenüber von größter Bedeutung. Der Heiler sollte den Patienten nie veranlassen oder gar darin unterstützen, Medikamente eigenmächtig abzusetzen. Es gibt Arzneien, die die gröbsten Verhaltensstörungen lindern. Bedenken Sie, daß dadurch das Leben für den Patienten und auch für seine nächste Umgebung erträglicher wird, denn die Wirkung dieser Medikamente besteht darin, daß sie das Ausmaß seines gesellschaftsfeindlichen Verhaltens etwas reduzieren. Sobald sichere Anzeichen einer Besserung festzustellen sind, kann die Dosis geringer gehalten werden.

Auch wenn die Fachmediziner offen gestehen, daß sie kaum etwas über die Ursachen schizophrener Störungen wissen, sollte der behandelnde Heiler immer daran denken (diese Warnung kann gar nicht oft genug wiederholt werden!), daß schizophrene Symptome gefährlich gesteigert und sogar dort hervorgerufen werden können, wo bis dahin keine bestanden, wenn man einen Patienten oder auch nur einen besonders sensiblen Menschen mit Problemen, Ereignissen oder Verhältnissen konfrontiert, die Streß erzeugen und über seine Kraft gehen. Sind sensible Menschen ständig solchen Situationen ausgesetzt, werden sie fast mit Sicherheit schizophrene Symptome entwickeln.

Die Schizophrenie ist für den Heiler eine ungeheure Herausforderung, denn die Probleme sind dabei komplizierter und schwerer in den Griff zu bekommen als bei jeder anderen psychosomatischen Erkrankung. Ich muß deshalb besonders betonen, daß dieses Kapitel dem Heiler keine einfache und bequeme Heilungsmöglichkeit für die Schizophrenie anbieten kann. In den meisten Fällen wird es dem Heiler lediglich gelingen, geringfügige Fortschritte zu erzielen. In manchen Fällen wird er überhaupt keinen Erfolg haben. Dennoch kann die Schizophrenie bis zu einem gewissen Grad beherrscht und das gesellschaftswidrige Verhalten merklich eingedämmt werden. Es ist sogar möglich, den charakteristischen Rückzug aus dem normalen Leben unter dem Einfluß beständiger Zuneigung, Freundschaft und Kameradschaft rückgängig zu machen oder abzuschwächen. Noch wichtiger: Wenn es der Heiler so einrichten kann, daß einige Schizophrene regelmäßig in einer ihnen vertrauten Gruppe zusammenkommen, dann werden diese Patienten entdecken, daß sie durch ihre gemeinsame Erfahrung einander helfen und sich gegenseitig unterstützen. Das wichtigste Ziel ist zweifellos die Rehabilitation. Dazu muß man den Patienten erst einmal soweit resozialisieren, daß er in der Lage ist, zwischenmenschliche Beziehungen anzuknüpfen. Der zweite Schritt besteht darin, im Patienten genügend Selbstvertrauen zu erzeugen, so daß er eine einfache, aber kreative Arbeit übernehmen kann. Ich habe immer wieder beachtliche Erfolge bei Schizophrenen erzielt, indem ich viel Mühe darauf verwandte, ihre speziellen (vielleicht geheimen) Ambitionen zu entdecken und dann dafür sorgte, daß sie die Möglichkeit bekamen, ihre Neigung auszuprobieren und zu verwirklichen. So hegte ein junger Patient den geheimen Wunsch, Klavier zu spielen. Ein anderer hatte sein Leben lang davon geträumt, ein tüchtiger Porträtmaler zu werden. Diese Patienten bekamen die Möglichkeit, Unterricht bei einem qualifizierten Klavierlehrer bzw. einem Porträtmaler zu nehmen. Die Stunden fanden im Hause der Lehrer statt, und die erzielten Fortschritte waren ganz beachtlich. Wenn es beide auch niemals soweit brachten, daß sie ihre Fähigkeiten beruflich nutzen konnten, entzündete die Begeisterung über die erzielten Erfolge doch einen winzigen Funken des Selbstvertrauens und wurden so zum bedeutsamen ersten Schritt in die Unabhängigkeit. Solche kleine häusliche Treffen bieten ohne Zweifel die beste nur mögliche Grundlage und Atmosphäre für die Rehabilitation des Schizophrenen. Die Einrichtungen, die ursprünglich dazu bestimmt waren, Schwachsinnige zu versorgen, erweisen sich als vollkommen ungeeignet. Der Schizophrene findet dort weder eine geeignete Zuflucht noch die richtige Art geduldiger Zuwendung, weil es ihm im allgemeinen unmöglich ist, mit der verwirrend langen Liste strenger Regeln und Disziplinarmaßnahmen eines solchen Hauses zurechtzukommen.

Viele Jahre lang wurden Drogen, fortschrittliche Technologie und die intellektuellen Gaben von Psychiatern und Neurologen aufgeboten, um die verwirrenden Wahnideen der Schizophrenie unter Kontrolle zu bekommen. Aber bis jetzt sind, abgesehen von der Drogentherapie, noch keine überzeugenden Erfolge erzielt worden. Trotz der Tatsache, daß sich auch durch intensive Forschung und Versuchsprogramme auf biochemischer und genetischer Grundlage keine schlüssigen Hinweise auf eine mögliche medikamentöse Behandlung ergeben haben, sind keine Anzeichen zu erkennen, daß die Beweise der hervorragenden Wissenschaftler, die sich mit der Erfassung paranormaler Phänomene beschäftigten, jemals als alternative Methode bei einer Krankheit eingesetzt werden, für die die traditionelle Forschung nicht einmal einen Ursprung erkannte. Das bedeutet, daß die medizinische Fachwelt eine solche Alternative immer noch ablehnt, obwohl es sich dabei um vielen Parapsychologen und Forschern seit langem bekannte Erkenntnisse handelt, die schlüssig beweisen, daß von außen einwirkende unsichtbare Einflüsse für eine Reihe geistiger Störungen verantwortlich sein können.

Die ungeheure Menge an echter Information, die durch Teams gesammelt wurde, die sich mit parapsychologischer Forschung beschäftigt haben, hat uns ohne Zweifel bis dahin unbekannte Welten erschlossen, die tief hinter der materiellen Ordnung unserer objektiven Welt verborgen liegen. Diese neuen Ebenen erstrecken sich weit über das Physische hinaus, bis in *Bezirke des Geistigen* von immer tieferer Bedeutung, und wir spüren, daß sie bis in den Bereich der höchsten, letzten Realität reichen. Der Leser sollte stets daran denken, daß hinter den Erkenntnissen unserer objektiven Welt immer der Geist dessen steht, der *weiß*. Und vor dem, was sich nicht völlig offenbart, gibt es immer einen *suchenden* Geist. Hinter jenem Geist des Selbst aber liegt ein gewaltiger, weitgehend unerforschter Kontinent: das *Bewußtsein*. Im Vergleich zu der riesigen Menge an Daten und Erkenntnissen über das Ego, die uns bereits zugänglich sind, gibt es Tiefen und Abgründe, aus denen intuitive Fähigkeiten, mediale Eindrücke, spirituelle Inspirationen und andere kreative Einsichten aufsteigen.

All unser Wissen auf dem Gebiet der angewandten Medizin wurde von den Ergebnissen der Beobachtungen und Experimente abgeleitet. Die Medizin beruhte also bisher vollkommen auf den Grundprinzipien physischer Gesetze, denen wiederum die Kraft des Verstandes zugrundeliegt, also eine deduktive Logik. Auch wenn unser irdischer Geist ein extrem feines und flexibles Instrument ist, so hängt seine Funktion doch ausschließlich von den eingegebenen Informationen ab und beschränkt sich auf die Verarbeitung dieser Daten. Der logische Geist oder der Verstand besitzt die außerordentliche Begabung, Beziehungen oder Reaktionen zwischen *physisch wahrgenommenen* Größen zu erkennen. Der Verstand kann uns keine Information über die für ihn undefinierbaren Elemente unserer tieferen Bewußtseinsebenen geben. Das Leben ist unserer Erfahrung nach ein Zustand, bei dem sich Geist und Materie miteinander verbinden. Wird die Verbindung gelöst, verliert der Organismus seine erkennbaren charakteristischen Eigenschaften, die wir mit dem Leben gleichsetzen, und der Rest gilt als sich im Zustand des Verfalls befindliche Materie. Die undefinierbaren Elemente des Bewußtseins gehören zu einer anderen Ordnung der Realität und können nicht immer mit den Mitteln der unteren Geistesebenen erklärt werden.

Wenn aber eine Koordination zwischen den höheren und den niedrigeren Ebenen zustandekommt, können die höheren nicht nur die niederen geistigen Bereiche erleuchten; sie sind auch in der Lage, Licht auf viele bis dahin unerklärbare Probleme zu werfen. Das gilt auch für geistige Funktionen, für die Psychiater selbst nach jahrhundertelanger Forschungsarbeit keine Antwort gefunden haben. Wahnsinn, Besessenheit, klinische Depression und Schizophrenie sind einige dieser Probleme.

In der Sprache dieser höheren oder tiefergehenden Bewußtseinsebene werden wir schließlich das Verständnis für viele dieser scheinbaren Geheimnisse der geistigen Funktionen entdecken. Dazu gehören nicht nur die Wahrnehmungen in bezug auf die äußere Welt, sondern ganz besonders auch die bedeutsamen Einflüsse der unsichtbaren Welt. Es leuchtet ein: Wenn die funktionellen oder materiellen Geisteskräfte mit ihrer biologischen Betrachtungsweise bestimmten geistigen Problemen gegenüber nur mäßigen Erfolg haben, dann liegt es daran, daß sie zu wenig flexibel und vollkommen ungeeignet sind, Wahrheiten über unser *wahres* Selbst aus den wichtigen *intuitiven* Bereichen der oberen Geistesebenen nach unten weiterzuleiten. Die Folgen sind leicht einzusehen. Bevor die Psychiatrie einen revolutionären Durchbruch in der Behandlung ihrer Patienten melden kann, ist es unumgänglich, daß sie erkennt, daß ein vollkommen neues Zeitalter des Denkens angebrochen ist. Es ist ein Zeitalter, dessen Denkweise den geistigen Lehrern der Menschheit seit ältesten Zeiten bekannt ist

Es wäre unvernünftig und unfair, dieses Kapitel abzuschließen, ohne zu erwähnen, daß der funktionelle Geist auch bemerkenswerte Erfolge erzielte, indem er durch die physischen Sinne beobachtete Phänomene auswertete. Diese Erfolge machen sich auf dem Gebiet der hochentwickelten psychosomatischen Medizin bemerkbar. Aber wenn man auch das wissenschaftliche Denken über die Bereiche der Biochemie, Biogeographie, Biologie und Physiologie hinaus angewandt hat, sollte man seine Erfolge nicht überbewerten, weil der wissenschaftlichen Denkweise damit Kräfte zugeschrieben würden, die sie nicht besitzt. Die Antworten, die ich in diesem Kapitel zu vermitteln versuchte, gelten den uralten Fragen, die jede Generation aufs neue beschäftigt haben, obwohl eine gewaltige Zahl von Philosophen und genialen Persönlichkeiten im Bereich der Religion überall in der Welt sie bereits zu lösen versuchte. Diese Fragen betreffen die psychische und mystische Natur des Menschen. Was ist Intuition, Bewußtsein oder Geist überhaupt? Ich habe mich bemüht, einen Sinn in der Begrenztheit des Menschen zu finden, sowohl in der Beschränkung seiner Verstandeskräfte als auch in den Fesseln seiner physischen Strukturen. Ich habe das Vorhandensein einer tieferen, grenzenlosen intuitiven Fähigkeit berührt, die das Merkmal ist, durch das sich die Sensitiven, unter denen die kreativen Geister der Welt zu finden sind, unterscheiden. Diese Sensitiven, die sensiblen Menschen, sind zugleich die »Mühseligen und Beladenen« dieser Erde. Der Grund liegt darin, daß eine Zeit kommt, in der die bis dahin stagnierende Geistesfunktion durch eine höhere Ordnung emotionaler und spiritueller Kreativität aufgeschreckt wird. Diese »Sensitivierung« wird von sensiblen Menschen als ein aufwühlendes Erlebnis empfunden. Aber auch wenn es sich dabei um eine effektive Störung handelt, würde diese »Interferenz« von den Weisesten der Weisen als ein weiterer Schritt in unserem endlosen Kampf um die Weiterentwicklung erkannt werden.

Der Mensch wird in diese Erde hineingeboren und ist dazu bestimmt, durch sie auf vielen Ebenen geprägt zu werden: physisch, emotional und spirituell. Der Verstand gehört notwendigerweise zur niederen Ordnung, aber der Mensch wird sich mit Hilfe seiner eigenen Willenskraft weiterentwickeln und auf einer stets ansteigenden Skala des Bewußtseins nach oben bewegen. In seinem materiell geprägten Zustand kann der Geist beispielsweise nicht die Schönheit, die Quelle der Liebe, die Bedeutung der Inspiration oder den Ursprung der intuitiven Erfahrung erkennen. Da diese Dinge aber ohne Zweifel existieren, müssen sie ihren Ursprung auf einer viel tiefergehenden Ebene unseres Daseins haben. Alle Mystiker sind der Meinung, daß sie zu einer höheren Stufe der Bewußtseinsrealität gehören, auf der *alle* Qualitäten spirituellen Ausdrucks zu finden sind, ebenso die Philosophie, die ihre Sprache ist. Es ist deshalb einem Geist, der in Begriffen der Physik und Chemie denkt, unmöglich, sich der Kontemplation hinzugeben oder gar zu einem Schluß über die höheren Bewußtseinsebenen oder die Quelle des intuitiven Wissens zu kommen.

Wir gestehen daher jedem Menschen grundsätzlich zwei Formen des Geistes zu: Eine niedrigere Form, die mit Zeichen, Symbolen und der Beziehung zur organischen Materie verbunden ist, und daneben den Geist der sich unendlich höherentwickelnden Ordnung spiritueller Weisheit, dessen Saum wir gerade eben zu berühren beginnen. Innerhalb dieses fast unerforschten geistigen Bereichs, zu dem Psychiatern und Nervenärzten der Zutritt verwehrt ist, weil sie vom Gedanken an die physischen und chemischen Gegebenheiten dieser Welt besessen sind, existieren Aktivitäten höherer Ordnung, die zeitweise die niedere Ordnung zu beeinflussen vermögen und auch auf sensitive und übersensible Menschen einwirken.

Es ist nicht leicht, eine vollständige Erklärung für den Zustand der Sensitivität zu geben, und noch schwerer, den unendlichen Problembereich zu beschreiben, mit dem es für spirituelle Dinge aufnahmefähige Menschen zu tun haben. Wenn es zu einer solchen »Interferenz« kommt, dann ist das auffälligste Anzeichen eine radikale Wandlung des Charakters; häufig kommt es zu einer ausgeprägten Persönlichkeitsveränderung. Manchmal läuft dieser Vorgang in Form einer einfachen geistigen Verwirrtheit oder Abweichung von der Norm ab, manchmal kommt es zu irgendeiner Art des Wahnsinns. Dazu gehören Hysterie, manische Depression, Melancholie, Kleptomanie, religiöse Besessenheit, Amnesie, Pseudodemenz, Phantastereien und natürlich auch die Schizophrenie, die, wie bereits erklärt, eine unerschöpfliche Folge von Beschwerden verursachen kann, von der leichten Persönlichkeitsspaltung bis zum vollständigen Rückzug von allen menschlichen Kontakten.

Seit die Menschheit diese Erde bewohnt, ist die Welt voll von seelisch empfindsamen Menschen. Dennoch hatte noch nie jemand daran gedacht, sie zu einer besonderen Rasse mit einem speziellen Problem zu erklären. Das blieb allein den Psychiatern und Psychologen unserer Zeit vorbehalten. Sie sind aber nichts anderes als ein Menschentyp, bei dem eine Bewußtseinsebene immer stärker durch eine andere beeinflußt wird, die wiederum tief auf einer noch höheren Ebene verwurzelt ist. Der Grad der Sensibilität, die ein solcher Mensch entwickelt, steht in Zusammenhang mit dem Fortschritt, den der höhere Geist erreicht. Der Sensitive entwickelt einen Zustand der Einsicht, dessen Ursprung in keiner Weise mit dem funktionellen Geist in Zusammenhang steht. Dadurch kommt es oft zu einem von anderen mißverstandenen und störenden Wahrnehmungszustand, der stets unangenehm und verwirrend ist. In vielen Fällen hindert er diese Menschen daran, eine enge Verbindung mit der äußeren Welt anzustreben. Wird der Zustand allmählich zu erschreckend und lästig, entsteht manchmal die Neigung und das innere Bedürfnis, sich ihm zu entziehen. Leider müssen diese Menschen dann erkennen, daß ihnen das nicht vollständig gelingt. Sie sehen sich zu vielen Verpflichtungen ausgesetzt, nicht nur anderen sondern auch sich selbst gegenüber. Es entsteht in ihnen das Gefühl, daß es für sie keinen Ausweg mehr gibt. Eine solche Erfahrung kann in unterschiedlicher Intensität auftreten. Das Zusammenwirken von innerem Streß und den Zwangsvorstellungen reicht aus, eine völlige Spaltung des Ichs herbeizuführen. Diese kann sich beispielsweise als Schizophrenie bemerkbar machen.

Kann man im allgemeinen von den Psychiatern überhaupt erwarten, daß sie die höheren Bedeutungsebenen mit den Mitteln der niederen Ebenen verstehen? Für das Geschehen auf der intellektuellen Ebene ist eine logische Erklärung möglich. Wenn man aber auf eine tiefergehende Erklärung drängt, dann muß man versuchen, sie auf einer höheren spirituellen Ebene zu finden. Und an diesem Punkt versagen die Argumente. Wir müssen zugeben, daß es sich hier in Wahrheit um eine Abstraktion handelt. Keines der Standard-Lehrbücher macht eine

Andeutung in dieser Richtung oder erwähnt gar die Existenz von Verbindungen, die über die Beziehungen zwischen Geist und Körper hinausgehen. Deshalb konnte bis jetzt die Kluft zwischen Psychopathologie und Parapsychologie noch nicht überbrückt werden. Die Psychiatrie beschäftigt sich immer noch mit dem Zustand des Gehirns. Sie folgt blind dem Grundsatz: Ist das Gehirn gesund, dann kann es keine Probleme geben. Psychiater, Neurologen und Ärzte, die hartnäckig auf dieser Forschungsgrundlage bestehen, sind auf ihrer Suche nach Heilmethoden im Rahmen dieser Gegebenheiten jeder Möglichkeit nachgegangen. Sie haben zahllose Therapien untersucht, vom Einsatz von Drogen über die Chirurgie bis zur Schockbehandlung. Ihre Erfolge waren sehr begrenzt. Psychiatrie und Medizin haben bedauerlicherweise nur wenige *dauerhafte* Heilungen erreicht. Die Folge ist, daß unsere Nervenkliniken, Anstalten und Rehabilitationseinrichtungen stark überbelegt sind und sich die Situation zunehmend verschlechtert.

Ich habe mich in diesem Kapitel bemüht, in großen Zügen einige mögliche Ursprünge und therapeutische Schritte zum Problem der Schizophrenie vorzustellen. Ich habe diese Aufgabe in der ernsten Hoffnung unternommen, dadurch verläßliche Angaben anzubieten, die auf meinen eigenen Erfahrungen und Gedanken beruhen. Sie sollen es anderen Heilern und Praktikern ermöglichen, Verständnis für ein so großes und überwältigendes Problem zu entwickeln, dessen Wurzeln tief in den unendlichen Formationen des Geistes liegen.

Der Heiler sollte sich nicht täuschen und glauben, daß ihm nach der Durcharbeitung dieses Kapitels genügend positive Antworten für die Heilung der Schizophrenie zur Verfügung stehen. Das ist schon aus dem Grund gar nicht möglich, weil es sich bei der Schizophrenie nicht um *eine* Krankheit, sondern um viele verschiedene Krankheiten handelt. Jeder Patient ist ein Fall für sich. Bevor es zu einer Wiederherstellung kommen kann, müssen seine Vergangenheit, die gegenwärtigen Gegebenheiten und seine Umwelt kritisch untersucht und analysiert werden. Jede Besserung hängt davon ab, ob zuerst ein gegenseitiges Gefühl des Vertrauens und der Zuversicht entsteht. Auch danach wird der Heiler noch oft mit seiner eigenen Geduld und mit seinem Glauben zu kämpfen haben. Er wird ohne Zweifel zu dem Schluß kommen, daß es ein aufregendes und höchst frustrierendes Unternehmen ist, voller menschlicher Tränen, voll Zorn, Lachen, Geheimnis und Überraschung. Wenn er alles von sich gegeben hat, kommt leicht ein Moment, in dem er sich wie ein Kind fühlt, das in der Dunkelheit weint und dem keine andere Sprache mehr zur Verfügung steht als der Schrei.

Nachdem ich den Leser schon davor gewarnt habe, an einen leichten Sieg zu glauben, sollte er sich auch nicht zu der Annahme verleiten lassen, daß jeder Psychiater oder Nervenarzt, der zufällig dieses Kapitel liest, sofort den Entschluß fassen wird, mit einem Geistheiler in Verbindung zu treten.Ich hoffe jedoch aus ehrlichem Herzen, daß er in der Fülle des hier dargestellten Materials etwas findet, das vielleicht eine gewisse intuitive Zustimmung auslöst, weil viel für die Wahrscheinlichkeit einer Behauptung spricht.

In den Worten Arthur Guirdhams heißt das: »Wenn ich diesen kleinen Kieselstein ins Wasser werfe und damit bewirke, daß sich ungewohnte Wellen ausbreiten, dann habe ich diesen Stein nicht vergeblich geworfen.«

4. Kapitel

Psychosomatische Erkrankungen und funktionelle Neurosen

Psychosomatische Erkrankungen

Unter psychosomatischen Erkrankungen versteht man geistig-seelische Reaktionen auf akuten oder ständig einwirkenden Streß, die durch Emotionen oder Verhalten ausgedrückt werden. Obgleich sie zu den am weitesten verbreiteten Leiden der Menschheit gehören und im allgemeinen vom Hausarzt behandelt werden, sind sie an sich keine Krankheit, sondern eher ein anhaltender Zustand des »Un-Wohlseins« oder des »Miß-Behagens«, der nicht auf organischen Ursachen beruht. Es besteht jedoch die Gefahr, daß psychosomatische Erkrankungen, die sich auf sehr vielfältige Art und Weise manifestieren, die Form einer organischen Erkrankung annehmen. Andererseits kann es auch bei einer körperlichen Erkrankung dadurch zu Komplikationen kommen, daß der Patient auf das körperliche Leiden neurotisch reagiert. Die psychosomatische Reaktion kann aber auch eine tatsächlich vorliegende ernsthafte organische Erkrankung verschleiern.

Jeder von uns leidet immer wieder einmal unter neurotischen oder psychosomatischen Störungen; bei manchem sind sie aber wesentlich stärker ausgeprägt als allgemein üblich. Allzu oft wiederum wird ein Patient als Psychosomatiker eingestuft, nur weil die organischen Symptome und die klinischen Untersuchungen kein eindeutiges Bild ergeben. Das könnte beispielsweise während der frühen Entwicklungsphasen so ernster Erkrankungen wie der multiplen Sklerose oder eines Meningioms (einer langsam wachsenden Geschwulst) im Bereich der Hirnhäute der Fall sein.

Es gibt eine Vielzahl typisch neurotischer Denkmuster, die auch bei normalen Menschen gelegentlich für kürzere Zeit auftreten. Sie erscheinen in folgenden Formen:

a) als Minderwertigkeitskomplex, der die allgemeine Leistungsfähigkeit betrifft oder die Fähigkeit, auf andere Eindruck zu machen;

b) als ständig vorhandene unterschwellige Angst, ganz allgemein dem Leben nicht gewachsen zu sein oder mit Problemen in Familie, Ehe und Beruf nicht mehr fertigzuwerden;

c) als zunehmend geringere Selbsteinschätzung, wobei der Betroffene von der Unzulänglichkeit seines Aussehens und seiner allgemeinen Erscheinung überzeugt ist. Dies wiederum führt zu Hemmungen und Komplexen und hält ihn davon ab, ungezwungen mit anderen in Verbindung zu treten;

d) als belastendes Gefühl der Unfähigkeit, Liebe zu geben oder zu empfangen; das natürliche Verlangen wird unterdrückt.

Alle Menschen ertragen Streß nur bis zu einem bestimmten Grad. Wenn diese Grenze überschritten wird, dann treten selbst bei geistig-seelisch stabilen Menschen neurotische Reaktionen auf. Der Unterschied zwischen ihnen und den psychosomatisch Kranken besteht darin, daß der Neurotiker sich ständig im beschriebenen Zustand des »Un-Behagens« befindet, während der Normalbürger eine solche Störungsphase rasch überwindet, da er stets von dem Impuls angetrieben wird, etwas gegen die Störung zu tun. Der Neurotiker aber hat nicht das Bedürfnis, an sich zu arbeiten, sondern läßt sich in einen Nebel der Unbestimmtheit und der Ausflüchte sinken. Gewöhnlich fehlt ihm jede Hoffnung, er könne auch nur eine Erleichterung oder Erhellung seines Zustandes erreichen.

Man muß sich davor hüten, psychosomatische Erkrankungen mit der Schizophrenie zu verwechseln. Es gibt aber ein deutliches Unterscheidungsmerkmal: Bei der Schizophrenie ist der Patient entweder davon befallen oder nicht. Dagegen ist es möglich, daß »sensible« Menschen an einem Tag unter psychosomatischen Beschwerden leiden und sich am nächsten Tag wieder wohl fühlen. So etwas ist bei der Schizophrenie nicht der Fall. Der chronische Neurotiker leidet unter einem Zustand mentaler und emotionaler Störungen von großer Intensität, so daß es dadurch vorübergehend zu einer völligen Auflösung des Ego kommt. Das macht es dem Leidenden in dieser Zeit schwer, sich dem normalen Alltag anzupassen.

In dieser besonderen Phase zeigen sich ganz unterschiedliche Erscheinungen. Das beginnt bei leichteren Beschwerden wie etwa Kopfweh, Schlaflosigkeit, Verdauungsstörungen, Durchfall und allgemeinem Unwohlsein. Die Psychiatrie hat aber auch einen deutlichen Zusammenhang zwischen Psychosomatik und Magengeschwüren, Migräne und Asthma festgestellt. Die schwersten neurotischen Symptome treten bei den Patienten auf, die unter Bluthochdruck, Diabetes mellitus (Zuckerkrankheit), Epilepsie und Erkrankungen der Herzkranzgefäße leiden. Man hat entdeckt, daß jedes dieser Symptome auftreten kann, wenn die absolute Grenze des Streß überschritten ist.

Es ist oft kaum zu unterscheiden, ob eine Erscheinung zu den psychosomatischen Beschwerden gehört, oder ob es sich um etwas anderes handelt, denn die Psychosomatik bietet ein Kaleidoskop von Symptomen an, die in ihren charakteristischen Merkmalen von einer bestimmten Gesellschaftsklasse, von der Art des Berufes oder von der jeweiligen Umwelt geprägt sind. Es wurde behauptet, daß psychosomatische Beschwerden im Grunde auf einer Kombination von vier Hauptfaktoren beruhen, nämlich nervlichem Streß, Depression, anhaltender Gereiztheit und Schlaflosigkeit. Hausfrauen beispielsweise, die aufgrund ihrer Pflichten und Aufgaben die häufigsten Besucher im Behandlungszimmer des Allgemeinpraktikers sind, klagen allgemein über Mangel an Energie, Schlafschwierigkeiten und Reizbarkeit.

Es gibt eine Reihe von Anzeichen, die darauf hindeuten, daß jemand unter Streß leidet. Wenn man sie früh genug erkennt, kann man den Ausbruch der schwächenden, sehr oft auch gefährlichen Symptome vermeiden. Zu diesen Anzeichen gehören starkes Trinken und Rauchen, plötzliche Eßsucht oder völliger Appetitverlust, deutliche Ungeduld und Reizbarkeit, Depression, Schlafstörungen, die Unfähigkeit zur Konzentration und Schwierigkeiten, Entscheidungen zu treffen.

»Psychosomatische Erkrankung« ist eine Bezeichnung, mit der man heute leichtfertig umgeht. Sie taucht plötzlich im Gespräch auf, sobald man erwähnt, daß jemand Schwierigkeiten hat, im Beruf, mit der Familie oder mit dem Leben im allgemeinen zurechtzukommen. Die meisten Ärzte gebrauchen einfach den Begriff »Streß« für die Ursache solcher geistigen und körperlichen Beschwerden. Streß jedoch ist schwer zu definieren. Jeder, der schon einmal erlebt oder gesehen hat, welche wirklich ernsthaften medizinischen Probleme durch den sogenannten Streß entstehen können, würde dieses Wort nicht ohne weiteres anwenden, es sei denn in seinem richtigen Zusammenhang. Im allgemeinen aber sagt man von einem Menschen, er leide unter Streß, wenn er nicht mehr mit den von außen auf ihn einwirkenden Belastungen fertig wird. Eine leichte Form des Streß kann schon ausgelöst werden, wenn man einmal eine Mahlzeit ausläßt, eine Verabredung versäumt oder eine unfreundliche Bemerkung einstecken muß.

Streß ist nicht erst in unserer modernen Gesellschaft entstanden. Auch in früherer Zeit sahen sich unsere Vorfahren vielfältigen Schwierigkeiten gegenüber, die ebenfalls Streß verursachten. Der Körper des Menschen und des Tieres besitzt ein automatisches Reaktionssystem, um mit Emotionen wie Angst, Zorn, Sorge und Schock aber auch mit den Auswirkungen freudiger Ereignisse fertigzuwerden. Dabei fließen Hormone (Adrenalin und Noradrenalin) in den Blutstrom. Das hat zur Folge, daß der Herzschlag schneller wird und Fettreserven und Zucker mobilisiert werden. Der Körper ist nun bereit zur augenblicklichen Reaktion. Die primitive Reaktion bestand darin, entweder zu kämpfen oder zu fliehen, und dadurch die zur Verfügung stehende Energie zu verbrennen. In unserer Zeit ist es nicht mehr möglich, den Streß auf diese Weise zu verarbeiten. Die natürlichen Vorbereitungen, die der Körper für den Notfall getroffen hat, führen zu Stauungen und verursachen schließlich selbst Schwierigkeiten.

Bedauerlicherweise sind in der Psychiatrie weite Bereiche der psychosomatischen Medizin heftig umstritten. Es ist oft schwer zu unterscheiden, ob es sich um eine Erkrankung mit grundsätzlich neurotischer oder physischer Ursache handelt. In vielen Fällen wurden neurotische Zustände als Ursache von Asthma und anderen allergischen Erscheinungen bezeichnet. Es gab auch den ernsten Verdacht, daß beim prämenstruellen Syndrom, bei Migräne und schweren organischen Erkrankungen wie peptischer Ulzeration, Dickdarmentzündung und krankhaften Gefäßveränderungen die Ursachen im Neurotischen liegen könnten.

Das bringt uns zu der schwierigen Frage der psychosomatischen Medizin. Die meisten Allgemeinpraktiker und eine große Zahl von Psychiatern gerät in Verlegenheit, wenn sie die psychosomatische Medizin definieren sollen. Sie sind der Meinung, daß diese Fragen noch längst nicht ausreichend beantwortet sind. Es gab über viele Jahre hinweg zahlreiche Versuche, dieses schwer faßbare Problem zu erklären. Als Ergebnis ist letzten Endes nur noch größere Verwirrung entstanden. Auf dem weiten Gebiet der Psychiatrie gibt es buchstäblich hunderte verschiedener Schulen oder Denkmodelle und jede präsentiert ihre eigene Theorie psychosomatischen Verhaltens. Das »fehlende Glied« oder die entscheidende Frage scheint zu sein: »Welche physiologischen Prozesse stellen die Verbindung zwischen Emotionen und Pathologie her?« Viele neurophysiologische und immunologische Theorien wurden zur Debatte gestellt, aber bisher wurde für keine ein schlüssiger Beweis geliefert.

Obgleich es ein ungeheures Interesse und fruchtbare Forschungsarbeit über viele Jahre hin gab, bleibt auf dem Gebiet der psychosomatischen Reaktionen auf anhaltend widrige Lebensumstände die eine große Frage nach wie vor unbeantwortet: »Gibt es wirklich so etwas wie eine psychosomatische Medizin?« Wir haben allerdings einen vielversprechenden Beweis, der zugunsten der psychosomatischen Medizin spricht, und zwar handelt es sich darum, daß die psychischen und die physischen Aspekte der Krankheit sehr oft auf komplizierte Weise miteinander verflochten sind. Doch gilt nach wie vor die These, daß ungünstige Lebensverhältnisse letzten Endes physische Faktoren darstellen, die direkt die Gesundheit beeinträchtigen und später eine organische Erkrankung verursachen, in den Augen der Allgemeinmediziner noch längst nicht als bewiesen. Flanders Dunbar, ein hervorragender Psychiater, glaubte im Ernst, daß unter lang anhaltenden ungünstigen Bedingungen nur bestimmte angeborene Persönlichkeitsmerkmale auf psychosomatischen Streß reagieren und dadurch Bluthochdruck, Koronarverschluß, Angina, rheumatisches Herzfieber, Unregelmäßigkeit der Herztätigkeit, Polyarthritis, Asthma und Diabetes entstehen können. Einige Jahre später jedoch hat Alexander, ein gleichermaßen hervorragender Experte auf seinem Gebiet, heftig bestritten, daß angeborene Persönlichkeitsmerkmale für diese Erkrankungen verantwortlich sind, sondern das Vorhandensein eines *ungelösten* Konflikts. Er vertrat die Überzeugung, daß eine starke negative Emotion, die keine Gelegenheit findet, sich auszudrücken, auf irgendeine Weise in eine starke physiologische Störung umgesetzt wird, die nahezu immer einen physischen Zusammenbruch zur Folge hat. Er stellte auch eine Liste der sich aus solchen Störungen entwikkelnden psychosomatischen Erkrankungen zusammen, die ganz ähnlich der Dunbars ist, jedoch zusätzlich noch Neurodermatitis (eine nervöse Hauterkrankung), Thyreotoxikose (eine Schilddrüsenstörung) und das peptische Ulkus (Magengeschwür) enthält.

In einem 1957 veröffentlichten umfassenden Bericht über die psychosomatischen Theorien, die physische Erkrankungen mit seelisch-geistigem Streß in Beziehung setzen, wird erkennbar, daß die Krankheit gewöhnlich einem charakteristischen psychosomatischen Schema folgt, wenn beim Menschen der Zustand der Gesundheit in den Zustand des Krankseins übergeht. Die Art der Erkrankung ist abhängig von den verschiedenen Streßformen, die zu dieser Zeit auf den Organismus einwirken. Der Bericht zeigte auch, daß innerhalb einer Menschengruppe mit ähnlichen charakteristischen Merkmalen wie etwa einer besonders hohen Sensibilität, der Neigung, sich Sorgen zu machen usw., stets bestimmte Menschen anfälliger für Krankheiten als andere sind. Außerdem gibt es eine Tendenz, daß bei Patienten, die unter einer schweren Krankheit leiden, gleichzeitig auch andere leichte Erkrankungen auftreten. Des weiteren wurde gezeigt, daß Patienten, die ständig für somatische Erkrankungen empfänglich waren, ganz deutlich emotionale und psychische Symptome aufwiesen. Diese Erkrankungen konzentrieren sich nicht nur auf Menschen einer bestimmten Klasse, sogar das Auftreten der Symptome scheint durch die Umstände des sozialen Umfeldes ausgelöst zu werden.

Der *Zeitpunkt,* die *Situation,* in der die Krankheit auftritt, und der *Verlauf,* den die Krankheit oder Störung nimmt, stehen in enger Beziehung zu einer *nicht-pathologischen* Ursache.

Man hat in den letzten Jahren eingehend die ungünstigen Veränderungen im Leben des Menschen, die unangenehmen Ereignisse und ihre Beziehung zur Erkrankung untersucht und dabei entdeckt, daß bei einer Konzentration ungünstiger Veränderungen mit Sicherheit innerhalb einer bestimmten Zeit ernste Erkrankungen folgen. Als wichtigste dieser folgenschweren Lebensereignisse, die größere Schäden hervorrufen, wurden die nachstehenden genannt:

Tod eines Kindes, Angehörigen oder engen Freundes
Heirat, Scheidung, Trennung wegen Unverträglichkeit oder Untreue
Andauernde Disharmonie innerhalb der Familie; gelöste Verlobung
Finanzielle Schwierigkeiten oder geschäftliche/berufliche Mißerfolge
Fehlgeburt oder *unerwünschte Schwangerschaft*
Schwere Erkrankung, entweder eigene oder eines Familienmitgliedes; Klimakriterium (Wechseljahre)
Arbeitslosigkeit, Streß, drohender Verlust des Arbeitsplatzes
Bevorstehende Prüfung oder akademischer Mißerfolg
Gelöste Beziehung; Schwierigkeiten mit den Nachbarn
Unglückliche Kindheitserfahrungen
Schwierigkeiten in den zwischenmenschlichen Beziehungen bei Erwachsenen

Obgleich die unermüdliche Erforschung der Streßfaktoren oder ungünstigen Lebensereignisse sehr dazu beigetragen hat, daß wir heute verstehen, warum sie mit physichen Erkrankungen verbunden sind, so ist doch immer noch nicht bekannt, wie dieses Wissen bei der Behandlung angewandt werden kann. Welchen Grund gibt es dafür? Die Antwort finden wir, wenn wir uns vergegenwärtigen, daß nicht das tatsächliche Ereignis oder die Serie realer Ereignisse von Bedeutung ist, sondern erst die *geistig-seelische Reaktion* des Leidenden auf die von außen einwirkenden Faktoren eine Vielzahl von Syndromen hervorruft, die sich entweder gleichzeitig oder nacheinander bemerkbar machen. Man hat ein weites Spektrum ungünstiger Ereignisse in ihrem Zusammenhang mit somatischen Erkrankungen untersucht. Es erwies sich, daß zwischen den beiden Faktoren eine enge Verbindung besteht.

Die Lehrer esoterischen Gedankengutes könnten uns die Erkenntnis vermitteln, daß die *Bindung* an die sinnlichen Objekte (Begehren oder materielle Wünsche) unweigerlich zu geistig-seelischen Störungen führt. Wir leben in dem Glauben, daß die Bindung an die uns wesentlich erscheinenden Dinge dieser Welt, also an unser persönliches Leben, etwas ganz Natürliches oder ein Instinkt ist, der wichtig für unsere Zufriedenheit, unsere Sicherheit, unser Vergnügen und das allgemeine Wohlbefinden ist. Bindung, so sagen uns die erleuchteten Lehrer, erzeugt aber unweigerlich zwei Grundängste in uns:

1. Die Angst, die Dinge, Ziele oder Gegenstände *nicht zu besitzen* (oder nicht zu erreichen), von denen wir glauben, daß sie ungeheuer wichtig für uns sind; und
2. die Angst, jene Dinge *zu verlieren,* die wir bereits besitzen.

Wenn sich der Leser die Mühe macht, ruhig und geduldig über die Bedeutung dieser beiden Ängste nachzudenken, dann wird er nicht nur sehr bald erkennen, wie untrennbar sie mit seinem täglichen Leben verbunden sind, sondern auch wie viel von seiner Angst und seiner Unsicherheit der erwähnten Bindung, dem vorherrschenden aller menschlichen Bedürfnisse, zuzuschreiben sind.

Ein wichtiger Aspekt widriger Lebensereignisse und ein verläßlicher Hinweis auf Erkrankung, der nach meiner Kenntnis von den geistigen Lehrern nicht erwähnt wird, ist die Erfahrung des *unmittelbar erlebten Verlustes.* Im Verlauf der vielen Untersuchungen über diesen Gegenstand erkannte man, daß ein solches Ereignis am meisten zur Erkrankung, ja selbst zur Mortalität beiträgt. Man konnte zum Beispiel beobachten, daß sich im Anschluß an einen Trauerfall beim zurückgebliebenen Partner oder einem eng verbundenen Familienmitglied sehr oft ein größeres Risiko zum Ausbruch einer ernsten Erkrankung zeigte. Noch eine ganz beträchtliche Zeit danach war die Wahrscheinlichkeit groß, daß der Ehepartner des Verstorbenen ein Gefühl des Unwohlseins entwickelte und daß es eine zunehmende Tendenz gab, bei einem Arzt Hilfe zu suchen. Auch stieg in diesem Bereich die Zahl der vorzeitigen Todesfälle und der Alterungsprozeß beschleunigte sich. Zu den anderen Verlusten, die einen Tribut von der Gesundheit fordern, gehört der Verlust des Arbeitsplatzes, Verlust eines engen Freundes oder Liebespartners, eines geliebten Haustieres oder eines Besitztums, an dem man hängt (etwa der Wohnung oder eines Hauses); schon der Umzug in ein anderes Land kann sich negativ auswirken.

Das Gefühl des Verlustes und seine Beziehung zu ernsten Erkrankungen wurde dramatisch erkennbar an einer kürzlich durchgeführten Studie, die sich mit Geschäftsleuten beschäftigte, die einen heftigen Konkurrenzkampf mit erbitterter Angriffslust führten und ständig weit über die Grenzen normaler Belastbarkeit arbeiteten. Bei den Menschen, die nach diesem Verhaltensmuster lebten, entwickelten sich bald Herzbeschwerden, Diabetes, Magengeschwüre, Dickdarmentzündung usw. Die Veränderungen im Verhalten betrafen übermäßiges Rauchen und Trinken, sehr oft auch die Einnahme anregender Mittel (Stimulantien). Die über das Streßverhalten gesammelten Zeugnisse beweisen ganz deutlich, daß Streß ein wichtiger Faktor bei der Verursachung von Krankheit ist. Bei starkem Streß versuchen die Organe von sich aus, sich an extreme

Notfallbedingungen anzupassen und zeigen eine starke emotionale Reaktion. Man glaubt, daß sie aufgrund einer physiologischen Veränderung, die durch den akuten Streßreiz ausgelöst wird, ihre eigene ernste Erkrankung oder sogar den Tod herbeiführen können.

Natürlich ist psychischer Streß nicht die einzige Ursache einer organischen Erkrankung, aber man kommt immer mehr zu der Ansicht, daß Streß tatsächlich ein wesentlicher Faktor ist. Aus diesem Grund ist es so wichtig, daß eine sorgfältige Untersuchung der Persönlichkeit, der individuellen Streßbelastung und der Art und Weise, wie Streß das Verhalten des Betreffenden beeinflußt, vorgenommen wird, wenn man sich mit der Ätiologie der Krankheit beschäftigt. Es gibt Menschen mit einer ernsthaften körperlichen Erkrankung, die neurotisch auf ihren Zustand reagieren. Das kann die Symptome noch verstärken, sorgt für Verwirrung und verschleiert andere wichtige Faktoren, so daß die Genesung ernstlich verzögert und sogar der Tod beschleunigt werden könnte.

Berichte, denen ein zuverlässiger klinischer Test zugrundeliegt, besagen, daß zumindest ein Drittel aller Patienten, die wegen organischer Beschwerden in medizinischer Behandlung sind, in erster Linie unter emotionalen und neurotischen Störungen leiden. Von der gleichen Arbeitsgruppe stammen andere Studien, die beweisen, daß es einen deutlichen Zusammenhang zwischen der neurotischen Persönlichkeit und ihrer *unnatürlichen* Reaktion auf Schmerzen gibt. Man schloß daraus, daß Schmerz in diesem Zusammenhang eine *psychische* Erfahrung ist, ein subjektives Ereignis, das im seelisch-geistigen Bereich stattfindet. Während der Schmerz im allgemeinen in Verbindung mit zerstörtem oder erkranktem Zellgewebe auftritt, gab es in diesen Fällen meist keinerlei physische Veränderung. Eine andere interessante Entdeckung war es, daß die Patienten mit dem am stärksten ausgeprägten Neurotizismus bereitwillig schon auf den leichtesten Schmerz reagieren. Das bedeutet, daß hier nicht nur eine starke Neigung zur Entstehung einer neurotischen Erkrankung vorliegt, sondern daß in dem Fall, daß zusätzlich eine Einwirkung durch ungünstige Lebensereignisse stattfindet und dadurch ein höheres Maß an Angst erzeugt wird, ein großes Risiko besteht, daß der Betreffende auch organische Erkrankungen leichterer oder schwererer Natur entwickelt.

Es ist fast unmöglich, den psychogenen Schmerz aus emotionaler Ursache, der nicht mit organischen Erscheinungen verbunden ist, zu lokalisieren. Die Beschreibung des Opfers ist in diesen Fällen gewöhnlich außerordentlich vage. Ein solcher Schmerz kann über einen Zeitraum von vielen Jahren ständig zu spüren sein oder mit Unterbrechungen immer wieder auftreten. Man verschwendet wertvolle Zeit, weil Spezialisten immer neue Untersuchungsmethoden anwenden, um für eine entsprechende medizinische Behandlung zu sorgen. Aber das wirklich unüberwindliche Problem ist die Schwierigkeit, den Schmerz aus psychischer Ursache von dem Schmerz mit einer organischen Ursache zu unterscheiden. Daß bestimmte Bereiche des Körpers außerordentlich empfindlich auf emotionale Störungen reagieren, ist eine gesicherte Tatsache. Man geht auch allgemein davon aus, daß Menschen, die eine Vorgeschichte emotionaler Störungen aufweisen, *unbewußt* einen Weg gefunden haben, ihre Gefühle auszudrücken oder auf bestimmte Ereignisse in ihrem Leben zu reagieren. Die »Schmerzen«, die sich bemerkbar machen, sind sehr wahrscheinlich ein neurotischer Kunstgriff, um eine besonders unerwünschte Verantwortung oder Pflicht zu umgehen oder sich einer schwierigen Anforderung des Lebens zu entziehen. Ein alltägliches Beispiel dieser »Vermeidungstendenz«, das sicher viele Eltern kennen, ist das Kopfweh, die Übelkeit und die erhöhte Temperatur, die sich beim Schulkind einstellen, weil es einen Angstkomplex oder eine Abneigung gegen eine bestimmte Klasse oder Schule entwickelt hat.

Warum müssen sich Allgemeinmediziner mit einem Krankheitsbereich beschäftigen, der so viel von ihrer Zeit beansprucht, wenn sie doch wissen, daß die meisten »Erkrankungen« ihre Wurzel im unzureichend erforschten Gebiet der Neurosen und verwandter Störungen haben? Die Ärzte sind für die Bevölkerung die Stelle, die am leichtesten und bequemsten erreichbare Hilfe bietet. Wer ein »Symptom« an sich entdeckt wendet sich eben zuerst an den Hausarzt. Auch wenn der Patient die physische Erkrankung nicht mit der Neurose auf eine Stufe stellen kann und der Arzt die Beschwerden als Neurose erkennt, so ist es doch immer besser, der Arzt in der Allgemeinpraxis versucht oder gibt sich den Anschein, als versuche er die Störung zu behandeln, als daß die Existenz der Neurose überhaupt bestritten wird. Wenn der Hausarzt seinen Patienten gut kennt, wird er auch in dem Fall wissen, welche geistig-seelischen Probleme zugrundeliegen und nicht leugnen, daß diese möglicherweise organische Beschwerden heraufbeschwören. Ein erfahrener Arzt wird auch wissen, daß neurotische Symptome die Reaktion auf eine organische Erkrankung sein oder als deren Folge entstehen können. Er wird sich auch im klaren darüber sein, daß *Neurosen* in vielen unterschiedlichen Formen als *körperliche* Krankheit erscheinen.

Obgleich das Hauptziel des Allgemeinpraktikers die Heilung ist, kann er im Grunde nur hoffen, Besserung oder Linderung bis zu einem gewissen Grad herbeizuführen. Er wird sich dazu entschließen, es mit bestimmten Standard-Arzneimitteln zu versuchen, er wird etwa ein Beruhigungsmittel einsetzen, doch den größten Erfolg erzielt er durch das traditionelle Gewicht seiner Beziehung als »Familiendoktor«. Es ist gar nicht ungewöhnlich, daß der Arzt für Allgemeinmedizin Neurosen behandelt, das hat man schon immer von ihm erwartet.

Es ist vielleicht für den Leser von Vorteil, ihn an dieser Stelle mit einigen möglichen Ursachen psychosomatischer Störungen bekannt zu machen. Jede dieser Hypothesen gilt als rein theoretische Überlegung oder, besser gesagt, als ein ganz allgemeiner Hinweis, denn es existiert bisher noch keine einzige Theorie, die all die unendlich vielfältigen Ursachen der Neurosen zu erklären vermag. Eine der erstaunlichsten Hypothesen geht davon aus, daß neurotische Reaktionen bei Kindern die Folge einer genetischen Anlage sind. Manche Wissenschaftler sind fest davon überzeugt, wenn bei den Eltern eine Psychose oder, anders ausgedrückt, eine geistig-seelische Störung vorliegt, die sich als Beeinträchtigung der geistig-seelischen Funktionen zeigt, dann ist es fast sicher, daß neurotische Denkstrukturen auch bei den Nachkommen auftreten.

Eine wichtige Entdeckung brachte die intensive Untersuchung erstgeborener Kinder von Eltern, die unter Angstneurosen, Hysterie, Zuständen von Besessenheit, klinischer Depression oder anderen Persönlichkeitsabnormitäten litten. Hier bestand eine starke Tendenz, daß die Kinder unter den gleichen oder ähnlichen Störungen litten. Man hielt dies für einen möglichen Hinweis darauf, daß auch die Vererbung eine gewisse Rolle bei Persönlichkeitsstörungen spielt. Bei der gleichen Untersuchung zeigten sich außerdem Anzeichen dafür, daß es genetische Verbindungen in Familien geben könnte, die sich als Charaktermängel, Alkoholismus, kriminelle Neigungen, die zumeist als Jugendkriminalität beginnen, und sexuelle Schwierigkeiten bemerkbar machen. Man nimmt zwar an, daß der genetische Faktor auch bei den Psychosen eine wichtige Rolle spielt, doch ist zu bedenken, daß die Bedingungen des Lebensumfeldes am meisten dazu beitragen.

Persönlichkeitsstörungen könnten auch durch eine Reihe von Konflikten mit den Eltern, durch Mangel an elterlicher Fürsorge und Liebe in frühester Kindheit und durch Trennung von den Eltern verursacht werden. Längere Trennung von den Eltern, sei es infolge eines Krankenhausaufenthalts, durch Evakuierung im Krieg oder durch die Unterbringung in Pflegeheimen oder Anstalten trägt mit Gewißheit zu einer verzögerten intellektuellen und sozialen Entwicklung bei, die sich früher oder später in physischen oder psychischen Störungen bemerkbar macht. Je härter der Mangel in der Kindheit empfunden wurde, um so ernster ist die Störung im späteren Leben. Demnach können diese Kinder wieder in den Normalzustand zurückfinden, wenn man ihnen lange Zeit Geduld, Fürsorge und liebevolle Aufmerksamkeit schenkt. Es kann allerdings auch passieren, daß beim Kind eine aggressive Reaktion zurückbleibt, wenn es wieder mit den Eltern vereint ist. In diesem Fall könnte das Kind einen bleibenden Schaden erlitten haben. Möglicherweise bleibt dieser Zustand auch im Erwachsenenalter bestehen.

Wird diese vollkommene emotionale Trennung des Kindes von den Eltern oder sogar zwischen dem Kind und allen anderen Erwachsenen zum Dauerzustand, dann ist es dennoch möglich, daß das Kind eine oberflächliche emotionale Bindung zu einem Erwachsenen in pflegerischer Funktion, etwa einem Sozialarbeiter, Therapeuten oder einer Krankenschwester oder Kinderpflegerin eingeht. Die kritischen Jahre im Leben des Kindes liegen im Alter zwischen drei und fünf Jahren. In dieser Zeit ist es besonders verletzlich. Hat das Kind keine oder nur sehr wenig Gelegenheit, die Bindung an eine »Mutter-Figur« zu entwickeln, dann wird der Entzug der mütterlichen Zuwendung gewiß den Weg bereiten für das Auftreten von Verhaltensstörungen und neurotischen Störungen, die sich später häufig als antisoziales Verhalten, Kriminalität oder Neigung zu Bagatellkriminalität manifestieren.

Es ist möglich, dem Kind oder Erwachsenen einen gangbaren und sicheren Weg zurück zu bereiten, wenn man sorgfältig und gewissenhaft nach den Ursachen der emotionalen Störung sucht, also beispielsweise die unsicheren Verhältnisse im Elternhaus, die Trennung von den Eltern u.s.w. berücksichtigt. In anderen Fällen gelingt es vielleicht, schon vorbeugend etwas zu tun. Ein weiterer Aspekt sollte bedacht werden, und zwar die übermäßige Fürsorge durch die Eltern, ein allzu starkes Behütetsein (overprotectiveness). Dadurch kann das Gefühl der Unsicherheit und Ängstlichkeit von den Eltern auf das Kind übertragen werden. Die Streßbelastung des Menschen ist immer gegenwärtig und macht sich nicht allein durch physische Symptome bemerkbar. Deshalb ist bei den meisten Menschen stets die Gefahr einer psychomatischen Erkrankung latent vorhanden. Heiler und Therapeuten sind gut beraten, wenn sie bei der Suche nach der Ursache vieler Leiden dies in Betracht ziehen. Typische Anzeichen dafür sind etwa ein Gefühl des Patienten, unfähig für jede nützliche Tätigkeit zu sein. Er fühlt sich ständig unbehaglich in sich selbst, erfolglos, zu keiner echten Leistung imstande. Außerdem kennt er niemals das Gefühl der Befriedigung. Der Psychosomatiker hat den Eindruck, daß sein Zustand sowohl ein allgemeines als auch ein privates Problem ist. Er weiß, daß die Menschen damit zu beeindrucken sind, denn er denkt auf eine ungesunde Art über andere Menschen und legt ihre Handlungen negativ aus. Das beeinflußt seine Einstellung den Menschen gegenüber. In der Tat ist der gesamte Bereich seines sozialen Lebens von Verzerrungen und Verdrehungen bestimmt. Die Folge ist, daß dadurch schlimme Belastungen der ehelichen Partnerschaft einschließlich der sexuellen Beziehungen entstehen. Eine Psychoneurose oder Persönlichkeitsveränderung hat nicht nur eine direkte Auswirkung auf persönliche Beziehungen und Ehepartner, sondern kann auch einen weitreichenden verderblichen Einfluß auf eine Familie ausüben, die für die Erziehung der Kinder verantwortlich ist. Die Rückwirkungen können sich viele Jahre später bei Erwachsenen zeigen, die das Unglück traf, in einer solchen Familie geboren worden zu sein, ohne bei Verwandten, einem Pfarrer, Sozialarbeiter, Therapeuten oder Lehrer die nötige Hilfe zu finden.

Sobald der Heiler oder Therapeut eine feste Vorstellung davon hat, was eine Neurose ist und welche Anzeichen es dafür gibt, muß der nächste Schritt darin bestehen, genau zu analysieren, in welcher Form sie auftritt. Danach wird er einigermaßen wissen, womit er es zu tun hat, und kann die Erscheinungsform richtig einordnen. Obwohl wir immer wieder betont haben, wie notwendig eine exakte psychiatrische Bestimmung einer *scheinbar* organischen Erkrankung durch den Heiler oder Therapeuten ist, muß noch einmal daran erinnert werden, daß die Neurose *keine organische* Erkrankung ist. Dieses verwirrende Gebiet der psychosomatischen Erkrankungen oder Neurosen wäre bei einem engagierten, sensiblen Geistheiler mit einer ausgeprägten Intuition in besseren Händen, denn die meisten Psychiater sind im Grunde der Meinung, daß sie ihre Zeit verschwenden, wenn sie sich mit den Formen der Neurose und der Persönlichkeitsstörungen beschäftigen. Der Grund dieser Überzeugung ist, daß fast alle Neurosen sich durch physische Symptome äußern, die nicht analysiert werden können und die aufgrund der Persönlichkeitsstörungen und des Umweltstresses selten zu erkennen sind. Daher wird die Ursache der Erkrankung sehr oft irgendwelchen *unbekannten* Viren zugeschrieben. Tatsache ist aber, daß Neurosen sehr viel häufiger die Ursache nicht identifizierbarer »organischer« Erkrankungen sind als Viren.

Bei erschöpften, überarbeiteten Hausfrauen, die über Müdigkeit, Schwindelgefühl, Herzklopfen, Schwitzen und verschiedene Schmerzen und Beschwerden klagen, wird häufig die Diagnose Grippe, Drüsenfieber, Rheumatismus oder Mangel an Eisen oder anderen Mineralstoffen gestellt. Wenn die Patientin nach der üblichen medikamentösen Behandlung weiterhin über die Beschwerden klagt, bezeichnet man das Problem gewöhnlich als »unspezifische Virusinfektion«. Man kommt zu diesem Schluß, weil die Ärzte in der Tat ein Leiden vor sich haben, das deutliche körperliche Symptome erkennen läßt, ohne daß aber eine organische Krankheitsursache zu finden ist. Das bemerkenswerte ist, daß Patienten, die über Beschwerden klagen, die keine organische Ursache haben, gewöhnlich sehr gut reagieren, wenn Veränderungen in ihren persönlichen Beziehungen (nicht unbedingt Veränderung ihrer Umwelt) eintreten. Ein guter Arzt, Sozialarbeiter oder Heiler kann diese Wandlung bewirken, weil es der Patient tatsächlich genießt, daß man sich um ihn kümmert, ihn umsorgt.

Die große Schwierigkeit des Arztes besteht darin, daß die Neurose zwar keinen organischen pathologischen Befund aufweist, mit der Zeit jedoch tatsächlich zu einer körperlichen Erkrankung führen kann. Das liegt daran, daß die Neurose die körperlichen Symptome so geschickt nachahmt, daß die Diagnose außerordentlich schwierig ist. Man beginnt deshalb gewöhnlich mit der Behandlung durch verschiedene Medikamente, und kann damit einen organischen Zusammenbruch hervorrufen. Es ist aber auch möglich, daß ein Patient unter echten organischen Störungen leidet und neurotisch auf die Symptome reagiert. Ist die Neurose eine Krankheit? Das ist die Frage, die immer wieder gestellt wird. Es ist keine organische Krankheit, aber es ist eine geistig-seelische Störung, die behandelt werden muß. Arzt und Heiler werden oft mit dem »Kloß im Hals« oder dem »Kribbeln im Magen«, mit Hochdruck und »häufigem starken Herzklopfen« usw. konfrontiert. Diese Störungen rechnet man oft zu den physischen Symptomen, tatsächlich aber sind sie seltener als man glaubt die Ursache für das Leiden des Patienten, auch wenn er sie sehr real spürt. Um diesen Menschen zu helfen, muß der Heiler über die einfache

Behandlung der Symptome hinausgehen. Die Antwort ist viel tiefer zu finden. So gibt es zum Beispiel keine physische Diagnose für den Patienten, der in der ständigen Angst lebt, seinen Arbeitsplatz zu verlieren, oder für den, der von seinem Partner getrennt ist oder ihn verloren hat, oder für jemanden, der sich in finanziellen Schwierigkeiten befindet usw. Wenn ein Patient dem Arzt oder Heiler gegenüber organische Beschwerden nennt, sind sie nichts weiter als ein Vorwand, um bei ihm Hilfe zu suchen.

Der Heiler sollte besonders auf jene Patienten achten, die unablässig jammern, weil es charakteristisch für Neurotiker ist, daß sie über Symptome in verschiedenen Teilen ihres Körpers klagen. Sehr oft beginnt der »Jammer« schon in ziemlich jungen Jahren, ja bereits im Kindesalter, und setzt sich bis ins Erwachsenenalter fort. Der Heiler (und natürlich auch der Arzt) muß absolut sicher sein, daß keine echte organische Störung vorliegt, ehe er den Versuch macht, eine Neurose zu diagnostizieren. Das kann ein sehr langwieriger Prozeß sein, aber wenn überhaupt ein Fortschritt erzielt werden soll, dann muß man mit viel Geduld und Sorgfalt vorgehen. Denken Sie jedoch während dieses ganzen Vorgangs immer wieder daran, daß der Patient darauf beharren wird, er sei organisch krank. Auch wenn man selbst zu der festen Überzeugung gekommen ist, kann es eine schwierige Aufgabe sein, den Patienten davon zu überzeugen, daß sein Zustand nicht organisch bedingt ist. Wenn man das versucht, kann man dadurch sehr wohl die Neurose noch verschlimmern. Aber dennoch muß dieser verderbliche »Stachel« aus dem Bewußtsein entfernt werden, wenn man überhaupt Fortschritte in der Stabilisierung des Patienten machen will.

Eine gute Beziehung zwischen dem Heiler und dem Patientenkann ein äußerst wirksames therapeutisches Werkzeug sein. Das Vertrauen und die direkte Beziehung zum Heiler gibt diesem eine Aura von Autorität und Kraft. Das ist der erste entscheidende Schritt. Ein Band des Vertrauens ist entstanden, das eher auf der Ebene »Kind – Eltern« liegt auf dem Niveau einer Beziehung zwischen zwei Erwachsenen. Diese persönliche Beziehung ist ungeheuer wichtig, denn damit entwickelt der Patient wahrscheinlich zum erstenmal ein gewisses Vertrauen und die Erkenntnis, daß sich zumindest ein Mensch um ihn kümmert, der wirklich versteht, worunter er leidet. Um zu einer genauen Diagnose zu kommen, muß als nächstes eine Untersuchung und Aufzeichnung der bisherigen Entwicklungsgeschichte des Patienten erfolgen. Es ist zweifellos die beste Medizin, die man bieten kann, wenn man den Patienten dazu bringt, daß er ausführlich über sich selbst, über seine Fehler, Ambitionen, Frustrationen, über sein Familienleben, seine Liebesaffairen, die sexuellen Beziehungen, über seine Vergehen, Schwächen, Hemmungen u.s.w. spricht. Wenn man auch immer davon ausgeht, daß der gute Zuhörer auch ein guter Heiler ist, so ist es darüber hinaus doch unbedingt notwendig, daß der Therapeut zum richtigen Zeitpunkt seine Rolle in der Beziehung »ungezogenes Kind – Eltern« übernimmt. Wenn deutlich wird, daß der Patient in irgendeiner Weise selbst für seine Beschwerden verantwortlich ist, dann muß der Heiler dies dem Patienten freundlich aber bestimmt mitteilen. Diese Form der Behandlung wird dem Leidenen helfen, seine durcheinandergeratene Einstellung zur Verantwortlichkeit oder vielmehr die Ablehnung der Verantwortung und das Gefühl der Schuld zu entwirren. Es wird den Patienten dazu bringen, sich selbst zu verzeihen, seine Grenzen zu akzeptieren und auch die Fehler der ihm Nahestehenden zu erkennen.

Es ist seit langem bekannt, daß es in vielen Fällen eine direkte Verbindung zwischen der Neurose und dem Zeitpunkt einer Zahnbehandlung gibt. Man bezeichnet diese Störung als Dentalphobie. Psychogene Dermatosen (Hautkrankheiten) treten bei Menschen auf, die Schwierigkeiten beim Zusammentreffen mit anderen Menschen haben oder die unter Persönlichkeitsproblemen leiden. Hauterkrankungen können aber auch durch ständige emotionale Störungen verursacht werden, da die Erregung starkes Schwitzen auslöst. Zwanghaftes Händewaschen eines unter Besessenheit leidenden Patienten könnte durch eine leichte Störung der Hautbeschaffenheit verursacht werden. Bei Frauen, die unter prämenstrueller Spannung leiden, waren besonders häufig Neurosen zu beobachten. Bei der Behandlung von Diabetes zeigten sich ebenfalls sehr viele neurotische Symptome. Das bedeutet, daß der Arzt, der das Insulin verordnet, den Psychiater zur Behandlung der neurotischen Beschwerden hinzuziehen sollte. Einer ohne den anderen wird wenig erreichen. Im Falle von Asthma, Migräne und verschiedenen allergischen Erkrankungen gibt es Anzeichen dafür, daß man ebenfalls die neurotischen Komponenten aufspüren und behandeln sollte.

Die Neurose erscheint in so vielfältigen Formen und kann so viele organische Erkrankungen imitieren, daß man ohne weiteres sagen könnte, bei den meisten Patienten, die in die Kliniken, Operationssäle und Krankenhäuser kommen, ist die Neurose deutlich sichtbar. Dieses Kapitel meines Buches hat in keiner Weise die zahllosen Ursachen und Erscheinungsformen der Neurose erschöpfend behandelt. Die Erörterung des Themas, und dazu gehört auch der Hinweis auf Behandlungsmöglichkeiten, gibt nur einen allgemeinen Überblick und ist für jene Heiler und Therapeuten bestimmt, die von Zeit zu Zeit bei ihrer Arbeit mit Neurotikern zu tun haben. Das Kapitel über die Behandlung hat provisorischen Charakter und es ist zu hoffen, daß es einigen Therapeuten gelingt, soviel wie möglich daraus zu lernen und für ihre Patienten zu nutzen. Jeder praktizierende Heiler wird zweifellos vielen neurotischen Patienten begegnen. Es ist wichtig, dann stets daran zu denken, daß es niemals zwei genau gleiche Fälle gibt. Zur Hilfe für den Neurose-Patienten gehört auch die Herstellung einer engen Beziehung, Geduld, Fürsorge, das Gespräch, Verständnis, und schließlich die Fähigkeit, Vertrauen zu wecken. Der Neurotiker weiß nur zu gut, daß er in einer Gesellschaft lebt, in der *körperliche* Leiden durchaus akzeptabel sind, psychische Krankheitsbilder jedoch nicht.

Auf diesem Gebiet könnte ein guter Geistheiler von großem Nutzen sein. Diese Feststellung ist um so schwerwiegender, wenn man in Betracht zieht, daß der Psychosomatiker oder Neurotiker ein sensibler Mensch ist, der sehr unter seiner Angst leidet. Infolge seines Mangels an Vertrauen ist er gelähmt und es kann sehr leicht zu einem ernsten Rückschlag kommen, wenn jemand zu ihm sagt: »Sei doch nicht so albern und reiß dich zusammen!« Das hat er viele Male von Familienangehörigen und auch Ärzten gehört. Das erste Ziel des Heilers muß es sein, dem Patienten die Überzeugung zu vermitteln: »Du kannst ganz aus *eigener Kraft* wieder in Ordnung kommen.« Wenn man ihm diesen Gedanken fest einprägt, gibt ihm das den Anstoß zur Besserung. Es ist für den Patienten von entscheidender Bedeutung, daß er begreift, daß er ganz allein verantwortlich ist für sein eigenes Denken, sein Handeln und zur entsprechenden Zeit auch für die Wiederherstellung seiner äußeren Lebensbedingungen und seiner sozialen Geltung. Wenn man in ihm diese Hoffnung weckt, gibt man ihm damit die Möglichkeit zur Heilung. Das ist der erste unbedingt notwendige Schritt. Geben Sie dem Patienten bei jeder Gelegenheit die Möglichkeit zum Handeln, aber vergewissern Sie sich, daß die angebotene Betätigung vom Patienten zu übersehen und zu kontrollieren ist. Wenn eine kleine Aktion auch nur eine geringfügige Abweichung von der vorherigen destruktiven Verhaltensweise bewirkt, sollte der Heiler oder Therapeut dies geschickt ausnutzen, um allmählich eine größere Veränderung einzuleiten. Die Mitteilung an den Patienten muß lauten: »Jetzt sorgst *Du selbst* dafür, daß es Dir besser geht.«

Bei der Behandlung der Neurose wird es niemals eine wesentliche Bessererung geben, wenn nicht Therapeut und Patient die gleichen Fehler, die gleichen Ängste und die gleichen Einwände »teilen«. Den Patienten voll und ganz in seine eigene Behandlung mit einzubeziehen setzt voraus, daß er dem Heiler Vertrauen entgegenbringt. Der Patient, der kein Vertrauen zu seinem Heiler hat, wird einfach immer stärkere Krankheitssymptome entwickeln. Ohne Zuversicht und Vertrauen erweist sich jeder Behandlungsversuch nicht nur als nutzlos, sondern er könnte sogar noch größeren Schaden verursachen. Das Ziel des Therapeuten darf es nicht allein sein, dem Patienten eine angenehme Erfahrung zu verschaffen. Das wäre nur ein winziger Schritt vorwärts. Wir müssen den Patienten jedoch vorsichtig immer weiter vorwärtsdrängen. In dieser Phase sollten wir allmählich eine Vorstellung von seiner Persönlichkeit, seinem Verhalten und seinen Beschwerden haben. Die Behandlung der Symptome muß an erster Stelle stehen. Leidet er beispielsweise unter Phobien?

Beginnen Sie damit, ihn zuerst von bestimmten Phobien zu befreien. Mit dem Nachlassen der Symptome, die durch diese Phobien hervorgerufen wurden, wird sein Vertrauen langsam wachsen und dadurch auch eine allgemeine Besserung seiner sozialen Funktionen eintreten. Der Heiler sollte nie sein Ziel aus den Augen verlieren: die Rehabilitation des Patienten. Mit anderen Worten heißt das, die Fähigkeit des Patienten zu unabhängigem Handeln fördern.

In den meisten Fällen ist die Psychoneurose die Folge eines Konflikts zwischen einem Wunsch oder einem Bedürfnis und der Befriedigung dieses Bedürfnisses. Je intensiver der Wunsch und je größer die Enttäuschung, umso ernster ist die Neurose. Wenn ein Weg gefunden werden könnte, diese einander entgegenstehenden Kräfte unwirksam zu machen, dann würde die Neurose verschwinden. Der Heiler muß nach diesen Grundbedürfnissen oder Wünschen suchen. Ist es Sicherheit? Der Wunsch nach Liebe? Vertrauen in die Gesellschaft? Möchte der Patient sich kreativ betätigen? Oder wünscht er sich ganz allgemein mehr Erfolg in den wesentlichen Dingen des Lebens? Ist man in der Lage, den Patienten so zu führen, daß er den Eindruck hat, die Lösung kommt aus ihm selbst, dann wirkt das sehr viel heilsamer, als wenn man ihm die Idee dazu von außen eingibt. Es ist wichtig, daß der Heiler berücksichtigt, daß im ersten Fall der Geist *aktiv* mitwirkt, während er im letzteren Fall *passiv* bleibt

Die römisch-katholische Kirche benutzt schon seit langem eine nahezu vollkommene Methode des »Friedens aus dem Innern«, ohne dabei auch nur im entferntesten an eine psychiatrische Behandlung zu denken. Gemeint ist das Ritual des Beichtstuhls. Man kann niemals nur durch die Anwendung von *außen* einwirkender Methoden im menschlichen Geist Frieden und Rationalität erzeugen. Diese einfache aber überaus wichtige Lehre könnte uns jedes wißbegierige Kind und jeder suchende und forschende Erwachsene erteilen. Sie werden uns sagen, daß es eine größere Freude ist, selbst etwas zu entdecken, als das gleiche gezeigt zu bekommen. An diesen wichtigen Hinweis sollte der Heiler stets denken, wenn er mit einem Patienten arbeitet.

Vor Abschluß dieses Kapitels soll noch etwas über den Heiler oder Therapeuten gesagt werden, der versucht, ein wenig Ordnung in den Geist des Neurotikers zu bringen. Er sollte ein sicheres Wissen in Psychologie haben, obgleich dieses auch durch entsprechende praktische Erfahrung in der Arbeit mit den verschiedenen Menschentypen erworben werden kann. Er sollte außerdem die Gabe der Intuition besitzen, die es ihm erlaubt, beim Gespräch mit dem Patienten empfangene Eindrücke und Gefühle praktisch einzusetzen. Außerdem muß er über die richtige innere Einstellung und die Persönlichkeitsmerkmale verfügen, die Voraussetzung sind, daß die Gegenwart des Therapeuten dem Patienten ein Gefühl des Vertrauens und der Entspannung vermittelt. Die intuitive Fähigkeit findet man im allgemeinen bei fürsorglichen, sensiblen Menschen, und sie ist verbunden mit einem inneren Wissen, das es dem Therapeuten unmöglich macht, allzu optimistisch in bezug auf eine Heilung zu sein. Die Intuition wird den Therapeuten aber auch davor bewahren, in Verzweiflung zu verfallen und seinen Enthusiasmus zu verlieren, wenn er sich mit Komplikationen konfrontiert sieht.

Der Heiler oder Therapeut, der wenig Erfahrung mitbringt, wird sich in solchen Fällen zuerst überfordert und dem ganzen nicht gewachsen fühlen. Gehört aber zu seinen persönlichen Qualitäten die Gabe der Intuition, das aufrichtige Bedürfnis, für den anderen da zu sein, Geduld und die Bereitschaft, aus Erfahrung zu lernen, so wird ihm mit der Zeit ein bestimmtes Maß an Vertrauen zuwachsen, das sich schließlich auf den Patienten überträgt.

Beginnen Sie jede Behandlung damit, daß Sie den Patienten über sich selbst sprechen lassen. Dieser Anfang ist wie ein »Kaltstart«. Der Heiler fühlt sich noch nicht inspiriert und ratlos. Regen Sie den Patienten vorsichtig dazu an, über alles zu sprechen, was ihm einfällt, und geben Sie ihm das Gefühl, daß Sie an allem interessiert sind, was er sagt. Dann wird sich im richtigen Augenblick Ihre Gabe der Intuition »einschalten« und Sie werden bemerken, daß Sie ruhig und sicher die Leitung der Sitzung übernehmen.

Der Therapeut muß sich als erstes darüber im klaren sein, was er bei seinem Patienten erreichen will. Nach einigen Konsultationen, wenn sich ein deutliches Verhaltensmuster herauskristallisiert, das sich aus Symptomen, Phobien, Ängsten,

Schwächen und Wünschen zusammensetzt, sollte er in der Lage sein, genau zu formulieren, mit welcher Methode er arbeiten will und welche Besserung für diesen Patienten zu erreichen ist. Das intuitive Moment wird zu diesem Zeitpunkt dem Therapeuten hinreichend Orientierung bieten. Der nächste Schritt ist die Entscheidung, wie tief die Beteiligung des Heilers oder Therapeuten sein muß. Eine allzu starke innere Beteiligung infolge eines übergroßen Optimismus bezüglich der Ergebnisse oder auch eine Überbewertung von Entwicklungen könnten im Therapeuten selbst neurotische Konflikte wachrufen. Diese würden sich schließlich auf den Patienten übertragen, der dann davon überzeugt sein müßte, daß er den Therapeuten sehr enttäuscht hat. Eine solche Reaktion wäre ein gewaltiger Rückschlag für den Patienten und das Erreichte würde zum großen Teil dadurch wieder zunichte gemacht. Der Therapeut muß das erkennen und diese Schwierigkeiten vermeiden. Der Therapeut muß auch geschickt und feinfühlig das Verhalten seines Patienten oder dessen Denkweise lenken, indem er sich sehr aufmerksam gibt, wenn der Patient etwas Positives sagt, und scheinbar wenig Interesse zeigt, wenn der Patient negativ wird. Dies gilt als »steuernde« Behandlung.

Der Therapeut, der konstruktive Hilfe anbietet, braucht nicht unbedingt Fachmann zu sein oder auch nur eine Ausbildung als freiwilliger Helfer zu haben. Patienten, die unter einer Psychoneurose litten und davon genesen sind oder eine wesentliche Besserung erlebten, sind oft voll des Lobes für die Hilfe, die sie von Familienangehörigen, von fürsorglichen Freunden, von Arbeitskollegen usw. erfahren haben. Diese »zufälligen« Helfer sind Menschen, die von Natur aus das Bedürfnis haben, anderen beizustehen. Sie haben meist selbst genügend Leid durchgemacht, um zu wissen, daß sie hilfreichen Rat geben können. Sie haben genügend Erfahrung, um zu wissen, wie die Menschen in bestimmten Situationen reagieren. Sie erkennen den Leidenden und bemerken instinktiv, welche Art von Hilfe er braucht. Schließlich können sie eine besondere optimistische Atmosphäre um sich schaffen, und daran bemerkt der Neurotiker, daß die Freundschaft eines solchen Menschen ihm helfen kann. Mit anderen Worten: Die Patienten empfinden als charakteristisches Merkmal dieser »Gelegenheitstherapeuten« Wärme, Liebe und Freundlichkeit.

Zu einer Behandlung gehört außerdem, daß man es dem Patienten mitteilt, wenn er einen gewissen Grad der Unabhängigkeit erreicht hat. Das setzt voraus, daß man ihn an jedem noch so geringen Erfolg teilhaben läßt, ohne in einen gönnerhaften Ton zu verfallen und ohne sich bei Fehlern und Mißerfolgen lange aufzuhalten. Man muß den Patienten immer wieder darauf hinweisen, daß er sich im Grunde selbst geholfen hat, daß er ja aus eigenem Antrieb und stets rechtzeitig zur Behandlung gekommen ist, daß er diese Behandlung bisher durchgehalten hat, und man sollte auch hinzufügen, daß seit der ersten Begegnung große Veränderungen stattgefunden haben. Eine solche Rückversicherung ist immer sehr hilfreich. Wenn allmählich das Selbstvertrauen des Patienten zurückkehrt, empfiehlt es sich, dazu überzugehen, daß der Therapeut allmählich nur noch als Beistand wirkt. Der Patient wird seine Hilfe nicht mehr so oft in Anspruch nehmen müssen. Das darf im Patienten aber nie das Gefühl hervorrufen, daß er zurückgewiesen wird. Bei weiteren Fortschritten wird der Patient die Unterstützung ganz von selbst immer weniger brauchen. Aber der Therapeut muß ihm versprechen, daß Hilfe stets erreichbar ist, wenn er einmal sein Selbstvertrauen verliert. Um dem Patienten zu beweisen, daß die Besserung durch seine eigene Kraft zustande gekommen ist, überläßt man ihm allmählich selbst wieder die Verantwortung für seinen gegenwärtigen Zustand und den künftigen Fortschritt.

Funktionelle Neurosen

Überraschenderweise gibt es auch Psychosen, die nicht nur für die Laufbahn oder den Beruf des Patienten, sondern auch für die ganze Gesellschaft von beträchtlichem Nutzen sind. Als ich selbst einmal gezwungen war, einige Wochen in einer Klinik zuzubringen, wo jeder rücksichtsvoll, freundlich und hilfsbereit reagierte, wo ich aber auch – und das war noch wichtiger – frei von den ständigen Anforderungen der Mitarbeiter, des Telefons und des alltäglichen Geschäftsverkehrs war, entdeckte ich die idealen Bedingungen für das kreative Denken. Die Gedanken, die ich damals zu Papier gebracht habe, gehörten zum Besten, was ich je geschrieben hatte. Ich genoß diese Erfahrung sehr und war traurig und verzagt, als die Zeit kam und ich die Klinik verlassen mußte. Ich wollte am liebsten noch länger bleiben. Damals erkannte ich, daß Krankheit, wenn sie die völlige Befreiung von den normalen Gegebenheiten des Lebens bedeutet, sich als eine wertvolle Hilfe zur Entwicklung eigener Ideen und Ambitionen oder der Verwirklichung kreativen Schaffens erweisen kann. Seit dieser Zeit wende ich viel Zeit für praktische Meditation auf. Heute kann ich sagen, daß die fortgesetzte Übung der Meditation nicht nur den Geist stärkt, sondern auch eine Kraft entwickelt oder heranbildet, die nicht nur die literarischen Bemühungen bereichert, sondern jede kreative Neigung fördert.

Jede erzwungene Einsamkeit bewahrt den Geist vor den Einflüssen der Ängste des normalen Alltagslebens, vor den beunruhigenden Forderungen und Verantwortlichkeiten in Familie und Beruf. Es ist klug und heilsam, die infolge Krankheit ungewollt entstandene Einschränkung zur Förderung der eigenen Ideen zu nutzen. Wenn man aber einen solchen Zustand der Beschränkung absichtlich herbeiführt, um Einsamkeit und Muße oder einen schöpferischen Zustand herzustellen, dann handelt es sich um eine vorsätzlich erzeugte Form der Psychoneurose, auch wenn ihre Auswirkungen kreativer Art sind.

Im Verlauf der Geschichte haben Berühmte, Berüchtigte und Unbekannte immer wieder bewußt solche Psychoneurosen entwickelt. Es war für sie ein bequemes Werkzeug, sich vor den Unterbrechungen des normalen Lebens zu schützen und ungestört einer besonderen Inspiration oder Ambition nachgehen zu können. Es gibt aber auch die Fälle, in denen sich aufgrund der Schwierigkeiten und Belastungen des Alltags eine Psychoneurose mit vielfältig abnormen Verhaltensweisen entwickelt. Der bezeichnende Unterschied zwischen einem Psychoneurotiker und dem Psychosekranken besteht darin, daß der Psychoneurotiker die Verbindung zur Realität niemals ganz verliert und in der Lage bleibt, für sich selbst zu sorgen. Er wird von *unmittelbaren* Umweltbedingungen stärker gestört und beeinflußt und ist nur von dem Bedürfnis besessen, eine einzige Bestrebung zu verwirklichen.

Es gibt verschiedene Grade der Psychoneurose. Jeder Patient reagiert auf unterschiedliche Weise, je nach Stärke oder Schwächen seines Charakters. Manchmal ist nur eine leichte Abweichung vom Normalen erforderlich, um eine Psychoneurose auszulösen, während in anderen Fällen anhaltende Störungen über einen langen Zeitraum hinweg bestehen mußten, ehe die Labilität sichtbar wird. Wir haben bereits beschrieben, wie ungeheuer schwierig es für den Arzt ist, zwischen einer psychosomatischen und einer organischen Erkrankung zu unterscheiden. Trotz der Tatsache, daß die Wissenschaft bei der Erforschung des geistig-seelischen Verhaltens große Fortschritte gemacht hat, ist die Psychoneurose noch immer die am schwersten zu diagnostizierende Krankheit.

Angstneurose, die häufigste aller psychoneurotischen Störungen, entsteht, wenn der Mensch eine große Angst erlebt hat, entweder in einer Begegnung mit einem anderen Menschen oder durch ein zufälliges Ereignis, das einen unauslöschlichen Eindruck in ihm hinterlassen hat. Quälende geistige Störungen können auftreten, wenn der Betreffende später – und sei es nur für einen Augenblick – an den Vorfall erinnert wird, der Gegenstand seiner Angst ist. Die auffälligsten Merkmale einer Angstneurose sind Atemstörungen, Schwitzen und Übelkeit, so daß der Arzt den Eindruck gewinnt, der Patient leide unter einer ernsten Herzerkrankung. Der berühmte Physiologe Iwan Petrowitsch Pawlow hat durch seine Versuche zweifelsfrei bewiesen, daß es möglich ist, bei Hunden eine Psychoneurose hervorzurufen, daß jedoch manche Tiere leichter davon ergriffen werden als andere. Eindeutige Zeichen einer geistigen Störung wurden durchwegs erzeugt, wenn der Hund ständig mit einer beunruhigenden Erfahrung konfrontiert wurde, der er sich weder entziehen noch sie überwinden konnte. Es ist erwiesen, daß die gleichen Konflikte und Umstände auch beim Menschen die Ursache der Angstneurose sind.

Nach Douglas Hubble (siehe *Drawing and Psychotherapy*) war die Krankheit nichts anderes als eine Angstneurose oder Psychoneurose, die er entwickelte, um sich die nötige Ruhe und Freiheit von den täglichen unangenehmen Pflichten zu verschaffen, um an seiner revolutionären Evolutionstheorie zu arbeiten. Vor allem brauchte er diese Ungestörtheit, um das Buch »Die Entstehung der Arten durch natürliche Zuchtwahl« fertigzustellen. Selbst wenn bekannte Ärzte jeder Zeit nachdrücklich erklärten, daß es sich bei Darwins Leiden offensichtlich um eine Infektion handelte, die er von einer seiner Reisen mitgebracht hatte, bleibt das Thema bis heute Gegenstand heftiger Kontroversen. Je mehr man aber Darwins eigene Darstellung seiner Arbeitswut und seines leidenschaftlichen Hasses gegenüber jeder Unterbrechung bedenkt, und dazu sorgfältig die anderen Beschreibungen studiert, die von Darwins fieberhaftem Ehrgeiz in bezug auf die Fertigstellung seiner Arbeit sprechen, um so stärker weist alles eher auf einen Fall von Psychoneurose hin als auf die Theorie eines chronischen Infektes, wie sie von den Ärzten aufgestellt wurde.

Douglas Hubble behauptet, daß Darwin unter einer Psychoneurose litt und nicht unter einer organischen Erkrankung. Er stützt seine Behauptung auf eine Reihe äußerst wertvoller Beobachtungen:

1. Darwin starb nach fast 45jähriger erschöpfender Arbeit und Forschung an Herzversagen.

2. Man fand keinen organischen Hinweis, der die Diagnose einer »Infektion« bestätigte, die von den Ärzten gestellt worden war.

3. Darwins Zustand besserte sich sogar gegen Ende seines Lebens, als er das Gefühl haben konnte, daß seine literarischen Vorhaben mehr oder weniger abgeschlossen waren. Das ist ein Umstand, der nicht dafür spricht, daß der berühmte Mann sein Leben lang unter einer Infektionskrankheit gelitten hat.

4. Später wurde offiziell bekanntgegeben, daß kein organischer Befund entdeckt wurde, der den schlüssigen Beweis erbrachte, daß Darwin viele Jahre wegen einer Infektion zur Untätigkeit verurteilt gewesen war.

Heute ist man allgemein der Ansicht, daß die Psychoneurose eine Störung des Gemütslebens ist, der eine Reihe beunruhigender Ereignisse zugrundeliegen. Man hat auch erkannt, daß die Psychoneurose eine selbst herbeigeführte Funktionsstörung sein kann, die dem Patienten dabei hilft, ein bestimmtes geheimes Ziel zu erreichen, wie etwa im Falle Darwins.

Hysterische Ausbrüche können ein Kunstgriff sein, um die Aufmerksamkeit anderer Menschen auf sich zu ziehen. Die hysterische Paralyse oder die tyrannischen Temperamentsausbrüche könnten den Zweck haben, den Patienten bewußt vor den Unterbrechungen zu bewahren, die jeder gesellschaftliche Umgang mit sich bringt. Auf diese Weise gewinnt er die Abgeschiedenheit und Ruhe, nach der sich der Mensch so sehnt, wenn er ein bestimmtes Vorhaben verwirklichen will.

Viele normale Menschen im Zustand geistig-seelischer Ausgeglichenheit haben Wochen und Monate der Muße genossen, wenn sie einmal aufgrund eines Unglücksfalles das Bett hüten mußten. Die Zeit ihrer erzwungenen Absonderung war von Vorteil für viele ihrer bis dahin unerfüllten kreativen Bestrebungen. Die Geschichte ist voll von Namen großer Männer und Frauen, denen die Welt wertvolle Beiträge in der Wissenschaft und Medizin verdankt, und die ihre Entdeckung während einer Erkrankung machten, die sich im nachhinein als psychoneurotische Störung erwies. Wenn diese Beispiele auch zeigen, daß selbst psychosomatische Erkrankungen dafür sorgen können, daß kreative Werke entstehen, die für die Gesellschaft und die Nachwelt von unschätzbarem Wert sind, dürfen wir auf der anderen Seite nicht vergessen, daß es sich bei den meisten Fällen psychischer Symptomatik um geistig-seelische Störungen handelt, hinter denen sich ein ernstes Persönlichkeitsproblem verbirgt. Es könnte geheilt werden, wenn der Arzt oder Psychiater mit Hilfe des Patienten die Störung durch eine Psychoanalyse aufdeckt. Im Falle der schöpferischen Neurose sehen sich die Ärzte jedoch einem schweren Problem gegenüber, weil es außerordentlich schwierig ist, zwischen Psychoneurose und organischer Krankheit zu unterscheiden. Wird eine organische Erkrankung irrtümlich für eine Psychoneurose gehalten, könnte das den Tod eines Patienten zur Folge haben. Ehe die Medizin ihren gegenwärtigen hohen Stand erreicht hatte, wurden alle Patienten dieser Art ihr ganzes Leben lang wegen einer solchen organischen Erkrankung behandelt, da das Wissen nicht ausreichte (und erst recht keine Beweise vorlagen), um den Ärzten die Unterscheidung zwischen organischem und psychosomatischem Leiden zu ermöglichen. In dem provozierenden Buch *Creative Malady* (George

Allen und Unwin) beschreibt Sir Georg Pickering, ehemals Professor der Medizin an der Universität London, wie Psychoneurosen das Leben von Charles Darwin, Florence Nightingale, Sigmund Freud, Marcel Proust, Elizabeth B. Browning, Mary Baker Eddy, William Blake, Dostojewski, Nietzsche und vieler anderer vollkommen beherrschten. Florence Nightingale wurde innerhalb von zwei Jahren nach ihrer Rückkehr aus dem Krimkrieg zur bettlägrigen Einsiedlerin. Ähnlich erging es Darwin. Ihre »Gemütskrankheit« war nichts anderes als ein Mittel, sich nicht nur vor der Familie und den gesellschaftlich bedingten Unterbrechungen abzuschirmen, sondern sie verhalfen ihnen auch dazu, daß sie ihre Bestrebung verwirklichen konnten. Das war bei Darwin die Ausarbeitung seiner Evolutionstheorie und bei Nightingale der unermüdliche Kampf für eine vollständige Reform des Kriegsministeriums, um für die britischen Soldaten in Zukunft bessere Bedingungen zu schaffen. Beide starben später nicht an Ihrem »Leiden«, sondern aus natürlichen Ursachen.

Viele andere hochsensible, kreative Künstler machten intensive Perioden der Qual durch und wurden gelegentlich als wahnsinnig angesehen (etwa im Falle von Blake, Nightingale, Van Gogh), während sie ein begnadetes Meisterwerk schufen. In diesem Stadium lebten sie vollkommen zurückgezogen und in sich gekehrt; sie zeigten tiefe Niedergeschlagenheit, waren höchst reizbar und achteten kaum auf Nahrung und Schlaf. Sie wirkten müde und schwermütig und machten den Eindruck sehr kranker Menschen. Es scheint, als ob diese Art der geistigen Störung und Persönlichkeitsveränderung nicht nur charakteristisch für den sensiblen Künstler ist, sondern sogar eine notwendige Voraussetzung, damit sich seine schöpferische Kraft voll entfalten kann, also eine *scheinbare* Folge eines streßerzeugenden Konfliktes zwischen den Anforderungen inspirierter Gedanken und ihrer Erfüllung. Je intensiver der Wunsch nach Erfüllung ist, und je größer die Frustration durch Unterbrechungen, um so schwerer wird die Psychoneurose sein. Sobald aber die Arbeit abgeschlossen ist und das Ergebnis sich als befriedigend erweist, gewinnt der Künstler rasch sein sonst so zugängliches freundliches Wesen zurück und entwickelt keine weiteren Aggressionen.

Das wichtigste, was wir von dieser zeitweiligen Geistesstörung oder dem Wahnsinn des kreativ Tätigen lernen können: Der Künstler findet seinen eigenen Weg, die hinderlichen Kräfte auszuschalten, die seinen Bestrebungen Widerstand entgegensetzen. Andere Opfer der Psychoneurose müssen sich auf Hilfe von außen verlassen, etwa auf die Unterstützung eines Psychiaters. Solange der Prozeß andauert, in dem die bedrükkenden Kräfte überwunden werden, bleiben die Auswirkungen der Neurose nicht nur erhalten, sie werden sogar schlimmer.

Dieses Kapitel ist als eine allgemeine Darstellung für Heiler und Therapeuten gedacht und soll zeigen, wie sich die Psychosomatik in ihrer ungeheuren Formenvielfalt manifestiert, es soll ihre bemerkenswerte Fähigkeit demonstrieren, organische Erkrankungen nachzuahmen, so daß es immer wieder vorkommt, daß eine *vermeintlich* körperliche Erkrankung sich später als neurotische Störung erweist. Der Heiler sollte immer daran denken, daß eine Neurose auch zur Erschwerung einer *tatsächlich* vorhandenen physischen Erkrankung beitragen kann, so daß der Kranke schließlich *neurotisch* auf sein Leiden reagiert. Eine weitere Gefahr liegt in der Tatsache, daß eine Neurose die Gegenwart einer ernsten Erkrankung vollkommen verschleiern kann, die, wenn man sie vernachlässigt, unter Umständen einen tödlichen Ausgang nimmt. Auch wenn der engagierte intuitive Heiler einiges zum Fortschritt der Psychosomatik und der neurotischen Erkrankungen beitragen kann, sollte er nie zögern, Rat und Hilfe bei einem akademisch ausgebildeten Psychiater und Arzt zu suchen.

5. Kapitel

Die psychotherapeutische Behandlung

Das Gebiet der Psychotherapie ist derart weit gefächert, daß es keinem Praktiker möglich ist, die meisten oder gar alle Methoden selbst zu erlernen. Ebensowenig wird er in der Lage sein, seinen Patienten die Möglichkeit zu schaffen, daß ihnen alle Methoden zur Verfügung stehen. Ich kann dem interessierten Leser nur raten, sich einen allgemeinen Überblick zu verschaffen und es dann dem Fachmann zu überlassen, aus der beträchtlichen Menge der bereits zur Verfügung stehenden Literatur, die von Spezialisten des jeweiligen Faches und akademisch ausgebildeten Psychotherapeuten herausgebracht wurde, die weitere Anleitung zu entnehmen. Durch die vielen Versuche, Psychotherapie überhaupt zu erklären, ist große Verwirrung entstanden. Dennoch kann man davon ausgehen, daß das Fundament aller therapeutischen Maßnahmen immer irgendeine strukturelle Methode zur Verbesserung des Wohlbefindens des Menschen durch Einsatz zwischenmenschlicher Beziehungen ist. Es gibt kaum einen Zweig der Medizin, bei dem nicht in irgendeiner Weise Psychotherapie angewandt wird. Der Grund ist offensichtlich, denn zu jedem Versuch, das individuelle Wohl zu verbessern, gehört einfach die verbale Kommunikation und ein enger Kontakt. So gibt es beispielsweise keinen Psychiater, der nicht die Psychotherapie einsetzt. Das gleiche gilt für Psychologen, Geistheiler, Sozialarbeiter, Eheberater, Ärzte, Pflegepersonal, Studienberater und Seelsorger. Viele Heiler und künftige Therapeuten stellen unweigerlich die Frage: »Was macht den guten Psychotherapeuten aus?« Es könnte auf den ersten Blick so scheinen, als ob diese Frage ganz einfach zu beantworten sei. Aber weit gefehlt! Das Gebiet der Psychosen ist so umfangreich und kompliziert, daß es eine schwierige Aufgabe ist, den richtigen Psychotherapeuten zu finden. Aber der Bereich der Psychotherapie ist ebenso weit und unübersichtlich, daß man unmöglich glauben kann, ein bestimmter Therapeut sei für jeden Patienten geeignet. Es ist daher von größter Bedeutung, daß der Patient dem richtigen Therapeuten vorgestellt wird. Aber welcher Behandlungsmethode sich der einzelne auch zugewandt hat, eine entscheidende natürliche Fähigkeit müssen alle Therapeuten besitzen, und das ist die Gabe, während des Gesprächs freundschaftliche Beziehungen herzustellen. Das setzt voraus, daß man dem Patienten geduldig zuhört und sich auf die Sorgen und Nöte konzentriert, die er beschreibt, daß man die wesentlichen Merkmale seiner Beschwerden analysieren kann und sie auch versteht, wenn der Patient versucht, sie in der Ausdrucksweise seines alltäglichen Lebens und seiner Erfahrungen darzustellen. Zu den Merkmalen des guten Therapeuten gehört es auch, daß er ohne Anzeichen von Ungeduld oder Nervosität den beträchtlichen Anforderungen nachkommt, die man an ihn stellt. Er muß stets Gefühlswärme und verständnisvolle Aufmerksamkeit zeigen, ohne jedoch eine allzu starke innere Beteiligung zu entwickeln. Eine solche persönliche Betroffenheit gilt als potentielle Gefahr.

Eine Neurose könnte als Folge eines inneren Konfliktes entstehen, der das Gleichgewicht der drei entscheidenden Bewußtseinsebenen zerstört. Die Ebene des angeborenen primitiven Instinkts dient den Empfindungen von Schmerz und Lust. Sie ist auch das Unbewußte, der Sitz von Begierden, unterdrückten Emotionen und Phantasien. Man nennt sie auch das Id oder Es. Die zweite Ebene ist das beherrschende Ich, das

Ego-Selbst, wie ich es nenne, der Faktor, der die organisierten seelisch-geistigen Prozesse im Menschen koordiniert. Sie wird auch als Realitätsprinzip bezeichnet. Die dritte Bewußtseinsebene ist das höhere Ich, das moralische Element, die Psyche. Es ist das Gewissen, der Teil des Wesens, der zu werden das Ego-Selbst das ganze Leben lang bestrebt ist. Diese drei Kräfte stehen in einer ständigen Wechselwirkung zueinander. Beim normalen, geistig gesunden Menschen sind alle Bewußtseinsebenen im Zustand der Harmonie und die Psyche befindet sich im Gleichgewicht.

Als Folge anhaltenden Stresses aus dem äußeren Umfeld können eine oder mehrere Kräfte auf eine Weise einwirken, daß eine ernste Spaltung der drei Bewußtseinsebenen entsteht. Starke Triebe aus der Ebene des Unbewußten, dem Bereich der unterdrückten Gefühle, die sich blindlings irgendeine Ausdrucksmöglichkeit suchen, oder intensive Reaktionen aus dem höheren Ich genügen, um die koordinierte Organisation des Ego-Selbst durcheinanderzubringen. Es seien hier nur einige der neurotischen Symptome genannt, die als Folge des Zusammenbruchs dieses Gleichgewichts auftreten können: Phobien, Ängste, Depression, Besessenheit, bestimmte physische Reaktionen ohne jede organische Ursache und unbegründete Furcht. Das Ich, das verzweifelt versucht, das Gleichgewicht wiederzugewinnen, greift zu bestimmten Abwehrmechanismen, wie etwa der Verdrängung, wobei drohende Konflikte ins Unbewußte verlagert werden, oder der Leugnung. Darunter versteht man den Vorgang, Impulse und Motive zu vergessen, indem man sie ins Unbewußte verdrängt. Nach Sigmund Freuds Auffassung sind die Träume beispielsweise entscheidender Bestandteil der Psychoanalyse (siehe Sigmund Freud *Die Traumdeutung)*. Freud war auch der Ansicht, daß jene störenden Impulse, Gedanken und Gefühle, die unterdrückt und in den unbewußten Schichten verborgen werden, tatsächlich die wahren Trauminhalte sind, die aber durch einen inneren Zensor entstellt und verzerrt werden, sobald man sie ins Gedächtnis zurückruft. Auch hier handelt es sich um einen Abwehrmechanismus, der vom Ich eingesetzt wird, um die bedrohlichen Impulse daran zu hindern, sich in ihrer wahren und erschrekkenden Form zu manifestieren.

Freud war der Meinung, daß die Träume des Patienten eine unerschöpfliche Quelle unbewußten Materials darstellen und daß deren Deutung tatsächlich der »Königsweg« zur Erkenntnis des Unbewußten ist. Er betrachtete sie als die sicherste Analysegrundlage und glaubte, daß der Patient dazu angeregt werden sollte, sich an seine Träume zu erinnern. Sie müssen dann gemeinsam mit dem Therapeuten entschlüsselt werden. Durch diese Methode wird der Patient von vielen unterdrückten Emotionen und Impulsen befreit. Mit anderen Worten: Die verschleiernden Einwirkungen des Traumzensors werden rückgängig gemacht, und dadurch erkennt man die wahre Konfliktsubstanz des Traumes. Eine der wichtigsten Voraussetzungen ist daher die richtige Deutung des Therapeuten, der außerdem dem Patienten aufmerksam zuhören und sein Verhalten genau beobachten muß. Nach Jung sind alle Traumaspekte reich an Bedeutung und Symbolik. Der Traum ist das wichtigste Vehikel zur Erforschung der gewaltigen schöpferischen Kräfte, aus denen sich das Unbewußte zusammensetzt.

Für Freud ist der Leugnungsmechanismus der Grund, weshalb viele Neurotiker so häufig unter Vergeßlichkeit leiden. Das Vergessen von Verabredungen, Namen und bestimmten Anweisungen ist allgemein bekannt. Ein klassisches Beispiel für den Verdrängungsprozeß ist das sensible Kind, das eine infantile Sexualität entwickelt. Die Berührung besonders empfindlicher Teile des Körpers wie etwa des Mundes (daher das Saugen und Beißen an Gegenständen) und der Genitalien wird als angenehm empfunden. Während dieser Phase entwickelt das Kind in der Phantasie eine Liebesbeziehung zum gegengeschlechtlichen Elternteil, während der gleichgeschlechtliche Elternteil als Rivale gesehen wird. Dadurch entstehen Gedankenkonflikte. Werden andere Handlungen oder Ereignisse abrupt von dem einen oder anderen Elternteil verurteilt, wird im Kind das Gefühl einer überwältigenden Autorität geweckt, es fühlt sich ohnmächtig zu jeder Reaktion. Die sich daraus entwickelnden Emotionen werden durch den Verdrängungsprozeß unterdrückt. Die bedrohlichen Impulse werden nämlich durch aktives Vergessen ins Unbewußte verbannt. Verdrängung ist nicht nur eine allgemein akzeptierte Erklärung für unser Vergessen früher Erinnerungen und Erfahrungen, sondern auch ein deutliches Beispiel für einen aktiven Prozeß, den der Mensch einsetzt, um sich gegen Bedrohungen und Ängste von außen zu verteidigen. Der Therapeut sollte immer daran denken, daß die dominierende Kraft im Kind die primitive Kraft des Instinkts ist, jener unbewußten Schicht, die auch der Bereich der unterdrückten Emotionen ist. Wenn das Kind älter ist, dann wird dieser Bereich dem mächtigeren Ego unterworfen. Aber auch dann ist diese unbewußte Schicht noch vorhanden. Mit zunehmendem Alter gewinnt normalerweise das Ego-Selbst die Vorherrschaft über die primitive instinktive Schicht, das *irdisch-sinnliche* Realitätsprinzip dominiert. Damit wird eine große Belastbarkeit gegen Frustration und andere normale Rückschläge erreicht, und der geistig reife Erwachsene wird nicht mehr von den primitiven Bedürfnissen seines Instinkts belästigt. Er ist fähig, ein normales, geistig gesundes Leben zu führen. Anders ist es bei sensiblen Menschen. Hier bleibt das höhere Ich, das spirituelle Selbst, sehr viel stärker wirksam. Dieses höhere Ich ist das Gewissen, das moralische Prinzip oder das Ideal-Ich. Es kann weder verwandelt noch unterdrückt werden, weil es sich dabei um eine Phase im natürlichen Prozeß der spirituellen Entwicklung handelt. Es ist ein ruheloses Element mit dem inneren Drang, sich immer weiterzubewegen und nach spirituellem Ausdruck zu suchen. Um sein Ziel zu erreichen, strebt es nach Überlegenheit über das Ego-Selbst, dessen Domäne die Sinneswelt von Schmerz und Lust ist. Das Ego-Selbst spürt dieses gefährliche Vordringen und kämpft darum, seine Herrschaft zu behaupten. Das gelingt aber nicht. Trotz seiner Verteidigungsmaßnahmen wie etwa Verdrängung und Leugnung (Vergessen) kommt ein Zeitpunkt, an dem es nicht mehr der oberste Herr und Meister ist. Zwei Schichten teilen sich nun darin, Entscheidungen zu treffen und die Handlungsweise zu bestimmen. Das führt zu Konflikten und Verwirrung.

Das Ego erleidet Angst und Not, weil es sich beständig vom Nicht-Sein bedroht fühlt. Es glaubt, daß sein Zustand des Seins jederzeit aufgehoben werden kann. Angesichts einer so unvorausberechenbaren und anscheinend begrenzten Lebensspanne hat es die Wahl, entweder diese »menschliche« Gegebenheit zu akzeptieren und das Beste daraus zu machen, oder es kann versuchen, die Realität dieser Bedrohung zu verdrängen und in einer neurotischen Depression zu leben. Der Mensch flieht in einen Zustand der Hilflosigkeit und Abhängigkeit. Je mehr er sich zurückzieht, um so größer wird sein Gefühl der eigenen Wertlosigkeit, um so geringer seine Selbsteinschätzung. Er entscheidet sich dagegen, sein Leben verantwortlich zu gestalten. Zu den weiteren Folgen gehören, wie bereits erwähnt, Angst, Depression (siehe auch das Kapitel über Depressionen), Besessenheit, Phobien und sehr oft auch physische Beschwerden ohne organische Ursache.

Zu den wichtigsten Zielen der Psychotherapie gehört die Beruhigung und Ermutigung des Patienten durch die Wiederherstellung und Stärkung seiner Kräfte. Man wird sein Selbstvertrauen heben, denn seine Selbsteinschätzung ist unweigerlich auf einem sehr niedrigen Niveau; man muß die Unmenge verwirrender Gedanken auflösen, die der Patient über sich selbst hegt, und Zweifel und Mißtrauen zerstreuen, die er vielleicht in bezug auf die Behandlung hat. Die folgenden einfachen Schritte, die bei allen Formen der Psychotherapie gleichermaßen eingesetzt werden, sind zu Beginn der Behandlung sehr wirksam. Sie allein werden allerdings nicht in allen Fällen ausreichen.

a) Eine freundliche, gefühlsbetonte, vertrauensvolle Beziehung zwischen dem Patienten und dem Therapeuten wird geschaffen.

b) Ausarbeitung Planes, der auch eine Erklärung für die Probleme des Patienten und der angewandten Methoden enthält, die ihm Linderung bringen sollen.

c) Der Plan muß soviel Information wie möglich enthalten, um Art und Ursprung der Störungen zu erklären.

d) Im Patienten muß die feste Überzeugung geweckt werden, daß der Therapeut ihm helfen kann.

e) Der Therapeut sollte Gelegenheit für Erfolgserlebnisse schaffen (das können ganz einfache Dinge sein), um dem Patienten das Gefühl zu geben, etwas zu leisten.

Vom Beginn der Behandlung an sieht der Therapeut sein höchstes Ziel darin, im Patienten ein Gefühl des Vertrauens aufzubauen. Im Laufe der Zeit wird der Patient erkennen, daß er seine innersten Gefühle und intimsten Erfahrungen mit seinem Helfer teilen kann, der ihn weder kritisiert, richtet oder tadelt, sondern alles mit Verständnis anhört. Dadurch entsteht eine zwischenmenschliche Beziehung. Der Therapeut sollte bei jeder Gelegenheit sein Interesse an dem Fall zu erkennen geben. Er muß dem Gespräch stets mit Aufmerksamkeit und Anteilnahme folgen. Ein gelegentliches zustimmendes Nicken, ein Lächeln oder ein aufmunterndes Lachen an passender Stelle beweisen das Verständnis des Therapeuten für das Problem. Diese Gesten regen den Patienten dazu an, sich zu entspannen, mitteilsamer zu werden. Die größere Offenheit ist für den Therapeuten sehr hilfreich. Wenn der Patient während der Behandlung das Interesse oder die Zuversicht verliert, könnte das bedeuten, daß der vom Therapeuten entworfene Plan nicht den Bedürfnissen des Patienten entsprach. Von allergrößter Bedeutung ist das absolute Vertrauen des Patienten *und* des Therapeuten. Es ist unbedingt erforderlich, daß der Plan dem Patienten logisch und vernünftig erscheint, denn sein Glaube an den Plan ist die Grundvoraussetzung für seine Heilung. Die Hoffnung ist der wesentliche Faktor. Jeder erfahrene Therapeut weiß, daß er vor allem Hoffnung und Zuversicht wecken muß. Unwissenheit und Angst wegen seines verwirrenden und irrationalen Verhaltens stehen wie eine »steinerne Wand« zwischen dem Patienten und seiner Rationalität. Nur wenn der Therapeut *neue* Informationen liefert und für eine Begründung und Erkenntnisse über die Art und möglichen Wurzeln des Problems sorgt und einen positiven Weg findet, damit umzugehen, kann er helfen, diese Mauer niederzureißen.

Der Therapieplan sollte so zusammengestellt sein, daß er den Patienten dazu bringt, die Natur der unterschiedlichen Seiten seines inneren Selbst zu verstehen. Der Patient muß lernen, sein eigenes Wesen zu erkennen. Wenn diese entscheidende Komponente in dem Plan fehlt, oder wenn es dem Patienten nicht gelingt, zu einer solchen Einsicht zu kommen, dann bleibt das ganze Projekt wirkungslos. Der beste Plan besteht darin, den wichtigen Prozeß der Selbstfindung deutlich zu machen: Der Schüler erfährt etwas über sich selbst und entdeckt Mittel und Wege, seine Probleme zu überwinden. Der Therapeut ist nicht Lehrer, sondern nur Führer, der sich zusammen mit dem Schüler an dieser Entdeckung beteiligt.

Für den Erfolg jeder therapeutischen Behandlung ist es erforderlich, daß man glaubt und begreift, daß es für *alle* Menschenwesen einen gemeinsamen Nenner gibt, der es dem Therapeuten erlaubt, bestimmte Grundursachen zu erkennen, deren Folgen vorhersehbar sind. Gelingt es, diese Ursachen aufzudecken, entsteht damit ein Anreiz, der das Wohl des Patienten weiter fördert.

Ein sorgfältig zusammengestelltes Programm der psychotherapeutischen Behandlung ist notwendig, damit die verbale Kommunikation sich weiterentwickeln kann. Das wird dem Patienten helfen, Vertrauen zum Therapeuten zu fassen. Der Patient, der weiß, daß der Therapeut seine Sorgen versteht, wird nach dem Grundsatz der *sichtbar gewordenen Ursache* einen Anreiz erfahren, der wiederum die intellektuelle Einsicht des Therapeuten fördert, da die Aussagen des Patienten seinen eigenen intuitiven Reaktionen entsprechen.

Der Behandlungsplan muß nach einigen Probesitzungen sorgfältig und gewissenhaft zusammengestellt werden. Dabei müssen das Urteil des Therapeuten über den Charakter des Patienten, seine intuitiven Eindrücke, die er bei den verbalen Beschreibungen der Beschwerden des Patienten erhält, und, falls erforderlich, auch die religiösen Vorstellungen des Patienten berücksichtigt werden.

Es kann gar nicht genug betont werden, daß der Faktor »Hoffnung« von allergrößter Bedeutung für eine anhaltende Besserung der Neurose ist. Dr. Jerome Frank, ein hervorragender amerikanischer Psychotherapeut, wies bei einer Reihe von Experimenten immer wieder auf diesen Punkt hin. Seine Forschungsmethode beruhte auf dem alten Glauben des Arztes an die Wirksamkeit der Placebos. Damit ist die positive Reaktion auf die Anwendung einer chemisch wirkungslosen Substanz gemeint, die unter Ärzten seit vielen Jahren bekannt ist und schon lange vor der Entwicklung der Psychotherapie angewandt wurde. Wenn eine solche Tablette keine wirksamen Bestandteile enthält, so folgerte Frank, muß die erzielte Wirkung rein psychischen Ursprungs sein. Das große Vertrauen, das Frank in seinen Patienten weckte, hatte ihnen suggeriert, daß alles, was der Heiler anwendet, ohne Zweifel eine positive Wirkung haben würde. Frank weist darauf hin, daß es sich bei der Wirkung des Placebos eindeutig um nichts anderes handelt als um die enormen Kräfte, die der Patient seinem Heiler oder Arzt zuschreibt. Der Therapeut muß daran denken, daß bei der Placebo-Anwendung die Wirkung ausschließlich von seinem Enthusiasmus und seinem Optimismus abhängt.

Es ist allerdings nicht Aufgabe des Psychotherapeuten, Pillen zu verordnen, denn das Ausmaß an Hoffnung, Vertrauen und Enthusiasmus, das er dem Patienten zu übermitteln vermag, wird den gleichen positiven Placebo-Effekt hervorrufen. Das Verständnis des Therapeuten für die Probleme des Patienten, sein Ansehen, seine zuversichtliche Einstellung, sein Ruf als Experte zur Lösung menschlicher Probleme, Aufrichtigkeit, Mitgefühl und Fürsorge, die geäußerte Einschätzung der Erlebnisse des Patienten, seine Fähigkeit, für die Gefühle die passenden Worte zu finden, seine Wärme – das alles sind potentielle Placebos oder Faktoren, die einen Einfluß darauf haben, daß im Patienten Hoffnung geweckt wird. Es ist interessant, daß bei einer kürzlich durchgeführten Versuchsreihe zur Placebo-Theorie zwei verschiedene Gruppen untersucht wurden. Die eine Patientengruppe wurde absichtlich durch psychische Placebos beeinflußt, während man bei der zweiten Gruppe nicht mehr Anregung gab als normalerweise üblich. Es zeigte sich, daß bei der ersten Gruppe die Besserung ausgeprägter war als dort, wo man keine Placebos eingesetzt hatte.

Der Heiler muß vom Beginn der Therapie an daran denken, daß die meisten Patienten, die einen Psychotherapeuten aufsuchen, in einer ungeheuren Bedrängnis sind. Der Anlaß ist vielleicht, daß sie qualvoll empfinden, wie sie mit den gewöhnlichen Anforderungen des Alltags nicht mehr fertigwerden. Möglicherweise wollen sie aber auch etwas über sich erfahren, um das Leben erfolgreicher zu gestalten. Sehr oft hat der Patient keine klare Vorstellung, was er will, da er praktisch über kein Selbstgefühl verfügt. Es ist sehr wahrscheinlich, daß er eine Kette von Mißerfolgen und Enttäuschungen hinter sich hat, wenn er die Klinik oder Praxis betritt. Er hat also bereits die fixe Vorstellung, daß seine Erfolgschancen sehr gering sind. Vielleicht schüttet er sein Herz aus und es kommt eine deprimierende Geschichte seiner Mißerfolge und Beispiele ärztlicher Unfähigkeit ans Licht, aber vielleicht bleibt er auch unzugänglich und schweigt beharrlich. Dennoch ist es möglich, daß die Situation gar nicht so düster ist, wie sie sich in den Augen des Patienten darstellt. Die erste Aufgabe des Therapeuten ist es, den Pessimismus des Patienten in Optimismus zu verwandeln. Das muß jedoch gleich zu Anfang der Therapie durch die Aktivierung des Faktors Hoffnung geschehen. Hoffnung wiederum kann nur entstehen, wenn der Patient ein Gefühl des Vertrauens zum Therapeuten entwickelt. Es gibt keinen besseren Weg für den Patienten, das zu erreichen, als die Überzeugung, daß der Therapeut seine Konflikte kennt und versteht. Der wertvollste Beitrag des Therapeuten zum Wohlbefinden des Patienten ist seine Kommunikationsfähigkeit. Das setzt voraus, daß er dem Patienten geduldig zuhört, die beschriebenen Nöte versteht, die zugrundeliegenden Beschwerden richtig einordnet, sie mit den Erfahrungen des Patienten in Beziehung setzt und schließlich seine Folgerungen formulieren kann. Der Therapeut muß dann Gelegenheit für den Patienten schaffen, relativ einfache Aufgaben zu lösen, denen er gewachsen ist. Danach wird er zu Situationen übergehen, die geringfügig höhere Anforderungen stellen. Wenn sich die kleinen Erfolge häufen, werden allmählich Selbstvertrauen und Selbstwertgefühl gestärkt, bis der Patient der Lage ist, mit größeren Problemen fertigzuwerden. Das letzte Ziel jeder Psychotherapie, ob man dabei die Placebo-Theorie anwendet oder nicht, besteht immer darin, im Patienten die Erkenntnis zu wecken, daß er leistungsfähig ist und ein beträchtliches Maß Selbstkontrolle entwickeln kann.

Der nächste Schritt des Therapeuten besteht darin, den Patienten mit einem stützenden *inneren* Gerüst zu versehen, wobei Hoffnung, Vertrauen und Selbstwertgefühl eine wichtige Rolle spielen. Diese stützende Therapie ist eine Art Kontrakt zwischen Patienten und Therapeuten, bei dem ein Plan für die gemeinsame Arbeit diskutiert wird, der dazu dienen soll, die Probleme des Patienten und die weiter anzuwendenden Methoden zu erklären. Dabei werden sich beide über die Anwendung der geplanten Maßnahmen einigen. Der Plan sollte auch ein bestimmtes Maß an »Hausarbeit« enthalten. Das bedeutet, daß geeignete verläßliche Familienmitglieder und Freunde mit einbezogen werden. Die Gruppe wird zuerst vom Therapeuten entweder einzeln oder gemeinsam über die Methoden informiert, die mit dem Patienten besprochen und vereinbart wurden. Sobald der Patient, der Therapeut und die Familienmitglieder mit den Methoden und Absichten vertraut sind und erkennen, daß das endgültige Ziel darin besteht, dem Patienten zu mehr Unabhängigkeit zu verhelfen, rückt die Möglichkeit näher, daß der Patient seine Beteiligung auf immer größere Kreise ausdehnt, also etwa Arbeitgeber, Lehrer, Nachbarn und Berufskollegen in sein Leben mit einbezieht. Kleine Therapiegruppen dieser Art sind ideal für Patienten, die Schwierigkeiten im Umgang mit anderen Menschen haben, aber auch für alle, die gern mit größerer Gelassenheit Kontakte knüpfen wollen, die aber davon überzeugt sind, daß die meisten Fremden sie nicht mögen oder sie nur kritisieren. Wir werden uns mit dem Thema Gruppentherapie in einem späteren Abschnitt dieses Kapitels ausführlicher beschäftigen.

Ich bin mir bewußt, daß in diesem Buch sehr oft psychosomatische Probleme beschrieben werden, ohne daß dabei auf die

Behandlungsmethoden näher eingegangen wird. Dieses Kapitel ist nicht für diejenigen Leser gedacht, die mehr als durchschnittliche Kenntnisse auf diesem Gebiet haben, sondern für Heiler, Therapeuten und Sozialarbeiter, die gelegentlich mit Neurosekranken zu tun haben und einige fundierte allgemeine Richtlinien brauchen. Es ist Sache des Lesers selbst, daraus zu entnehmen, was er für ein vernünftiges Vorgehen bei einem speziellen Problem brauchen kann. Der Praktiker sollte es nicht dabei belassen. Wenn er Wert darauf legt, sich ausführlicher zu informieren, so gibt es zahllose Möglichkeiten für ihn, sein theoretisches Wissen über psychotherapeutische Maßnahmen für bestimmte Fälle zu erweitern, denn seit mehr als dreißig Jahren werden in der Fachliteratur die Forschungsergebnisse der vielen verschiedenen psychotherapeutischen Methoden veröffentlicht. Dennoch gab es immer wieder Wissenschaftler, die die Idee abgelehnt haben, daß die Psychotherapie überhaupt ein geeigneter Gegenstand wissenschaftlicher Untersuchung ist. Sie sind der Meinung, daß die Beziehung zwischen Patient und Therapeut eine höchst persönliche und private Begegnung ist, völlig außerhalb des Bereichs der Laboratorien und Statistiken. Ich bin vollkommen damit einverstanden, wenn man die Psychotherapie nicht als Wissenschaft, sondern als Kunst bezeichnet, nämlich als Kunst vom Menschen.

Wenn man weiß, daß es zahlreiche Kliniken gibt, die alle nach ihren eigenen psychotherapeutischen Methoden arbeiten und die alle ihre besonderen Vorzüge und ihre Technik herausstreichen, dann erhebt sich natürlich die berechtigte Frage, ob es eine Methode gibt, die allen anderen überlegen und besser geeignet ist, eine wesentliche Veränderung herbeizuführen. Grundsätzlich kann man die traditionellen Therapien in zwei unterschiedliche Verfahren einteilen, in die Gruppentherapien und in die Einzeltherapie. Es hat sich allerdings weitgehend die Ansicht durchgesetzt, daß die Individualtherapie von größerem Nutzen ist als die Gruppentherapie. Das kommt daher, daß das individuelle Verfahren wesentlich intensiver und konzentrierter ist. Bei einer systematischen Untersuchung über die Wirksamkeit der beiden Methoden konnte diese Annahme jedoch nicht bewiesen werden. Die Vergleiche zwischen den beiden Methoden zeigten, daß jedes Verfahren seine eigenen Vorzüge besitzt. Deshalb muß die Frage nach der besseren Methode durch eine andere Frage ersetzt werden: »Welche Technik, welcher Therapeut und welche Einrichtung ist für den Charakter und die Probleme eines bestimmten Patienten am besten geeignet?« Selbst wenn es den Anschein hat, als ob man eine gute Wahl getroffen hat, kann es vorkommen, daß sich der Zustand des Patienten während der Behandlung verschlechtert. Das könnte der Fall sein, weil man eine ungeeignete Methode gewählt hat, weil die Persönlichkeit des Therapeuten sich als unvereinbar mit der eigenen erweist, oder weil die äußeren Umstände den Patienten stören. Die aktive Beteiligung des Patienten an seiner eigenen Behandlung ist von größter Bedeutung. Bei einer körperlichen Erkrankung ist nichts weiter zu tun, als daß sich der Patient passiv seinem Zustand überläßt. Bei der Neurose jedoch kommt es niemals zu einer Besserung, wenn nicht Heiler und Patient das gleiche Ziel an streben. Wenn man den Patienten dafür gewinnt, daß er etwas tut, das er sonst niemals tun würde, um sich selbst zu helfen, dann kann das der wichtigste Faktor für eine Veränderung sein, die schließlich sogar zur völligen Heilung führen könnte. Die Behandlung muß dem Patienten vernünftig und akzeptabel erscheinen. Die Akzeptanz oder die Beteiligung an der eigenen Behandlung beweist sein Vertrauen in die Methode und dem Therapeuten gegenüber.

Ohne dieses Vertrauen und ohne persönliche Beteiligung ist jeder Behandlungsversuch zwecklos. Wenn jemand an einer Gruppenbehandlung teilnimmt und kein Vertrauen zur Methode oder zum Therapeuten besitzt, aber auch nicht die Absicht hat, seine Einstellung oder sein Verhalten zu ändern, dann ist die Beteiligung für ihn selbst sinnlos und für die anderen schädlich. Kommt aber derselbe Patient zur Einzelbehandlung und ist er bereit, mit dem Heiler zusammen sein Ziel anzustreben, dann besteht nicht nur die Aussicht, daß er etwas zu seiner eigenen Heilung beiträgt, durch sein Einverständnis mit dem Therapeuten, mit der vereinbarten Behandlung und den äußeren Gegebenheiten ist auch die Möglichkeit zur Veränderung und Besserung seines Zustandes gegeben.

Die Ziele der Behandlung sind fest umrissen. Das erste Ziel ist es, die vorliegenden Phobien und die spezifischen Symptome einzuordnen. Als zweites sollte der Therapeut eine Verringerung der Symptome und eine Korrektur des sozialen Verhaltens des Patienten anstreben, um damit eine Besserung des Allgemeinzustandes einzuleiten. Als drittes kommt das Prinzip der Rehabilitation dazu, das heißt, man fördert die Fähigkeit des Patienten, *unabhängig* zu handeln. Der Therapeut sollte sich bemühen, die Selbständigkeit des Patienten soweit wie möglich auszudehnen, er muß ihn aber auch darauf hinweisen, daß ihm immer noch Grenzen gesetzt sind. Ehe jedoch eine Diagnose gestellt ist, können wir uns weder mit dem Ziel der Behandlung beschäftigen noch wäre ein Fortschritt möglich. Der diagnostische Vorgang beschränkt sich im Grunde auf die Fragen »Welche Probleme liegen vor?« und »Warum treten diese Probleme gerade an dieser Stelle auf?« Damit ein klares Bild entsteht und die Diagnose präziser wird, sollte der Therapeut außerdem fragen: »Was empfindet der Patient? Wie kann ich das Umfeld des Patienten mit einbeziehen, in dem diese Probleme entstanden sind?« Um eine deutliche Antwort auf diese Fragen zu finden, sollte der Therapeut Familienangehörige, Sozialarbeiter oder andere Personen aufsuchen und mit ihnen über die Situation des Patienten sprechen und erst danach entscheiden, welche der zur Verfügung stehenden Behandlungsmethoden am geeignetsten ist.

Bei Betrachtung der verschiedenen psychotherapeutischen Methoden (man bezeichnet sie auch als »Schulen« und es gibt so viele von ihnen, daß man eine ganze Enzyklopädie zusammenstellen könnte), sieht sich der Therapeut ohne Zweifel mit einem riesigen Problem konfrontiert. Obgleich jede Methode in ihrer Art einzigartig, vielversprechend und wirksam zu sein scheint, befindet sich der Therapeut in einem großen Dilemma. Für welche soll er sich entscheiden? Glücklicherweise gibt es ein System, das er zu Rate ziehen kann. Alle Therapiemethoden beruhen nämlich auf drei grundlegenden theoretischen Techniken, die von den Psychiatern traditionell als 1. die psychodynamische Methode, 2. als die human-existentielle Methode und 3. als Verhaltenstherapie bezeichnet werden.

Die dynamische Psychotherapie

Sigmund Freud ist der Vater aller psychodynamischen Schulen, die auf Varianten der von ihm beschriebenen Psychoanalysetechnik hinauslaufen. Die dynamische Psychotherapie geht von der Annahme aus, daß die Probleme des Patienten in ihm selbst entstehen und nicht nur Folge äußerer Einflüsse sind. Nach Freud haben die Probleme der Erwachsenen ihren Ursprung vorwiegend in sexuellen Schuldgefühlen der frühen Kindheit. So hat beispielsweise das Kind sexuelle Gedanken und Phantasien, die sich gewöhnlich auf die Eltern konzentrieren. Das ist ganz normal. Wird es aber entdeckt, dann geben die Eltern oft sehr heftig ihrer Besorgnis und Mißbilligung Ausdruck. Dadurch werden im Kind extreme Schuldgefühle erzeugt.

Die Folge ist, daß künftig die sexuellen Gedanken, Konflikte und Schuldgefühle von der *bewußten* Ebene entschieden zurückgewiesen werden. Sie werden in die Ebene des *Unbe wußten* verdrängt. Während der restlichen Jahre der Kindheit bis in die Pubertät hinein werden sie buchstäblich vergessen. Nach Freud hängt der Ursprung aller neurotischen Störungen eng mit den drei voneinander getrennten Geistesebenen, dem Bewußten, dem Unbewußten und dem Vorbewußten, zusammen. Nach der Pubertät gelangen die verdrängten Gedanken in das Ego oder rationale Bewußtsein. Dadurch entwickelt sich ein Angstgefühl, das entscheidend das Gleichgewicht stört. Das Ich versucht, das Gleichgewicht aufrechtzuerhalten, doch das gelingt in der Regel nicht. Das nun auftretende neurotische Symptom ist die einzige Möglichkeit des Ego, sich dem Konflikt und der Wiederherstellung einer Art Gleichgewicht zuzuwenden. Dieser Weg ist ein Kompromiß. Die entstehenden Symptome können später die Aufnahme normaler heterosexueller Beziehungen beeinträchtigen. Sie können aber auch eine langjährige Beziehung innerhalb oder außerhalb einer Ehe scheitern lassen. Es kann der Gedanke auftauchen, durch Homosexualität Abhilfe zu schaffen. Nach Freud sind auch alle anderen Persönlichkeitskonflikte über die sexuellen Anomalien hinaus als direkte Folge der sexuellen Konflikte der Kindheit anzusehen. Man befreit sich von diesen Symptomen, indem man dem Bewußtsein die wahre Bedeutung jener frühen, so lange unterdrückten Vorkommnisse deutlich macht. Eine weitere Theorie Freuds beschäftigt sich mit dem starken Einfluß des Unbewußten auf das Leben und künftige Verhalten des Menschen. Die Arbeit des Therapeuten oder Psychoanalytikers sollte sich deshalb besonders darauf konzentrieren, das *unbewußte* Material dem *bewußten* Denken zugänglich zu machen. Anders gesagt: Man muß dem Patienten helfen, bis tief in diese unterdrückten Bereiche einzudringen. Gerade in diesen Momenten spielt das Vertrauen des Patienten zu seinem Therapeuten eine besonders wichtige Rolle, denn es dient ihm als Schutz gegen die nun freiwerdenden Ängste. Der früher geschlossene Kompromiß ist offensichtlich nicht haltbar, weil die zugrundeliegenden Ödipus-Konflikte, die ursprünglich die Symptome hervorgerufen haben, weiter verborgen und daher ungelöst bleiben. Bei normalen, ausgeglichenen Erwachsenen gab es eine systematische infantile Geschlechtsentwicklung und Probleme, die in den Übergangsphasen auftraten, wurden auf natürliche Weise verarbeitet und überwunden. Kommt es aber, wie wir bereits erwähnten, zu Verdrängungen, weil Probleme nicht ganz gelöst wurden, kann sich eine Fixierung auf eine oder mehrere unterdrückte Ideen entwickeln. In der Therapie ist unser nächstes Ziel, daß der Patient *Selbsterkenntnis* und *innere Erkenntnis* durch die vollständige Konfrontation mit dem Unbewußten entwickelt. Das bedeutet, daß der Patient schließlich zu einem klaren Verständnis der zugrundeliegenden Konflikte kommt und die ursächliche Beziehung zu den Symptomen erkennt. Das ist ein schmerzhafter Prozeß, denn die Konfrontation bedeutet, daß der Patient emotional die dem Konflikt zugrundeliegenden Ursachen wahrnimmt.

Die traditionelle Technik, um das vom Bewußtsein absichtlich vergessene störende oder beunruhigende Material ans Licht zu bringen, besteht darin, dem Patienten Mut zu machen, frei, offen und ohne Hemmungen zu sprechen. Der Patient wird aufgefordert, sofort alles zu sagen, was ihm in den Sinn kommt, ganz gleich, wie anstößig oder peinlich oder quälend es auch sein mag. Später sollte der Patient mit seinem Therapeuten offen diskutieren und sorgfältig untersuchen, welche Muster den aufgedeckten Konflikten zugrundeliegen. Vom Beginn der Behandlung an muß der Patient bei jeder Gelegenheit dazu angehalten werden, offen und ohne Angst zu sprechen. Man bezeichnet diese Technik als »freie Assoziation«. Sie ist das unentbehrliche Werkzeug, um die zentralen Konflikte des Unbewußten aufzudecken. Als Freud anfing, den Ursprung bestimmter neurotischer Symptome zu erklären und daraus schließlich eine allgemeine Theorie über das menschliche Verhalten entwickelte, ging er von dem Gedanken aus: In der Determiniertheit geistigen Verhaltens gibt es nichts Banales, nichts Willkürliches und nichts Zufälliges. Für Freud ist auch das Trivialste und Gewöhnlichste außerordentlich bedeutsam, denn in jedem Fall liegt der Ursprung im Unbewußten. Er war der Meinung, daß selbst die Träume von entscheidendem Gewicht für die Methode der Psychoanalyse sind (siehe seine »Traumdeutung«). Nach Freud ist die Traumdeutung der »Königsweg« zur Erkenntnis des Unbewußten und die sicherste Grundlage der Psychoanalyse.

Das bedeutet, daß uns noch ein weiteres therapeutisches Werkzeug zur Verfügung steht, nämlich die Traumanalyse. Bei dieser Methode wird der Patient aufgefordert, sich in Gegenwart des Therapeuten seine Träume ins Gedächtnis zurückzurufen. Gemeinsam werden die Inhalte entschlüsselt, um über die offensichtliche bewußte Manifestation hinauszugelangen und bis zu den unbewußten Wurzeln der neurotischen Symptome vorzustoßen. Diese Methode ist auch eine wertvolle Hilfe bei der »freien Assoziation«. Das Hauptziel der Traumdeutung ist es, den Mechanismus des Vergessens oder den sogenannten »Zensor« im Unbewußten außer Kraft zu setzen und so die verdrängten früheren Erfahrungen zu erkennen.

Bei einer Sitzung des freien Assoziierens muß der Therapeut stets neutral bleiben und alle emotionellen Reaktionen zurückhalten. Das ermutigt den Patienten, sich allmählich zu entspannen und seinen Gefühlen freien Lauf zu lassen, als ob er alle beunruhigenden Gedanken hinausbefördern wollte. Alle diese Gedanken werden unbewußt auf den Therapeuten übertragen. Dieses Phänomen bezeichnet man als »Übertragung«. Alle latenten Gefühle wie Liebe, Haß, Aggression, Neid, Zorn, Angst, Besitzgier und Bewunderung werden auf den Therapeuten gerichtet, als ob dieser ursprünglich ihr Anlaß gewesen sei.

Die Übertragung ist ein wertvolles analytisches Mittel. Die Funktion des Therapeuten besteht darin, die *»Übertragungsneurose«* zu interpretieren, die man sich als ein Übergangsstadium zwischen dem gegenwärtigen neurotischen Zustand und den schließlich wieder normalen psychischen Funktionen vorstellen muß. In der Zeit dieser Übertragungsphase treten viele Schwierigkeiten auf. Das Ego-Selbst versucht, sich dagegen zu wehren, daß es aus dem unbewußten Bereich verdrängt werden soll. Genau wie die Natur jedes Vakuum scheut, so meidet das Unbewußte das Bewußte. Das Unbewußte und das Bewußte werden während der Behandlung stets bemüht sein, zu vermeiden, daß etwas von ihnen sichtbar wird. Damit will das Ego erreichen, daß kein Gefühl der Angst entsteht und es dem Menschen möglich ist, trotz des Vorhandenseins ungelöster Konflikte seine Funktionen aufrechtzuerhalten.

Im Falle einer Neurose gelingt es dem Ego nicht, die Konflikte vollständig ins Unbewußte zu verdrängen. Die Folge ist, daß sich eine Störung in Form verzerrter Manifestationen bemerkbar macht. Freud erkannte als erster das Auftreten von Widerständen. Für ihn war der Kampf gegen all diese Widerstände das Hauptproblem der analythischen Behandlung. Der Therapeut muß damit rechnen, daß viele Sitzungen notwendig sind, weil dieses Verteidigungssystem des Ego oder sein Widerstand eine langwierige Behandlung erforderlich macht.

Zu den wichtigsten Grundsätzen der freien Assoziation oder der Übertragungsmethode gehört es, daß der Therapeut emotional die Rolle der wichtigsten Person aus der *Vergangenheit* des Patienten übernimmt. Man muß diesem Übertragungsmechanismus besondere Beachtung schenken, denn wenn die Beziehung zwischen dem Patienten und dem Arzt einmal zustandegekommen ist, kann sie genutzt werden, um eine Verbindung von starker Heilkraft zu schaffen. Mit der Zeit bereitet diese Beziehung den Weg für den Durchbruch zum Unbewußten; danach sorgt sie für den Abbau der Verteidigungsmechanismen des Ichs und schließlich für die Enthüllung und Erkenntnis der Konflikte, die der Neurose zugrundeliegen.

Anwendung der Psychotherapie in der Gruppe

Große Aufmerksamkeit verdient die Behandlung jener neurotischen Störungen, die aufgrund zwischenmenschlicher Probleme entstanden sind. Davon sind Menschen betroffen, die Schwierigkeiten im Umgang mit anderen haben, die sich ihrer Unfähigkeit deutlich bewußt sind, mit anderen eine Beziehung aufzunehmen, oder die spüren, daß sie unbeliebt sind und daß sie kritische oder ablehnende Reaktionen bei anderen hervorrufen. Alle Menschen sind gezwungen, sich in einem bestimmten sozialen Umfeld zu bewegen, sei es bei der Arbeit, in der Freizeit, im persönlichen oder familiären Bereich. Wir müssen damit rechnen, daß innerhalb dieses weiten Bereichs gesellschaftlicher Aktivitäten viele emotionale Probleme entstehen. Es ist logisch, wenn wir annehmen, daß die Behandlung ähnlich veranlagter Menschen innerhalb einer Gruppe die naheliegende Lösung für Persönlichkeitsstörungen ist, die sich gerade in *Gruppensituationen* zeigen. Die Arbeit in der Gruppe beweist dem Patienten, daß er mit seinen Nöten nicht allein ist.

Die Arbeit in Therapiegruppen ist zwar relativ neu, doch stellt sie heute wahrscheinlich die am häufigsten angewandte Form der Psychotherapie dar. Es ist außerordentlich wichtig, daß die Mitglieder solcher Gruppen sich nicht als Patienten betrachten, sondern als Teilnehmer einer geselligen Zusammenkunft, durch die ihr Selbstwertgefühl, ihr Vertrauen, die Anerkennung oder das Verständnis für bestimmte Lebensprobleme gefördert werden soll. Eine solche Gruppe kann ziemlich klein oder recht groß sein, man trifft sich für einen Tag, ein Wochenende oder mehrere Wochen lang. Das einzige Ziel ist es, an der Weiterentwicklung zu arbeiten, Selbstbewußtsein, sinnvollen Gedankenaustausch und gesellschaftliche Sicherheit zu finden und sich gegenseitig zu helfen. In der gleichen Weise wie sich Homosexuelle und verschiedene Gruppen der Frauenbewegung zusammenschließen, um einander Verständnis und Rückhalt zu geben, sind Selbsthilfegruppen, Begegnungs- und Therapiegruppen zur Verarbeitung anderer Probleme in allen Ländern überall auf der Welt entstanden. Zu den bekanntesten Vereinigungen dieser Art gehören wohl die »Anonymen Alkoholiker« und die »Guttempler«. Es gibt aber auch Gruppen, in denen Spieler ihre Neigung zum Glücksspiel besiegen wollen und sogar Gruppen, die sich auf die Hilfe für Hinterbliebene spezialisiert haben, in denen Witwen und Witwer ihren Schmerz und die Auswirkungen der Einsamkeit und Isolierung zu überwinden suchen.

Es wäre eine unlösbare Aufgabe, wollten wir uns mit allen Arten der Gruppentherapie beschäftigen. Ich will mich deshalb auf die drei Hauptformen konzentrieren, die am häufigsten anzutreffen sind und die erfahrungsgemäß die besten Erfolge erzielen. Es sind einmal die Therapie in der Kleingruppe, wie sie der Psychotherapeut anbietet, zum zweiten die Familiengruppe, die von der Vorausetzung ausgeht, daß ein Familienmitglied mit Persönlichkeitsstörungen die ganze Familie beeinträchtigen kann, und schließlich die Treffen der Selbsthilfegruppen. Gruppentherapie unterscheidet sich von der Individualtherapie grundsätzlich dadurch, daß der Fortschritt des einzelnen von der Entwicklung seiner inneren Einstellung abhängt, die wiederum weitgehend davon bestimmt wird, wie er die Bewertung seiner eigenen Person durch die anderen wahrnimmt und auffaßt. Bei der Gruppenarbeit muß das Verhalten des Leiters anders sein als bei der Arbeit mit nur einem Patienten, weil der Übertragungsvorgang zwischen den Patienten weniger konzentriert ist. Aber auch hier muß er die Situation stets im Griff behalten. Er muß jedes einzelne Mitglied dazu ermutigen, seine persönlichen Probleme, Ambitionen, Hemmungen, Ängste u.s.w. deutlich zu machen. Natürlich hat jeder Patient ein anderes Problem, doch darüber braucht sich der Therapeut keine Sorgen zu machen. Er muß nur stets berücksichtigen, daß *allen* Problemen gewöhnlich ganz bestimmte Störungen zugrundeliegen. Das wird ihm helfen, den Zusammenhalt der Gruppe aufrechtzuerhalten. Zu den allgemeinen Problemen gehören: ein schwaches Selbstwertgefühl; spezielle zwischenmenschliche Konflikte im Bereich der Familie, mit dem Freund oder Arbeitgeber; ein Gefühl der Sinn- und Ziellosigkeit, Mutlosigkeit; Schwierigkeiten bei der Pflege dauerhafter persönlicher Beziehungen; die Unfähigkeit, sich verständlich auszudrücken; das Unvermögen, die Gefühle unter Kontrolle zu halten; Mangel an Konzentrationsfähigkeit.

Eine wichtige Funktion des erfahrenen Gruppenleiters ist es, besonders verletzliche Gruppenmitglieder vor dem möglichen übermäßigen Druck der anderen zu schützen. Die größte Gefahr besteht einmal für Menschen mit besonders geringem Selbstwertgefühl und zum anderen für die Teilnehmer, die mit zu großen Hoffnungen auf sechnellen Erfolg in die Gruppe kommen. Sie müssen vorsichtig zu der Einsicht gebracht werden, daß ein gewisser Streß nicht nur unvermeidlich, sondern sogar notwendig ist, will man langfristig eine Besserung erreichen. Der Leiter muß die Gruppenmitglieder auch dazu anhalten, ehrlich und offen in ihren Gefühlen ihm und den anderen Teilnehmern gegenüber zu sein. Nur auf diese Weise wird sich das notwendige Gefühl des Vertrauens und der Zusammenhalt in der Gruppe entwickeln. Sobald das erreicht ist und die Mitglieder spüren, daß sie einander vertrauen können, werden sie schnell erkennen, daß die Gruppe der einzige Ort und die einzige Gelegenheit darstellt, wo sie sich nicht nur zeigen können, wie sie sind, sondern auch ohne Risiko ihre intimsten

Probleme, geheimen Ängste und Hemmungen mitteilen können. Der Leiter muß sich stets im richtigen Augenblick die neu entstandene Atmosphäre zunutze machen und so vorsichtig wie möglich seine Schützlinge dazu ermuntern, mit verschiedenen Ausdrucks- und Verhaltensweisen zu experimentieren, indem er das »Rollenspiel« und das »Psychodrama« einführt. Bei der Anwendung dieser beiden Methoden regt der Leiter geeignete Mitglieder an, in Worten und in allen Einzelheiten bekannte Konfliktsituationen in einer bestimmten Beziehung zu beschreiben. Später werden die Mitglieder aufgefordert, die Reaktionen nachzuahmen, indem sie die Szene darstellen. Das ist eine einfache, aber sehr wertvolle Form der Behandlung. Der Leiter beginnt die Sitzung in der Gruppe mit einer freien Diskussion, bis ein oder mehrere Mitglieder einen Vorfall aus dem realen Leben zur Sprache bringen, der sich für ein Psychodrama eignet. Dieser Vorgang wird zum Szenarium für das Drama. Ein Patient wird gebeten, die Szene vorzubereiten und die Rollen an verschiedene Gruppenmitglieder zu verteilen. Das Drama beginnt damit, daß der Patient seinen Verlauf beschreibt und bestimmt. Wähend sich das Drama entwickelt, muß der Leiter jede Gelegenheit wahrnehmen, um die projizierten Gefühle und Einstellungen der verschiedenen Charaktere zu analysieren. Die grundlegende Bedeutung dieses Dramas besteht darin, daß die gespielten Gefühlsausbrüche helfen, die inneren Konflikte zu lösen, bis an ihre Stelle gesunde kreative Aktivitäten treten. Das Drama soll spontan und ohne vorgeschriebenen Text aufgeführt werden, denn Hauptziel der Übung ist, wesentliche Momente des ursprünglichen Konflikts aufzudecken. Das soll dem Therapeuten Gelegenheit geben, Lösungsmöglichkeiten für die Probleme zu untersuchen.

Ein weiteres Ziel dieser Gruppenarbeit ist es, daß die Mitglieder nach einem klar definierten und sorgsam vorbereiteten Plan voneinander lernen. Wie reagiert der einzelne auf bestimmte Situationen? Welche Aspekte seines Verhaltens rufen eine Reaktion bei den anderen hervor? Wie wirkt die Reaktion der anderen Gruppenmitglieder auf den Patienten? Die Gruppenmitglieder zeigen ihm deutlich ihre Reaktionen und sagen offen ihre Meinung über sein Verhalten. Dann wird der Patient aufgefordert, über sein Verhalten und die Reaktionen der anderen zu diskutieren. Auf diese Weise gewinnt er Einsicht in sein Verhalten und könnte sich nach einem beratenden Gespräch dazu entschließen, sein Verhalten zu ändern. Bei dieser Methode erfahren sowohl der Patient selbst als auch seine Kameraden etwas über sich. Man geht von der Theorie aus, daß das Verhalten des Patienten in einer Gruppe sein Verhalten in der Gesellschaft spiegelt. Der erfahrene Therapeut wird erkennen, daß eine Untersuchung dieses Verhaltens und die Reaktionen in einer Gruppe deutlich machen, wie sich jeder der Anwesenden im täglichen Leben verhält..

Der Leser sollte wissen, daß im Mittelpunkt der Gruppentherapie oder interpersonalen Therapie die Konzentration auf gegenwärtige und künftige Ereignisse steht. Vergangene Ereignisse jedoch, die zu den gegenwärtigen Konflikten geführt haben, werden kaum berücksichtigt. Natürlich gibt es Formen der Gruppentherapie, die auf psychoanalytischen Methoden beruhen und bei denen der historische Hintergrund untersucht wird, so daß die Grundursache der gegenwärtigen Konflikte verständlich wird. Fast jede in der Gruppe angewandte Aktivität bietet therapeutische Hilfe. Kreativität ist eine wichtige Komponente der Therapie. So gibt es außer den Psychodrama-Gruppen auch Kunsttherapie-, Musiktherapie- und Tanztherapiegruppen, aber auch Therapiegruppen, die sich speziell mit der Dichtkunst oder dem Schreiben beschäftigen, und noch viele andere. Da es für die Gruppenmitlgieder von größter Bedeutung ist, daß sie vollkommen in dem aufgehen, was sie tun, ist es auch erforderlich, daß man die Teilnehmer nicht nur

Musik anhören, Gedichte lesen oder Kunstwerke betrachten läßt. Sie sollten vielmehr selbst musizieren, Gedichte schreiben und ein Kunstwerk herstellen. Es geht nicht nur darum, in ihnen Befriedigung und ein Erfolgsgefühl zu erzeugen, sondern sie zur Zusammenarbeit innerhalb der Gruppe anzuregen und sie zu veranlassen, für sich selbst zu denken. Zu den weiteren Vorzügen einer »aktiven Therapie« gehören Entspannung (die Konzentration auf ein bestimmtes Ziel bedeutet, daß sich der Patient ganz davon löst, über seine Beschwerden und Konflikte nachzudenken), das Gefühl der Passivität, das sich entwickelt, wenn man sich vollkommen auf Kunst oder Musik konzentriert, und, was noch wichtiger ist, das Gefühl, etwas Nützliches geleistet zu haben. Ist das jeweilige Ziel erreicht und gesichert, dann bedeutet das, daß so mancher Konflikt der Gruppenmitglieder durch gesunde Gedanken ersetzt wurde.

Familientherapie

Die Familie spielt offensichtlich innerhalb der sozialen Gruppen, in denen wir leben, arbeiten und uns entspannen, eine besonders große Rolle. Viele Störungen innerhalb der Familie wiederum werden durch Störungen innerhalb dieser anderen Gruppen hervorgerufen. Genau wie sich eine Neurose aufgrund von Druck und Zwängen (äußeren und persönlichen) aus der Gesellschaft entwickeln kann, aber schließlich auch selbst Störungen in dieser Gesellschaft hervorrufen wird, so kann ein gestörtes Familienmitglied die gesamte Familie in den Konflikt mit einbeziehen. Familientherapie kann im Unterschied zur Gruppentherapie die Vergangenheit berücksichtigen. Nach der Freudschen Theorie haben alle gegenwärtigen Probleme ihren Ursprung in sexuellen Konflikten der Kindheit. Die sinnlichen Gedanken, Gefühle und Phantasien der Kinder sind an sich etwas ganz Normales. Werden sie aber entdeckt und von den aufgebrachten Eltern mit Ärger und Mißbilligung bedacht, dann wird im Kind das Gefühl der Schuld und Scham geweckt. Es wird schließlich diese Konflikte gewaltsam aus dem Normalbewußtsein entfernen, das heißt, es wird sie verdrängen. Nach der gleichen Theorie heißt es bei Freud, daß der Einfluß des verdrängten Materials auf das Unbewußte für das gesamte künftige Verhalten und die Erfahrungen eines Menschen verantwortlich ist. Die Familientherapie geht davon aus, daß ein gestörtes Mitglied auch andere Familienmitglieder anstecken wird. Daher sollte sich die ganze Familie an der Therapie beteiligen. Natürlich wird die analytisch orientierte Therapie mit dem ursprünglich gestörten und jetzt erwachsenen Familienmitglied allein durchgeführt. Der Patient wird darin bestärkt, sich die Episoden aus seiner Kindheit, die den Konflikt verursacht haben, ins Gedächtnis zurückzurufen, um dadurch die Wurzeln seiner jetzigen Beschwerden und Probleme kennenzulernen.

Der Therapeut muß berücksichtigen, daß eine Familientherapie nicht in Frage kommt, wenn ein Mitglied unter einer schweren Störung leidet, etwa unter Schizophrenie oder kindlichem Autismus, denn dabei besteht höchstwahrscheinlich kein Zusammenhang mit den familiären Gegebenheiten. Wie bereits erwähnt, brauchen solche Fälle ihre eigene Behandlung. Im übrigen aber können Familien als ganzes gesund oder gestört sein, das hängt von ihrer eigenen Lebensweise ab. Es gibt eine große Anzahl familiärer Anomalien, für die eine Familientherapie in Frage kommt, um seit langem geübte Einstellungen und Verhaltensweisen innerhalb dieser Gruppe zu verändern. Das bedeutet, daß die ganze Familie sich an den Sitzungen beteiligen muß. Der Therapeut sollte sich dabei nie auf die Veränderung eines einzigen Familienmitglieds konzentrieren. Das gilt besonders, wenn die Störung bei einem Elternteil auftritt und dessen Beziehungen zu übrigen Familie verzerrt sind. Hier wäre wieder eine Einzeltherapie erforderlich. In den meisten Ländern wurde die Methode der Familientherapie von den Therapeuten mit großer Begeisterung aufgenommen. Es wäre jedoch ein schwerwiegender Fehler, sie als ein Universalheilmittel für alle möglichen Krankheiten und Störungen zu halten. Wenn man eine homogene oder »natürliche« Gruppe bildet, um ihre Einstellungen und ihr Verhalten zu untersuchen und zu verändern, dann ist das die ideale Lösung für eine Vielzahl von geistig-seelischen Störungen, aber nicht für alle Erkrankungen dieser Art. Die Therapeuten haben es oft mit Familien zu tun, die entschlossen sind, sich zu trennen. Eine Scheidung wird ernsthaft erwogen, vielleicht wollen auch einige ältere Kinder das Elternhaus verlassen. Es hat dann keinen Zweck, darauf zu bestehen, daß die Familie zusammenbleibt. Sollten jedoch einige der Familienmitglieder den Wunsch nach einer Familientherapie äußern, während andere zögern oder sich dem Vorschlag widersetzen, dann ist es besser, sie von den anderen zu trennen und es nach Möglichkeit mit einer Einzeltherapie oder Gruppentherapie zu versuchen. Zwingt man unter solchen Umständen alle zur gemeinsamen Familientherapie, würde das die Dinge noch komplizierter machen.

Familiäre Probleme treten in unendlich vielseitiger Form auf. Ein bestimmender Faktor ist oft die Zahl der Kinder. Kinder und Jugendliche verursachen viele Probleme und Störungen, die unweigerlich mit Dissonanzen im gesamten Ablauf des Familienlebens verbunden sind. Wenn ein Kind ernste Verhaltensstörungen entwickelt, wenn es sich etwa weigert, zur Schule zu gehen, kleinere Straftaten begeht oder unter einer psychosomatischen Erkrankung wie Asthma leidet, dann sind das deutliche Hinweise darauf, daß es in der Familie Konflikte und Spannungen gibt. Paradoxerweise sind Familien, die jahrelang ein relativ ruhiges Leben im gleichen Stil und nach gleichförmigen Gewohnheiten geführt haben, nicht imstande, mit plötzlichen Veränderungen der gewohnten Routine fertigzuwerden. Probleme entstehen häufig, wenn ein Kind die Pubertätsphase durchmacht, durch die Ankunft eines unerwünschten Babys, die Einschulung des einzigen Kindes oder den Tod des geliebten Großvaters oder der Großmutter. Wo einst der Gedanke der Stabilität besonders hoch gehalten wurde, ist die Familie den neuen Erfahrungen nicht gewachsen.

In einer glücklichen, ausgeglichenen Familie ist das Selbstwertgefühl eines jeden Familienmitgliedes nicht nur deutlich erkennbar, es wird auch durch die anderen gefördert und verteidigt. Man spendet einander Lob und Anerkennung und fördert die Entwicklung und Kreativität jedes einzelnen. Das hervorstechendste Kennzeichen einer solchen Familie ist die Fähigkeit zur Kommunikation. Wo aber die Beziehung untereinander in Ordnung ist, wo ehrliche und direkte Reaktionen ganz selbstverständlich sind, wo einander widersprechende Ansichten ohne Verbitterung und Härte ausgetauscht und Bedürfnisse und Ängste frei geäußert werden, dort gibt die Familie fast immer Halt und Hilfe. Natürlich sind auch in solchen Familien die Bedürfnisse und Wünsche nicht immer sofort zu erfüllen, aber im allgemeinen herrscht ein Grundton, der Sicherheit und Ermutigung gibt. Wichtig ist, daß es jedem Familienmitglied möglich sein muß, seine eigene Identität zu entwickeln und daß sich jeder im Rahmen eines bestimmten Niveaus des Denkens und Sprechens frei ausdrücken darf. Es gibt für den einzelnen bestimmte Grenzen, aber diese Grenzen sind flexibel. In »kranken« Familien gibt es ebenfalls Grenzen, aber hier sind sie völlig starr. Die Folge ist, daß jedes Familienmitglied aller Fesseln ledig sein möchte und daß es deshalb keine Kommunikation, keine Gemeinsamkeit und keine Toleranz bei Konflikten mehr gibt.

Manche Therapeuten sind noch weitergegangen und haben nicht nur Therapien für kranke Familien angeboten, sondern auch Nachbarn und Freunde, die wertvolle Beiträge zur Behandlung liefern können, zu den Sitzungen eingeladen. Natürlich kann es riskant sein, eine solche Gruppe zusammenzubringen. In manchen Fällen ist es bereits eine heikle Angelegenheit, auch nur alle Familienmitglieder zu versammeln. Dennoch sind solche Zusammenkünfte nützlich, wenn der Therapeut die Art des Problems beurteilen soll und die Familie mit seinen Vorstellungen und Behandlungsmethoden bekanntmachen will. Der vorgelegte Plan muß klar und einfach sein und die ganze Familie muß ihm aufrichtig zustimmen können. Das gilt auch für die Idee, die Einladung auch auf die wichtigsten Nachbarn und Freunde auszudehnen, wenn sich der Therapeut davon einen besseren Überblick über die Beteiligung des einzelnen an den gestörten Beziehungen verspricht. Bei den Sitzungen zeigt sich auch die unterschiedliche Einstellung der Familienmitglieder, die die Behandlung entweder unterstützen oder vereiteln wollen. Der Therapeut muß außerdem die Bedeutung der »Hausarbeit« beachten. Er muß die Mitglieder auffordern, an bestimmten Problemen, die sich während der Sitzung herauskristallisiert haben, daheim weiterzuarbeiten. Die Familie sollte darüber informiert werden, wie die erzielten Fortschritte im Verhalten und in der Einstellung zu bewerten sind, die sich zwischen den Gruppensitzungen einstellen. Jedes Mitglied wird aufgefordert, die Fortschritte der anderen Familienangehörigen zu loben und zu würdigen und alle kreativen Versuche zu unterstützen. Auf diese Weise entwickelt jeder ein Gefühl der Verantwortung für den anderen, das nicht nur dabei hilft, das ursprünglich aufgetretene Problem zu erkennen, sondern es schließlich sogar zu überwinden.

Wir wollen an dieser Stelle einige besonders nützliche Überlegungen zur Familientherapie zusammenfassen:

a) Ist in einer Familie die Kommunikation gescheitert, müssen alle Familienmitglieder dazu angeregt werden, wieder miteinander in Verbindung zu treten, um die Selbstachtung eines jeden zu erhalten und zu fördern.

b) Jedes Familienmitglied muß darin bestärkt werden, sein Selbstwertgefühl zu entwickeln, und diese Bestrebung muß durch die anderen Familienmitglieder anerkannt und gestärkt werden.

c) Die Familie sollte angewiesen werden, die Fortschritte ihrer Mitglieder zu loben und anzuerkennen. Alle kreativen Bemühungen müssen unterstützt werden.

d) Jedes Mitglied muß seine eigene Identität bewahren und innerhalb vernünftiger Grenzen unabhängig sein, aber man sollte darauf achten, daß die Unabhängigkeit nicht zu einer Schranke zwischen dem einzelnen und den übrigen Familienmitgliedern wird. Die ungezwungene Kommunikation muß erhalten bleiben.

e) Der Therapeut muß in der Familie ein Gefühl des Vertrauens und die Zuversicht entstehen lassen, daß *alle* Schwierigkeiten überwunden werden können.

f) Der Therapeut muß sich um eine Gruppenatmosphäre bemühen, in der die ganze Bandbreite der Emotionen ausgedrückt werden kann. Die Kommunikation muß direkt, deutlich und ehrlich sein, so daß Kränkungen, Zorn, Kritik, Verdächtigungen und Ängste ebenso wie gesunde Kritik ausgedrückt werden können. Jeder einzelne muß dazu angespornt werden, das bisherige Schema des familiären Verhaltens zu durchbrechen.

g) Der Therapeut, der versuchen will, dem Verhaltensmuster der Familie neue Strukturen zu geben, muß sich so viele Methoden wie nur möglich zunutze machen. Anstatt die Familie über ihre Konflikte sprechen zu lassen, ist es besser, sie zur Darstellung anzuregen. Die Ehefrau, die ständig an ihrem Mann herumnörgelt, er solle irgendetwas tun, muß dazu gebracht werden, mit ihm zusammenzuarbeiten und den Ausdruck seiner eigenen Persönlichkeit zu fördern. Den Eltern sollte man sagen, daß sie täglich eine gewisse Zeit dafür aufwenden müssen, mit ihren Kindern über die gegenseitigen Ansichten zu sprechen.

Ehetherapie

Das neurotische Verhaltensmuster zeigt sich in der ehelichen Beziehung häufiger als in jedem anderen Bereich des Lebens. Ob beide Partner neurotisch sind oder nur einer, es ist wichtig, zuerst mit dem Partner des jeweiligen Neurotikers zu sprechen. Nur auf diese Weise wird es dem Therapeuten gelingen, den angemessenen Behandlungsplan zusammenzustellen. Es wurde in Fachkreisen darauf hingewiesen, daß es besonders wichtige Bereiche gibt, um die man sich in gestörten Ehen kümmern muß. Es sind die Bereiche des Sexuellen und Emotionalen, das Gebiet des Sozialen und Intellektuellen und der geistig-seelische Bereich. Will der Therapeut einen brauchbaren Behandlungsplan aufstellen, muß er zuerst Informationen über folgende Fragen sammeln:

a) Wie schätzt jeder die Persönlichkeit des anderen ein?
b) Welchen Eindruck von der persönlichen Befähigung hat jeder vom anderen?
c) Lieben die Partner einander?
d) Haben sie den Wunsch, eine gute Ehe zu führen?
e) Der Therapeut muß versuchen, auf jede Weise von den Partnern so viel wie möglich über ihre Beziehung zu erfahren.
f) Haben die Partner innerhalb eines vernünftigen Rahmens die gleichen Wertvorstellungen? Sind diese realistisch, in sich gefestigt und flexibel?

Wenn der Therapeut am Ende seines Einführungsgesprächs der Meinung ist, daß die Unvereinbarkeit der beiden Partner zu groß ist und jede Therapie sinnlos wäre, dann muß er zu der Entscheidung kommen, daß die Ehe beendet werden sollte, selbst wenn Kinder betroffen sind. Wie bereits bei der Gruppentherapie erläutert, ist der häufigste Anlaß auch für das Scheitern einer Ehe die mangelnde Kommunikation. Gelingt es den Partnern nicht, aufrichtig und offen miteinander zu sprechen, dann sind Spannungen und Schwierigkeiten unausweichlich. Es ist selbstverständlich, daß sich bei Konflikten im Bereich der Kommunikation die angemessene Therapieform als recht erfolgreich erweisen kann. Voraussetzung ist, daß beide Partner den Wunsch haben, ihre Ehe zu einem Erfolg zu machen und daß sie auch bereit sind, sich zu ändern und die Therapie mitzutragen. Die Behandlung muß sich auf die Interaktion der Partner konzentrieren, auf die Art und Weise, wie sie verbal miteinander umgehen, auf ihr ganzes Verhalten. Sehr oft ist die Kommunikationsstörung Folge von Mißverständnissen, und unweigerlich werden Auseinandersetzungen nicht wegen der Persönlichkeit selbst, sondern über die Art und Weise, wie er oder sie sich kleidet usw. geführt. Daher beschäftigt man sich bei den Sitzungen vor allem mit diesen Dingen.

Oft hat ein Mensch schon eine vorgefaßte Meinung darüber, wie sein Partner sein sollte. Dann erwartet er, daß dieser sich in der Ehe stets im Sinne des erhofften Bildes verhält. Wenn der Partner diese Erwartungen und Hoffungen nicht erfüllt, dann folgt tiefe Enttäuschung und Gereiztheit. Es kommt auch vor, daß die Wahl des Partners im wesentlichen aufgrund unbewußter (verdrängter) Faktoren getroffen wird, die ihren Ursprung in der frühen Familiengeschichte haben. Der Betreffende hat vielleicht den unbewußten Wunsch, jemanden zu finden, der seine unerfüllten kindlichen Phantasien befriedigt. Ein solches Vorhaben ist unbedingt zum Scheitern verurteilt. Wenn ein Mensch in früher Jugend unter einer schweren elterlichen Deprivation gelitten hat, dann sucht er möglicherweise nach der Muttergestalt oder der Vaterfigur. Ein starker »harter Bursche« sucht oft eine weiche, feminine Frau und hofft, daß er dadurch den sanfteren Teil seiner selbst findet. Andererseits kann ein weicher, »passiver« Mann mit einer dominierenden, selbstbewußten Frau sehr glücklich werden. Sie wiederum hat den Menschen gewählt, von dem sie glaubt, daß er ihre unbewußten Erwartungen erfüllt.

Obwohl der Mensch die unbewußten Faktoren gar nicht erkennt, haben sie einen starken Einfluß auf sein Verlangen und Verhalten. Aus diesem Grund sieht der Ehemann seine Frau nur so, wie sie seiner *Erwartung* nach sein sollte und nicht, wie sie wirklich ist. Die gleichen Erwartungen können bei der Ehefrau vorliegen. Da viele Partner aufgrund der Einflüsse unbewußter Faktoren ausgewählt werden, betrachten Mann oder Frau die Ehe wie einen Zauber zur Lösung ihrer verborgenen Konflikte. Das ist auch einer der Gründe, weshalb so manche stürmische Ehe noch zusammenhält, denn man ist aufgrund der verborgenen oder unbewußten Faktoren noch immer der Überzeugung, daß die eheliche Partnerschaft schließlich doch die vorliegenden Konflikte lösen wird. Die angemessene Methode ist hier die Verhaltenstherapie. Dabei liegt der Schwerpunkt der Behandlung eher darauf, was der Patient *tut*, und weniger darauf, was er *denkt*. Es gibt Symptome, die als automatische Reaktion auf ein bestimmtes Verhalten »erlernt« oder »konditioniert« sind. Die Behandlung muß dafür sorgen, daß der Patient »verlernt« oder vergißt, indem er noch einmal die Situationen erlebt, in denen diese Angstsymptome zum erstenmal aufgetreten sind.

Wenn der Therapeut zu einer positiven Analyse der Probleme gekommen ist, wird jeder der Partner gebeten, die Ereignisse in allen Einzelheiten zu beschreiben. Die Eheleute sollen offen und freimütig darüber sprechen, welche Veränderungen sie vom anderen erwarten. Da die Mehrheit der Ehepartner sich wünscht, die normalerweise mit der Ehe verbundenen Vorteile aber auch die Verantwortung zu teilen, ist es von großer Bedeutung, daß bestimmte Anforderungen, die man stellt, oder Veränderungen, die man sich wünscht, präzise, direkt und ehrlich geäußert werden. Der nächste Schritt des Therapeuten besteht darin, einen genauen Plan aufzustellen, der ganz deutlich Vorteile und Pflichten der Beteiligten beschreibt. Bei beiden Partnern muß völlige Übereinstimmung über den Plan herrschen. In einer gestörten Ehe funktioniert meist dieses »Teilhaber-System« nicht richtig oder es existiert vielleicht überhaupt keine vernünftige Vorstellung darüber. Deshalb entwickelt möglicherweise die Ehefrau eine negative Einstellung, sie verweigert die Zusammenarbeit, sie wird reizbar und nervös, die normale Kommunikation hört auf und wahrscheinlich ebenso die sexuelle Aktivität.

Bei dieser Art des Familienkonflikts liegen die Probleme nicht allzu kompliziert, deshalb wird die Verhaltenstherapie wahrscheinlich Erfolg haben. Man geht bei dieser Methode von der Annahme aus, daß selbst eine geringe Änderung des Verhaltens allmählich zu Verbesserungen auch auf anderen Gebieten führt, und daraus entsteht schließlich eine größere Harmonie. Sehr befürwortet wird auch eine andere Form der Familientherapie, nämlich die stützende Gruppentherapie. In diesem Fall bereitet der Therapeut Treffen von drei bis vier, machmal noch mehr Paaren vor. Die Absicht ist, daß jedes der Paare etwas von der übrigen Gruppe lernt, indem es seine eigenen Probleme in denen der anderen erkennt. Die Paare lernen durch diesen Austausch immer mehr den wahren Charakter ihrer eigenen Schwierigkeiten kennen. Mit anderen Worten: Die Paare empfangen aus der Gruppe eine Art »Feedback«.

Sexuelle Funktionsstörungen

Dieses Problem könnte die Folge einer Neurose sein, die andere neurotische Störungen in der Beziehung hervorrufen kann. Die Behandlung beginnt wieder mit einer präzisen Analyse der sexuellen Schwierigkeiten. Der Therapeut muß sich zuerst vergewissern, daß keine nicht-neurotischen oder organischen Störungen vorliegen, etwa eine klinische Depression, Diabetes, Bluthochdruck oder ein körperlicher Zustand, der sexuelle Erregung erschwert. Erst wenn dies alles ausgeschlossen ist, beginnt der Therapeut mit der Psychoanalyse. Genau wie bestimmte Symptome der Ehestörung ist auch die sexuelle Reaktion oder Nicht-Reaktion *erlernt*. Deshalb ist es wieder notwendig, daß bestimmte Methoden der Verhaltenstherapie eingesetzt werden, die ein *Umlernen* ermöglichen. Viele sexuelle Schwierigkeiten und Ängste entstehen, weil in der Vergangenheit ein Versagen aufgetreten ist, so daß es nicht gelang, den Partner oder sich selbst zu befriedigen. In diesem Fall ist das gegenwärtige sexuelle Versagen immer mit der Angst und dem Versagen in der Vergangenheit verbunden. Dadurch wird der Vollzug eines für beide Partner befriedigenden Geschlechtsverkehrs verhindert. Zur Behandlung gehört unter anderem das Erlernen einer Technik zur Entspannung der Muskeln und die Auflösung der Angst davor, unbekleidet vom anderen gesehen zu werden oder den Partner nackt zu sehen.

Es ist möglich, feinere Techniken zur sexuellen Befriedigung des Partners zu entwickeln, ohne daß es zum Geschlechtsverkehr kommt. Man beginnt etwa damit, daß man einander sanft umarmt; sobald etwas Vertrauen entstanden ist, geht man allmählich über zur Berührung der empfindsameren Bereiche des Körpers. Geschlechtsverkehr sollte nicht stattfinden, ehe dieser sexuelle Lernvorgang abgeschlossen ist. Das bedeutet, daß jeder mit dem Körper des Partners vertraut sein und Phantasie entwickeln muß, um Erregung hervorzurufen. Eine kooperative Einstellung ist meist durch phantasiereiches Experimentieren zu erreichen. Wurde einer der Partner jedoch in jungen Jahren auf kriminelle Weise mißbraucht und sind dadurch Konflikte im unbewußten Bereich entstanden, muß die Behandlung mit einer psychoanalytischen Therapie beginnen.

Hypnotherapie und Entspannung

Hypnose kann sehr erfolgreich eingesetzt werden, um Entspannung herbeizuführen und Angst zu vertreiben. Es gibt viele somatische Symptome, die durch diese Methode mit Erfolg behandelt werden. Hypnotherapie kann auch angewandt werden, um seelisch-geistige Konflikte aufzudecken, die sonst während eines Gesprächs im bewußten Zustand nicht ans Licht kämen. Unter der Hypnose kann eine bis in tiefe Schichten gehende Untersuchung von Symptomen vorgenommen werden, für die keine organische Ursache zu finden ist. Der Patient wird unterdrückte Ängste, Befürchtungen und Erfahrungen, Zorn und Haßgefühle äußern, die jetzt Ursache von Störungen sind. Zu den somatischen Erscheinungen, die auf Hypnose ansprechen, gehören Stottern, psychogene Harnretention, Bettnässen, Ohnmachtsanfälle und verschiede Phobien. Sehr oft kam es schon während der Behandlung infolge der Befreiung von schweren unbewußten Konflikten zum sofortigen Abklingen der Beschwerden. Die Hypnose gehört zu den ältesten Behandlungsmethoden bei Neurose-Erkrankungen. Man versteht darunter einen Zustand erhöhter Suggestibilität, der künstlich durch wiederholte Verbalsuggestionen des Therapeuten ausgelöst wird. Dadurch wird der Bewußtseinsbereich des Patienten auf das Gebiet des Konflikts oder der Konflikte eingeengt. Mit Hilfe der so hervorgerufenen Suggestibilität wird durch motorische und sensorische Veränderungen eine Ent spannung oder ein Gefühl passiver Betäubtheit herbeigeführt. Jetzt ist es möglich, die gesammelte Aufmerksamkeit auf den Gegenstand der unbewußten Erinnerung zu konzentrieren. Bei der Neurose stellt nicht die Hypnose an sich das Heilmittel dar, sie ist nur ein wertvolles Werkzeug des Wiedererinnerns. Durch die Anwendung einer leichten Hypnose kann der Therapeut den Patienten unterweisen, diese Technik selbst einzusetzen, um sich von somatischen Angstsymptomen zu befreien. Die Selbsthypnose, bei der man lernt, sich zu entspannen, eignet sich gut für die Anwendung daheim, wenn es notwendig ist, mit dem Druck erhöhter Belastungen fertigzuwerden.

Biofeedback

Biofeedback ist eine Technik, mit der die Produktion der Alphawellen des Gehirns beeinflußt wird. Durch ein Elektroenzephalogrammes (EEG) wird der Grad der erreichten Entspannung sichtbar gemacht. Gerät der Patient in Alarmbereitschaft oder Erregung, verschwinden die registrierten Schwingungslinien. Es ist möglich, diese visuellen Aufzeichnungen in Töne umzuwandeln. Der Patient kann lernen, sich zu entspannen, indem man ihm über das EEG Informationen über seinen geistig-seelischen Zustand liefert. Werden seine Emotionen stärker, dann verschwinden die wahrnehmbaren Anzeichen, andernfalls bleiben sie weiter bestehen. Die Patienten können trainieren, ihre Gefühle unter Kontrolle zu halten. Man behandelt mit Unterstützung solcher Tonkonverter Spannungskopfschmerzen. Der Patient lernt, die Muskeln im Stirnbereich zu entspannen. Sind diese Muskeln verkrampft (ein Zeichen der Angst), dann erzeugt das EEG einen besonderen Ton. Es ist gelungen, Blutdruck, Hautwiderstand, Migräne und Gesichtszuckungen mit der Methode des Biofeedback unter Kontrolle zu bringen.

Altersneurose

Es gibt zwei Hauptfaktoren, die bei älteren Menschen zur Neurose führen; das ist einmal der körperliche Gesundheitszustand und zum anderen das Fehlen sozialer Kontakte. Bedrükkende Erfahrungen wie der schmerzliche Verlust eines Verwandten oder engen Freundes, mangelnde Verbindung zu Familie und Freunden und gesellschaftliche Isolation sind die Hauptursachen dieser Neurose. Eine Behandlung ist möglich, aber sie hängt von der freiwilligen Zusammenarbeit und Bereitschaft der Betroffenen ab, ihr Lebensschema zu ändern. Es müssen Möglichkeiten gefunden werden, etwas gegen die Einsamkeit zu tun, indem etwa eine Pflegerin,ein Sozialarbeiter oder andere geeignete Helfer regelmäßig nach den alten Leuten sehen. Freiwillige, Mitarbeiter der Kirchen, freundliche Nachbarn und ältere Personen in der gleichen Situation können sich hier nützlich machen. Im Idealfall kann man den alten Menschen dazu bewegen, die Treffen von Seniorengruppen oder ähnliche Veranstaltungen zu besuchen. Das wirkt sich oft sehr vorteilhaft aus.

Alkoholismus

Suchtverhalten als Folge sozialer Probleme ist oft relativ leicht zu behandeln. Beim Suchtverhalten wie etwa dem Alkoholismus handelt es sich nicht um eine Krankheit. Die Behandlung erfolgt nach der gleichen Methode wie bei anderen Formen abnormen neurotischen Verhaltens. Der erste Schritt ist die Analyse, die zeigen muß, ob das Verlangen nach Alkohol durch körperliche Bedürnisse entsteht, das heißt, um Entzugssymptome wie Zittern, Anfälle oder Delirium tremens zu vermeiden, oder ob soziale Probleme die Ursache sind. Eine genaue Diagnose ist nicht immer möglich, weil die meisten Patienten sich sträuben, die wahren Gründe anzugeben. Ist jedoch die richtige Diagnose einmal erstellt, muß der Therapeut den Patienten ganz hart mit seinen Ansichten konfrontieren, jedoch betonen, daß er bereit und in der Lage ist, ihm zu helfen, die Schwierigkeiten zu überwinden. Er wird den Plan zur Lösung der sozialen Probleme genau erklären, der Süchtige muß aber auch eindringlich darauf hingewiesen werden, daß die Behandlung nur Erfolg hat, wenn der Therapeut vollkommen auf die Mitarbeit des Patienten vertrauen kann. Eine abwartende Taktik ist bei der Behandlung von Alkoholikern sehr nützlich. Wenn der Patient es ablehnt, den vorgeschlagene Plan zu akzeptieren, wenn er glaubt, daß er seine Probleme selbst lösen kann, dann ist es besser, man gibt sich den Anschein, ihm zu glauben, sagt ihm aber, daß man stets mit Rat und Hilfe zur Verfügung steht und er jederzeit kommen kann, wenn er das Bedürfnis dazu hat.

Eine Behandlung hat nur Erfolg, wenn der Patient selbst aus ehrlichem Herzen überzeugt ist, daß er ein ernstes Problem hat, daß er sich nicht mehr selbst helfen kann und deshalb Hilfe von außen braucht. Wenn eine körperliche Behandlung notwendig ist, sollte sie am besten einem zugelassenen praktischen Arzt überlassen werden, der die notwendigen Beruhigungsmittel und Vitaminpräparate verordnen wird, um die Entzugssymptome auszugleichen. Die psychologische Behandlung erfordert, daß man die Motive für das Verlangen nach Alkohol aufdeckt und dem Patienten hilft, alternative Möglichkeiten zu finden, mit den Konflikten fertigzuwerden. Gruppentherapie jeder Art ist bei diesem Problem sehr hilfreich. Es stimmt nicht, daß nur die völlige Abstinenz die einzige Heilungsmöglichkeit für den Alkoholismus darstellt. Durch die Methode der Verhaltenstherapie haben viele Alkoholiker das »kontrollierte Trinken« gelernt. Dabei erfährt der Patient, daß er den gleichen Genuß beim Trinken auch mit einem niedrigen Blutalkoholspiegel erreichen kann. Es gibt viele Patienten, die wieder die Gewohnheiten des »gesellschaftlichen Trinkens« aufgenommen haben, ohne ihre Gesundheit zu gefährden.

Anorexia nervosa

Bei dieser Störung entwickelt der Patient eine abnorme Einstellung zum Essen. Damit verbunden ist eine starke Persönlichkeitsveränderung mit einer ungewöhnlichen Angst vor jedem Wechsel im Erscheinungsbild, aber auch eine tiefe Angst, die Kontrolle über das eigene Verhalten zu verlieren, also etwa nicht mehr mit dem Essen aufhören zu können. In extremen Fällen braucht der Patient die Hilfe eines qualifizierten Fachmannes, oft ist ein ausgedehnter Klinikaufenthalt erforderlich. Der Anorexie-Patient kann in einem kritischen Zustand sein und braucht eine energische Behandlung. Wurde in der Klinik eine sichere Gewichtszunahme erzielt und hat sich der Patient damit einverstanden erklärt, das Gewicht zu halten, folge die unbedingt notwendige Phase der Psychotherapie. Dabei kann die *dynamische* Methode angewandt werden, die von der Annahme ausgeht, daß die Schwierigkeiten des Patienten *aus ihm selbst* kommen und nicht äußeren Umständen zuzuschreiben sind. Der Psychotherapeut kann auch die psychoanalytische Methode einsetzen, die manchmal auch als *kognitives* Verfahren bezeichnet wird. Diese Methode hat sich bei Fällen von Depression als sehr erfolgreich erwiesen, und man behauptet, daß sie zu besseren Ergebnissen führt als die Behandlung mit antidepressiven Medikamenten. Die Anorexia nervosa ist eine Form der neurotischen Depression. Bei der kognitiven Therapie wird der Patient aufgefordert, zwischen den einzelnen Sitzungen die Anzahl der aufgetretenen depressiven Gedanken zu registrieren. Er wird außerdem gebeten, die Art der Ereignisse und Emotionen aufzuschreiben, die seiner

Meinung nach zu den negativen Gedanken geführt haben. Er soll auch die Stimmungen beschreiben, von denen diese Gedanken begleitet waren.

Während der Sitzung werden die Gedanken, Stimmungen, Emotionen und die zugrundeliegenden Ereignisse zusammen mit dem Patienten sorgfältig analysiert. Zu der Analyse gehört es auch, die Anlässe zu untersuchen, bei denen diese Vorkommnisse und Emotionen zum erstenmal aufgetreten sind. Der Therapeut regt den Patienten dazu an, selbst die möglichen Ursachen zu untersuchen und zu analysieren und seine eigenen Hypothesen über die Entstehung dieser Gefühle aufzustellen. Der Patient wird auch aufgefordert, Vorschläge zu machen, wie man die quälenden Stimmungen bekämpfen könnte. Die ganze Übung konzentriert sich darauf, den Patienten an seiner eigenen Genesung mitarbeiten zu lassen. Jede Gelegenheit muß ergriffen werden, die dem Patienten das Gefühl des Erfolgs und der Leistung vermittelt.

Zusammenfassung

Die Psychotherapeuten in aller Welt haben eine große Verantwortung und Verpflichtung ihren Patienten und der Gesellschaft gegenüber. Die Psychotherapie ist ein unglaublich kompliziertes Fachgebiet mit ungeheuer vielen Zweigen und Ablegern und einem gewaltigen Aufgebot an theoretischen Methoden. Der Therapeut hat die Verpflichtung zur ehrlichen Selbsteinschätzung und muß wissen, ob er die Fähigkeit besitzt, einen besonders schweren Neurosefall zu behandeln. Er muß sich das Vertrauen und die Achtung seiner Patienten bewahren und darf sie in keiner Weise ausnutzen. Er muß dafür sorgen, daß seine Methoden absolut sicher sind. Ein guter Therapeut hat keine Bedenken, in einem besonders schwierigen Fall auch ein zweites, drittes oder sogar viertes Gutachten einzuholen.

Es ist auch wichtig, daß vor der Behandlung der Arzt des Patienten konsultiert wird, so daß dem Therapeuten alle verfügbaren Informationen und medizinischen Daten bekannt sind, die ihm bei seiner Aufgabe helfen können.

Der Therapeut hat auch die Pflicht, seinen Patienten realistisch, aufrichtig und ohne persönlichen Ehrgeiz darüber zu orientieren, was der Behandlungsplan enthält und was aller Wahrscheinlichkeit nach geschehen wird, wie lange seiner Ansicht nach die Behandlung dauert (ohwohl gerade dieser Punkt sehr schwer zu schätzen ist), wie häufig die Sitzungen stattfinden, welche Kosten jede Sitzung verursacht und was er vom Patienten erwartet. Schließlich muß er dem Patienten offen und ehrlich mitteilen, welche Chance er hat, geheilt zu werden. Der letzte Punkt ist sehr wichtig, denn der Leidende hat vielleicht schon eine lange Behandlungsgeschichte hinter sich, so daß man ihm weitere negative Erfahrungen, Enttäuschung und Hoffnungslosigkeit ersparen sollte. Dieses Buch ist ganz besonders für den nichtprofessionellen Heiler gedacht. Es wäre eine unlösbare Aufgabe, ein so umfassendes Buch vorzulegen, das alle Formen der Psychoneurosen und ihre Behandlungsformen eingehend beschreibt.

Ich hoffe, daß es mir gelungen ist, verwirrende medizinische und technische Wendungen und Ausdrücke soweit wie möglich zu vermeiden, denn ich hatte mir von Anfang an vorgenommen, mich an die Regel zu halten: »Je einfacher die Sprache, um so glücklicher und um so besser informiert der Leser.«

Schließlich wäre der nicht speziell für dieses Fachgebiet ausgebildete Therapeut gut beraten, wenn er sein Wissen über eines der quälendsten Leiden auch in Zukunft ständig erweitern würde. Er sollte sich die riesige Menge an Information zunutze machen, die ihm zur Verfügung steht. Vieles davon wurde von den großen Wegbereitern und den besten Fachärzten und Spezialisten der Welt herausgegeben.